Sich besser präsentieren

Regina Maria Jankowitsch

Sich besser präsentieren

Wirkungsvolle Kommunikation für
Wissenschaftler*innen

Regina Maria Jankowitsch
Coaching & Moderation
Wien, Österreich

ISBN 978-3-658-33174-0   ISBN 978-3-658-33175-7 (eBook)
https://doi.org/10.1007/978-3-658-33175-7

Die Deutsche Nationalbibliothek verzeichnet diese Publikation in der Deutschen Nationalbibliografie; detaillierte bibliografische Daten sind im Internet über http://dnb.d-nb.de abrufbar.

Springer
© Der/die Herausgeber bzw. der/die Autor(en), exklusiv lizenziert durch Springer Fachmedien Wiesbaden GmbH, ein Teil von Springer Nature 2021
Das Werk einschließlich aller seiner Teile ist urheberrechtlich geschützt. Jede Verwertung, die nicht ausdrücklich vom Urheberrechtsgesetz zugelassen ist, bedarf der vorherigen Zustimmung des Verlags. Das gilt insbesondere für Vervielfältigungen, Bearbeitungen, Übersetzungen, Mikroverfilmungen und die Einspeicherung und Verarbeitung in elektronischen Systemen.
Die Wiedergabe von allgemein beschreibenden Bezeichnungen, Marken, Unternehmensnamen etc. in diesem Werk bedeutet nicht, dass diese frei durch jedermann benutzt werden dürfen. Die Berechtigung zur Benutzung unterliegt, auch ohne gesonderten Hinweis hierzu, den Regeln des Markenrechts. Die Rechte des jeweiligen Zeicheninhabers sind zu beachten.
Der Verlag, die Autoren und die Herausgeber gehen davon aus, dass die Angaben und Informationen in diesem Werk zum Zeitpunkt der Veröffentlichung vollständig und korrekt sind. Weder der Verlag, noch die Autoren oder die Herausgeber übernehmen, ausdrücklich oder implizit, Gewähr für den Inhalt des Werkes, etwaige Fehler oder Äußerungen. Der Verlag bleibt im Hinblick auf geografische Zuordnungen und Gebietsbezeichnungen in veröffentlichten Karten und Institutionsadressen neutral.

Einbandabbildung © metamorworks

Springer ist ein Imprint der eingetragenen Gesellschaft Springer Fachmedien Wiesbaden GmbH und ist ein Teil von Springer Nature.
Die Anschrift der Gesellschaft ist: Abraham-Lincoln-Str. 46, 65189 Wiesbaden, Germany

Vorwort

> Wissenschaftler wurden von Mäzenen gesponsert und waren daher genötigt, ihre Ergebnisse auch bei Festen zu präsentieren. Irgendwann wurden dann aber auch staatliche Förderungen gewährt, und Wissenschaftler*innen haben schnell erkannt, dass die Kommunikation innerhalb der eigenen Community sie weiterbringt. Und so hat man sich eingeigelt. (Helmut Jungwirth, Universität Graz)

Geschätzte Wissenschaftler*innen, liebe Leser*innen!

Es ist vorbei.

Wer nicht imstande ist, ihre/seine Kompetenzen verständlich und kompetitiv zu präsentieren, kann mittlerweile auch als Wissenschaftler*in ein gröberes Problem bekommen. Das, was erfolgreiche Vertreter*innen der Wirtschaft und der Politik schon lange wissen, hat nun auch Ihre Welt, die Scientific Community, erreicht:

1. WIE Sie kommunizieren, und nicht mehr nur WAS Sie kommunizieren, ist Trumpf.
2. Substanz im Inhalt und wettbewerbsfähige Verpackung schließen einander nicht aus.
3. Der Aufwand lohnt sich. Beruflich, finanziell, imagemäßig.

Spätestens seit der Pandemie 2020, die eine enorme Nachfrage nach wissenschaftlicher Erklärung für die breite Bevölkerung evoziert hat, ist daran nicht mehr zu rütteln.

> Ich denke mal, vor 20 Jahren, als ich damit angefangen habe, war das noch keine besonders karrierefördernde Sache, vielleicht sogar das Gegenteil. Es gibt einen älteren Kollegen, der schon lange pensioniert ist. Der ist aus dem Alumniclub der TU Dortmund extra ausgetreten – aus Protest, weil ich dort bei der Festveranstaltung einen meiner populären Vorträge gehalten habe, weil das ja keine Wissenschaft sei. (Metin Tolan, TU Dortmund)
>
> Früher habe ich selbst noch erlebt, dass bei Berufungen gesagt wurde, diesen Hrn. Professor können wir nicht gebrauchen, der geht sogar in Talkshows ins Fernsehen. Da war ich noch studentische Vertreterin. (Antje Boetius, AWI Bremerhaven)

Die Öffentlichkeit braucht mehr Wissenschaft. Nicht nur, um in gemeinsamer Anstrengung mit Politik und Behörden der Pandemie entgegenzutreten und nicht nur, um Forschungsgelder gerechtfertigt zu sehen. Sondern vor allem um Qualitätsstandards in der

Bewältigung unseres Lebens auf dem Planeten Erde zu garantieren. Deshalb ist es so entscheidend, dass Sie Ihre Kompetenz auch uns, den Nicht-Wissenschaftler*innen, transportieren können.

Selbst die Politik hat diese Anforderungen inzwischen als nötig eingestuft. Nach den USA, wo das schon länger gang und gäbe ist, wollen auch die EU und ihre Mitgliedsstaaten die Wissenschaft stärker zur Kommunikation mit Laien verpflichten. Wer öffentliche Fördergelder in Anspruch nehmen will, ist angehalten, Wissenschaftskommunikation konstruktiv in Forschungsprojekte zu integrieren.

> Die European Commission hat mittlerweile in ihren Auflagen, dass man etwas mit den Funds für Wissenschaftskommunikation machen muss. In den USA ist das schon gang und gäbe. Am Anfang konnte man bei uns noch sagen, ich habe einen Twitter-Account, jetzt geht das nicht mehr. (Jakob Steiner, Universität Utrecht)
>
> Natürlich haben wir auch zu viele arrogante Wissenschaftler*innen, die sagen, sie wollen sich in den Niederungen der Laien nicht herunterlassen, aber sie erwarten genau von diesen Laien, dass sie ihre Steuer für just diese wissenschaftlichen Arbeiten und Forschungen bezahlen. Deshalb ist es wichtig, sowohl den Studierenden wie den Mittelbauvertretern, also denen, die promovieren und sich habilitieren, das Anforderungsprofil aufzuerlegen: Drücke dich so aus, dass das Gegenüber versteht, was du machst. (Dieter Frey, LMU München)
>
> Ich werde zu 100 % von der EU bezahlt. Ich habe eine Verpflichtung, der Gesellschaft und dem Steuerzahler zu sagen, wie wir unsere Ressourcen sinnvoll einsetzen.
>
> Wenn wir das nur anderen Kollegen kommunizieren, dann hilft das zwar dem Diskurs, aber mit einfacher und verständlicher Kommunikation ist es besser möglich, den Leuten zu erklären, wie schaut es wirklich mit dem Klimawandel aus. (Jakob Steiner, Universität Utrecht)

Doch noch immer ist der Weg dahin trotz guter Vorsätze steinig. Dann nämlich, wenn zwar viele Ihrer Kolleg*innen, egal welcher Disziplin, koinzidieren, dass social skills eine unabdingbare Voraussetzung für den gegenwärtigen, umso mehr aber für den zukünftigen akademischen Erfolg wäre – Konsequenzen daraus aber in der Realität noch rar sind: Es gibt so gut wie keine verpflichtenden Fortbildungen für Kommunikation an den Universitäten und Hochschulen, Budgets für Kommunikationstrainings sind keine Selbstverständlichkeit, Coaching selbst auf Executive Level noch immer die Ausnahme. Man könnte den Eindruck gewinnen, PR-Leute und Personalverantwortliche (Human Resources/HR) scheuen sich davor, den Göttern des Intellekts, den Mitgliedern von Rektoraten oder Professor*innen diesbezügliche Vorschläge zu machen. Und dass so manche/r Wissenschaftler*n eine derartige Unterstützung trotz wiederkehrender persönlicher Schwierigkeiten bzw. Misserfolge tendenziell peinlich findet, habe ich selbst immer wieder gehört.

Erst jetzt, aufgrund von Corona und seinen Folgen, haben engagierte Kommunikationsverantwortliche und HR-Manager*innen innerhalb der Forschungslandschaft gute Chancen, ein entsprechendes Bewusstsein bei ihren Schäfchen für diese Verschiebung der Notwendigkeiten zu schaffen.

> Sich verständlich auszudrücken und ein Publikum bei der Stange zu halten, ist in den letzten 20 Jahren immer wichtiger geworden. Die Spezies der Leute, die so etwas als Verrat an der Wissenschaft ansehen, stirbt schlichtweg aus. Und ich habe mit dieser aussterbenden Species auch kein Mitleid. (Metin Tolan, TU Dortmund)

Deshalb möchte ich mit diesem Buch Mut machen. Denjenigen, die bisher dachten, sie kämen auch „ohne" aus. Denjenigen, die meinten, sie wären zu erfahren und zu alt. Denjenigen, die geglaubt haben, nur mit hohem finanziellem Aufwand könne ihnen geholfen werden. Denjenigen, die meinen, ihre Vorgesetzte würden lieber sich selbst, aber bestimmt nicht sie, die junge Generation der Wissenschaftler*innen, im Rampenlicht sehen.

Mein Fokus liegt dabei auf der persönlichen Kommunikation, auf dem gesprochenen Wort. Das ist meine Expertise. Dabei besteht diese Publikation aus mehreren Bestandteilen:

1. Ich stelle in aller Detailliertheit mein eigenes jahrzehntelang zusammengetragenes Wissen und meine praktischen Erfahrungen in der direkten Unterstützung von jüngeren wie älteren Wissenschaftler*innen zur Verfügung. In 22 Jahren als Kommunikationscoach (Stand: Mai 2021) habe ich rund 1100 Klient*innen, davon ca. 15 %, die auf Universitäten oder bei außeruniversitären Instituten tätig sind, betreut. Anhand dieser Erfahrung darf ich berichten: In der Kommunikation waren und sind sie einander recht ähnlich, die Männer wie die Frauen, die Naturwissenschaftler*innen wie die Geisteswissenschaftler*innen, die Kunstprofessor*innen wie die Mediziner*innen. Einzig der technische Zugang unterscheidet: Die bis 35-Jährigen haben ein auffallend höheres Wissen im Umgang mit Twitter, Instagram, Facebook & Co.

    Selbstverständlich dienen all meine Empfehlungen nur als Indikatoren in die richtige Richtung. Jede Präsentationssituation ist letztlich einzigartig, weil die handelnden Personen – Sie und diejenigen, zu oder mit denen Sie sprechen – in der akuten Situation und in den jeweils spezifischen Kontexten einzigartig sind. Und natürlich ersetzt dieses Buch nicht die eine oder andere Coachingsitzung, wenn es emotional für Sie besonders herausfordernd ist. Sehen Sie meine Empfehlungen daher wie einen Blumenstrauß, aus dem Sie sich die Rose, die Tulpe oder die Nelke auswählen – je nachdem, was Ihrer Meinung nach für Sie persönlich am besten passt. Lassen Sie sich durch dieses Buch inspirieren, Ihre eigenen kommunikativen Wege schneller zu finden.

2. Ich präsentiere aussagekräftige Stellungnahmen vorbildhafter Kommunikator*innen zwischen Kiel, Klagenfurt und Bern, die ich über einen Zeitraum von zwei Monaten in Form von 30–45-minütigen Gesprächen interviewt habe. 18 Wissenschaftler*innen aus Deutschland, Österreich und der Schweiz haben mir für Sie, liebe Leser*innen, ihre Zeit geschenkt und teilweise sehr plakativ und sehr persönlich Einblick in eigene Herangehensweisen in der Kommunikation gegeben. Diese Zitate finden Sie zum jeweiligen Kapitel und Schwerpunkt passend in den Fließtext eingestreut und hervorgehoben. An dieser Stelle bedanke ich mich nochmals ganz herzlich bei allen Interviewpartner*innen! Jeder einzelne Kontakt war bereichernd und einfach großartig.

3. Ich untermauere diese meine praktischen Erfahrungen mit wissenschaftlichen Erkenntnissen. Nicht so umfangreich und konsequent, wie es ein scientific paper per se verlangen würde. „Sich besser präsentieren. Wirkungsvolle Kommunikation für Wissenschaftler*innen" hat als Ratgeber einen anderen Anspruch. Aber doch häufig genug, um zu zeigen, dass Sie hier nicht mit „a matter of taste" konfrontiert sind oder ganz banal mit einer Geschäftsidee, mit einem Hype, der in einer medial dominierten Welt nun auch die Wissenschaft erreicht hat. Professionelle Kommunikation ist evidenzbasiert. Punkt. Die Bedeutung des gesprochenen Wortes in der Wissenschaftskommunikation steigt, und damit auch die Zahl einschlägiger Studien. Dennoch steckt in meinem Fachgebiet die Forschung noch in den Kinderschuhen. Die Kleinteiligkeit vieler Studien, deren Gesamtaussagekraft vorsichtig betrachtet werden muss, ist daher genauso auffallend wie der Mangel an Meta-Analysen. Vielleicht regen aber auch meine Erfahrungen aus 22 Jahren des intensiven Arbeitens mit Führungskräften aller gesellschaftlicher Bereiche den einen oder anderen unter Ihnen zu einem Paper an. Ich stehe jedenfalls gern für Experten-Interviews zur Verfügung.

Apropos: Großen Dank möchte ich auch jenen aussprechen, die mir mit Hintergrundinformationen geholfen haben, wie Bettina Neunteufl, Pressesprecherin des Rektorats und Head of Public Affairs an der TU Wien, Klaus Pseiner, Geschäftsführer der Forschungsförderungsgesellschaft (FFG) Wien, Henning Rockmann, Bereichsleiter für Grundsatzfragen des Hochschulsystems bei der Hochschulrektorenkonferenz (HRK), Bonn, und Julia Wandt, damals Leiterin Kommunikation und Marketing und Pressesprecherin der Universität Konstanz (inzwischen in derselben Verantwortung an der Albert-Ludwigs-Universität Freiburg) sowie Vorsitzende des Verbands für Hochschulkommunikation in Deutschland. Mein besonderer Dank gilt darüber hinaus Michael Nitsche, Inhaber des Österreichischen Gallup-Instituts, der mir als Sparringpartner mit wertvollem Feedback beim Endredigieren des Manuskripts geholfen hat.

Geschätzte Wissenschaftler*innen, liebe Leser*innen!

Ihr Gebiet, die Wissenschaft, ist ein Fundament unserer freien Gesellschaft und darf nicht aus Arroganz oder gut gemeinter Wahrung des Elitären im Verborgenen bleiben! Bitte verzeihen Sie mir diese Deutlichkeit.

Sie dürfen nicht den Schaumschlägern und Dampfplauderern dieser Welt, weder außerhalb noch innerhalb der Scientific Community, den Platz überlassen.

Machen Sie Ihren Kolleg*innen, Ihren Kooperationspartner*innen, den Journalist*innen und uns als Rezipient*innen Ihrer Informationen Lust auf die Zusammenarbeit mit Ihnen und auf Ihre neuesten Errungenschaften. Jedes Mal. Und immerfort.

Sie schaffen das! So eine Wissenschaft ist es auch wieder nicht.

Ihre Regina Jankowitsch

Ich bin der festen Überzeugung, dass wir in der heutigen Zeit, in der sich viele Leute berufen fühlen, ihre Meinungen als vermeintliche Fakten und Weisheiten zu verbreiten, an den Universitäten den Auftrag haben, der Öffentlichkeit wissenschaftlich basierten Sachstand anzubieten und damit auch aufzuklären. Letztlich ist es grundsätzlich eine sehr gute Idee, wissenschaftliche Erkenntnisse weit zu verkündigen. Dies wird noch einmal ganz besonders nötig sein, wenn etwas zu einem Thema mit hoher gesellschaftlicher Tragweite wird, wie aktuell z. B. die Coronavirus-Pandemie, in der sich einige Personen dauernd zu Wort melden, die eigene Fantasien für viele glaubhaft zum Besten geben. Wichtig dabei ist: Die politischen Einstellungen müssen in der Hand der Politik sein, aber die Darlegung und Interpretation der Fakten sollte in der Hoheit der Wissenschaft bleiben. Dabei ist die wirksame und aktive Kommunikation wissenschaftlicher Ergebnisse in die Bevölkerung sehr wichtig und selbstverständlich auch, als Expert*innen für Journalist*innen zur Verfügung stehen. (Kerstin Krieglstein, Universität Konstanz)

Wien, Österreich   Regina Maria Jankowitsch

Inhaltsverzeichnis

1	**Einleitung**		1
2	**Die Spielregeln professioneller Kommunikation**		5
	2.1	Kommen Sie auf den Punkt	7
		2.1.1 Legen Sie einen starken Anfang hin	7
		2.1.2 Kontextualisieren Sie nach Zielgruppe	13
		2.1.3 Kommunizieren Sie offensiv die nächsten Schritte	16
		2.1.4 Fokussieren Sie	19
	2.2	Erleichtern Sie die Zugänge	23
		2.2.1 Formulieren Sie einfach	23
		2.2.2 Sprechen Sie in und mit Bildern	26
		2.2.3 Bieten Sie kleine Portionen an	31
		2.2.4 Bauen Sie gezielt Vertrauen auf	33
	2.3	Nutzen Sie die Technologie richtig	39
		2.3.1 Online-Kommunikation	39
		2.3.2 Umgang mit PowerPoint	41
	2.4	Keine Wirkung ohne Vorbereitung	43
	Literatur		45
3	**Einbringen von Drittmitteln**		47
	3.1	Small Talk & Networking	48
		3.1.1 Besonderheiten	49
		3.1.2 Struktur	52
		3.1.3 Praktische Durchführung	53
	3.2	Präsentationen vor Fördermittelgebern	57
		3.2.1 Besonderheiten	59
		3.2.2 Struktur	68
		3.2.3 Praktische Durchführung	69

	3.3	Präsentationen vor potenziellen Kooperationspartnern	74
		3.3.1 Besonderheiten.	74
		3.3.2 Präsentation auf Initiative von außen.	79
		3.3.3 Präsentation auf Eigeninitiative	83
	Literatur.	87
4	**Präsentationen im Berufungsverfahren**	89
	4.1	Besonderheiten.	92
		4.1.1 Loben Sie sich selbst	92
		4.1.2 Zeigen Sie Commitment	94
		4.1.3 Parieren Sie persönliche Fragen.	95
	4.2	Probevortrag für die Professur.	100
		4.2.1 Struktur	101
		4.2.2 Praktische Durchführung.	101
	4.3	Präsentation für ein Rektorat	108
		4.3.1 Struktur	109
		4.3.2 Praktische Durchführung.	110
	Literatur.	113
5	**Auf der Bühne: Vorträge und Diskussionsveranstaltungen**	115
	5.1	Vorträge	117
		5.1.1 Besonderheiten.	117
		5.1.2 Struktur	130
		5.1.3 Praktische Durchführung.	130
	5.2	Diskussionsveranstaltungen.	135
		5.2.1 Besonderheiten.	136
		5.2.2 Struktur	143
		5.2.3 Praktische Durchführung.	143
	Literatur.	147
6	**Kommunikation mit Journalist*innen**	149
	6.1	Besonderheiten.	152
		6.1.1 Beherzigen Sie die Elemente einer Story.	152
		6.1.2 Antworten Sie wie ein Profi.	155
		6.1.3 Berücksichtigen Sie die Besonderheiten des Fernsehens	159
		6.1.4 Reden Sie durchwegs langsamer als normal	162
	6.2	Medien-Interview.	162
		6.2.1 Struktur	164
		6.2.2 Praktische Durchführung.	165
	6.3	Pressekonferenz	169
		6.3.1 Struktur	170
		6.3.2 Praktische Durchführung.	171
	Literatur.	176

7	**Digital Audio und Digital Video**		177
	7.1	Podcast	178
		7.1.1 Besonderheiten	179
		7.1.2 Struktur	181
		7.1.3 Praktische Durchführung	182
	7.2	Webvideo	186
		7.2.1 Besonderheiten	187
		7.2.2 Struktur	190
		7.2.3 Praktische Durchführung	190
	Literatur		193
8	**Wissenschaft mit Humor präsentiert**		195
	8.1	Fame Labs und Science Slams	196
	8.2	Wissenschaftskabarett	200
	Literatur		201
9	**Schlussbemerkung und Fazit**		203

Liste der Interviewpartner*innen

Gabriele Berg TU Graz, Biologin, Institut für Umweltbiotechnologie, gehört zu den „Highly Cited Researchers 2019". War 2005 die erste Professorin, die an der TU Graz auf einen naturwissenschaftlichen Lehrstuhl berufen wurde.

Antje Boetius Meeresbiologin, Professorin für Geomikrobiologie an der Universität Bremen, Leiterin des Alfred-Wegener-Instituts (AWI) in Bremerhaven, Communicator-Preisträgerin der DFG 2018, Vorsitzende des Lenkungsausschusses von Wissenschaft im Dialog, 2020 Mercator-Professur der Universität Duisburg-Essen.

Tobias Brügmann Molekularbiologe und wissenschaftlicher Mitarbeiter am Thünen-Institut für Forstgenetik, Großhansdorf, Preisträger bei FastForwardScience 2020

Manfred Curbach TU Dresden, Institutsdirektor und Professor für Massivbau, seit 2013 Mitglied der Nationalen Akademie der Wissenschaften Leopoldina, erhielt 2016 den Deutschen Zukunftspreis des Bundespräsidenten und ist seit Juli 2020 Sprecher des Sonderforschungsbereichs/Transregios 280 der DFG „Konstruktionsstrategien für materialminimierte Carbonbetonstrukturen".

Dieter Frey LMU München, Psychologe, Leiter des Centers for Leadership and People Management, mehrfacher Buchautor, zuletzt „Mit Erfolg zur Professur und Dozentur", 2020.

Helmut Jungwirth Universität Graz, Molekularbiologe, Leiter der siebenten Fakultät: des Zentrums für Gesellschaft, Wissen und Kommunikation. Seit 2015 Mitglied beim Wissenschaftskabarett Science Busters. Seit 2016 erster Professor für Wissenschaftskommunikation in Österreich.

Sylvia Knapp, MedUniWien, Institut für Infektionsbiologie. Die MedUniWien erzielt in Österreich die höchste Drittmittelquote aller Universitäten.

Kerstin Krieglstein bis 30.09.2020 Universität Konstanz/ab 01.10.2020 Albert-Ludwigs-Universität Freiburg. Neurowissenschaftlerin. Mitglied im Präsidium des Medizinischen Fakultätentags (MFT; 2016-19), Mitglied des Fachkollegiums 206 Neurowissenschaften der Deutschen Forschungsgemeinschaft (DFG; 2001-19). Sie ist die erste Frau Deutschlands, die zum zweiten Mal zur Rektorin gewählt wurde.

Martin Korte TU Braunschweig, Biologe und Hirnforscher, Leiter des Instituts für Zoologie, mehrfacher Buchautor, zuletzt „Hirngeflüster: Wie wir lernen, unser Gedächtnis effektiv zu trainieren", 2019.

Günther Mayr Publizist, ORF, Leiter der Wissenschaftsredaktion. War im Frühling 2020 das Gesicht der Pandemie-Informationen im österreichischen Fernsehen.

Niki Popper TU Wien, Simulationsforscher, Koordinator des COCOS-Zentrums für Computational Complex Systems. 2020 bildeten seine Modellrechnungen die Basis für die Maßnahmen der Bundesregierung in der Covid-19-Pandemie.

Aniruddha Dutta Metallphysiker, Science Slam Europameister 2019, OCAS NV Gent.

Hans Schelkshorn Universität Wien, Philosoph und Theologe, seit 1.10. Lehrstuhlinhaber am Institut für Christliche Philosophie.

Thora Schubert FWTH Aachen, Geologie-Studentin, Fame Lab-Germany Siegerin 2019.

Jakob Steiner, Environmental Engineer, Universität Utrecht, Institute for Mountain Hydrology, PhD-Candidate, forscht und arbeitet in Nepal.

Gudrun Thäter KIT (Karlsruher Institut für Technologie), Institut für Angewandte und Numerische Mathematik. Der Podcast „Der Modellansatz", den sie gemeinsam mit Prof. Dr. Sebastian Ritterbusch seit 2013 produziert, wurde als „Hochschulperle digital 2015" durch den Stifterverband für Deutsche Wissenschaft ausgezeichnet.

Metin Tolan Bis 31.03.2021 TU Dortmund, Institut für Experimentelle Physik/ab dem 01.04.2021 Präsident der Georg-August-Universität Göttingen, Communicator-Preisträgerin der DFG 2013, mehrfacher Buchautor, zuletzt „Die Star Trek Physik", 2016.

Robert Wegener Co-Leiter Coaching Studies Fachhochschule Nordwestschweiz (FHNW), Hochschule für Soziale Arbeit, Institut Beratung, Coaching und Sozialmanagement, Olten.

Einleitung 1

In meiner Tätigkeit als Executive Coach im deutsch- und englischsprachigen Raum beobachte ich diese Entwicklung seit Jahren.

Als erstes registrierte ich, wie problematisch die Auflage, Drittmittel für Forschungsprojekte im Zuge einer Präsentation nach ganz genau festgelegten Spielregeln aufzustellen, für viele von Ihnen war und ist. Einerseits, weil „Verkaufen" so ziemlich das Letzte ist, was Forscher*innen beherrschen bzw. beherrschen wollen – die älteren Semester sehen die Reduzierung der Basisfinanzierung und die daraus resultierende Entwicklung auch mit Furor.

> Es ist eine unendliche Sisyphusarbeit, die einen auffrisst und zum Wissenschaftsmanager degradiert. Mir tun alle jungen Kollegen unendlich leid, dass sie keine Alternativen haben. Sie müssen das machen, und die können das auch. (Hans Schelkshorn, Universität Wien)

Andererseits ist in diesem Kontext das Zusammenstellen einzelner Projektmitarbeiter*innen zu homogen wirkenden Präsentationsteams eine rhetorische wie gruppendynamische Herausforderung der besonderen Art. Von Fundraising-Dinners und ähnlich kreativen Bemühungen, potenziellen Investor*innen bzw. Sponsor*innen (= finanzstarken Laien) die Zusammenarbeit mit Ihnen und Ihrem Projektvorschlag schmackhaft zu machen, gar nicht erst angefangen.

Als nächstes stieg aus meiner Wahrnehmung die Zahl an Bewerber*innen für attraktive akademische Posten. Damit einhergehend kam es zu einer Professionalisierung des Hearings – im internen Gebrauch „Vorsingen" genannt – auf Professor*innen- und noch mehr auf Rektoratsebene. Da traten plötzlich bei nahezu jeder Ausschreibung externe Beratungsunternehmen als Manager des Prozesses auf, es waren mit einem Mal Führungskompetenzen gefragt, mit denen man sich bis dahin als angehende Universitäts- oder Institutsleitung eher nur zufällig oder aufgrund besonderer persönlicher Interessen auseinandergesetzt hatte. Sie können es sich daher auch als aussichtsreiche Kandidat*innen immer weniger erlauben, die Fakten Ihres CVs einfach für sich sprechen zu lassen. Sich selbst positiv darzustellen, ist für jede*n schwierig – doch um wie viel schwieriger ist es dann für Sie, die/der Sie seit jeher gelernt haben, subjektive Informationen zugunsten von objektiven und Persönliches zugunsten von Faktischem hinten anzustellen?!

Außerdem erlebe ich nicht nur als Bürgerin, sondern auch innerhalb meines beruflichen Engagements seit der Jahrtausendwende eine Zunahme an populärwissenschaftlichen Events – allen voran in Deutschland seit 2000 die Lange Nacht der Wissenschaft oder in Österreich seit 2005 die Lange Nacht der Forschung. Parallel dazu wurden Wissenschaftler*innen immer öfter gern als Gäste am Podium gesehen und bei Veranstaltungen ins Scheinwerferlicht gebeten. Raus aus dem Elfenbeinturm und rauf auf die Bühne der Öffentlichkeit – etwas, was im angloamerikanischen Raum ganz normal ist – wurde zunehmend zum Prinzip. Infotainment avancierte zu einem Begriff, der immer mehr aus dem Eck intellektueller Verachtung herausgeholt werden sollte.

Zu guter Letzt waren es gesellschaftspolitische Entwicklungen gerade der letzten fünf Jahre, in denen „Fake News" zu einem Begriff wurde und wissenschaftliche Fakten in einer bis dato unbekannten Dimension um ihre Legitimität zu kämpfen beginnen mussten. Unterstützt und möglich gemacht durch Social Media produzieren sich alle – vom Präsidenten bis zum Kleinkind – ihre Nachrichten selbst, und es wird selbst für den Interessierten immer schwieriger, die Spreu vom Weizen zu trennen.

Welchen Aufbau habe ich für dieses Buch gewählt?
Zunächst erhalten Sie einen Überblick in die Spielregeln des Handwerks, wenn es darum geht, abseits von Labor und Lehre zu kommunizieren. Der Hauptteil beschäftigt sich dann mit den vier wichtigsten kommunikativen Herausforderungen, mit denen Forscher*innen im Wettbewerb konfrontiert sind:

1. wie man finanzielle Unterstützung für sich, seine Projekte und/oder Uni gewinnt,
2. wie man Hearings für sich entscheidet,
3. wie man auf der Bühne überzeugt und Besucher*innen begeistert und
4. wie man die Medien professionell nutzt.

Jedes dieser Kapitel habe ich in drei Abschnitte unterteilt:

a. die Besonderheiten – um Ihnen sofort zu veranschaulichen, was Sie im jeweiligen Setting mehr als sonst im Auge behalten sollten,
b. die Struktur – weil es meine tiefe Überzeugung und jahrzehntelange Erfahrung ist, dass eine gute Struktur die Basis zum Erfolg in der Kommunikation ist – ähnlich dem Forschungsdesign auf dem Weg zu einer guten Studie, und
c. die praktische Durchführung – hier finden Sie spezifische Einblicke ins eigentliche Kommunizieren sowie konkrete rhetorische Empfehlungen, sofern das in der Allgemeinheit eines solchen Buches möglich ist.

1 Einleitung

Danach gibt es noch einen kleinen Exkurs zu den neueren digitalen Präsentationsformen wie Podcast und Video. Was ich selbst Neues aus den Interviews zum Thema Science Slam, Fame Lab bzw. Wissenschaftskabarett gelernt habe, wollte ich Ihnen abschließend auch nicht vorenthalten. Darüber hinaus habe ich Checklisten erstellt – platziert jeweils am Ende eines jeden Kapitels.

Ratgeber werden nicht immer wie ein Roman in einem Atemzug durchgelesen. Falls auch Sie vorhaben, dieses Buch gezielt und Anlass bezogen zu konsumieren, erlauben Sie mir eine Leseempfehlung: Lesen Sie unmittelbar Kap. 1, die Spielregeln, und Kap. 8, die Schlussbemerkungen, und dazu das jeweilige Kapitel Ihres akuten Interesses, das Ihnen in Ihrer beruflichen Situation gerade am dienlichsten ist. Sollten Sie noch Zeit haben, gehen Sie auch das Kap. 6, Umgang mit Journalist*innen, durch – wie Sie im Interview professionell antworten, ist Ihnen sicher auch in anderen Situationen nützlich.

Mit „Sicher besser präsentieren. Wirkungsvolle Kommunikation für Wissenschaftler*innen" will ich einen Beitrag dazu leisten, dass Sie als Vertreter*innen der Wissenschaft Ihre Berührungsängste zu Marketing und den Spielregeln des Verkaufs abbauen. Denn es ist teuflisch: Selbstverständlich setzen die komplexen Review-Mechanismen innerhalb einer wissenschaftlichen Karriere qualitative Maßstäbe, die es in dieser Form in anderen Bereichen der Gesellschaft nicht gibt. Und trotzdem wird sich, wer sich und ihre/seine Arbeiten gut verkaufen kann, in der Regel behaupten – auch wenn sie/er weniger publiziert hat und weniger inhaltliche Brillanz an den Tag legt. Substanz und Verpackung widersprechen einander nicht! Wie oft habe ich das gesagt und geschrieben, und ich sage und schreibe es wieder und wieder. Dies ist meine 6. Fachpublikation, und wenn die Zielgruppen früherer Bücher, die Manager*innen und die Politiker*innen, auch mit Ihnen als Wissenschaftler*innen ansonsten wenig gemeinsam haben: Diesbezüglich sitzen Sie meiner Meinung nach alle in einem Boot!

> In den USA kommt mir vor, kommt sozusagen jeder mit dem PR-Gen auf die Welt. Wir haben da einen Wissenschaftler erlebt, als wir eine Geschichte über Erdbeben gemacht haben, der hat für jede Sendung die passende Länge an Message gehabt.
> Bei uns sind immer auch Eifersüchteleien im Spiel. In den USA gratuliert jeder dem anderen. Bei uns wird jemand, der in den Medien erfolgreich ist, oft schief angeschaut. (Günther Mayr, ORF Wissenschaft)

In den USA galt Wissenschaft schon seit jeher als besonders professionell, wenn man nach dem Vortrag der/s Forscher*in wusste, was sie/er einem mitgeben wollte, und die wesentlichen Passagen so gut verstanden hatte, dass man sie daheim kurz wiedergeben konnte. In Europa und hier besonders im deutschsprachigen Raum verstanden sich Wissenschaftler*innen eher dann als besondere Kapazitäten, wenn die Zuhörer*innen kaum ein Wort verstanden hatten, aber voller Ehrfurcht ob der offensichtlichen intellektuellen Überlegenheit der/s Präsentators/in nach Hause gingen.

Zugespitzt, zugegeben!

> Ich halte das für eine völlig inakzeptable Einstellung, die übrigens auch sehr unwissenschaftlich ist. Ich finde es richtig putzig, wenn gerade Wissenschaftler sagen, dass sie nicht offen

sind für neue Erkenntnisse und Veränderungen. Natürlich muss man trotzdem nicht alles mitmachen. (Martin Korte, TU Braunschweig)

Aber so erlebe ich es, die ich seit 18 Jahren regelmäßig in den USA zu tun habe und mit der hiesigen Situation vergleichen kann: Während im anglo-amerikanischen Raum wissenschaftliche Exzellenz auch die Fähigkeit, Erkenntnisse Laien näherzubringen, einschließt, war der deutschsprachige Raum traditionell darauf bedacht, die entsprechende Exzellenz durch einen Abstand zu Laien zu untermauern. Verstanden zu werden war nicht vordergründig das Ziel.

▶ Das soll jetzt anders werden.

Die Spielregeln professioneller Kommunikation

Inhaltsverzeichnis

2.1 Kommen Sie auf den Punkt 7
    2.1.1 Legen Sie einen starken Anfang hin 7
    2.1.2 Kontextualisieren Sie nach Zielgruppe 13
    2.1.3 Kommunizieren Sie offensiv die nächsten Schritte 16
    2.1.4 Fokussieren Sie 19
2.2 Erleichtern Sie die Zugänge 23
    2.2.1 Formulieren Sie einfach 23
    2.2.2 Sprechen Sie in und mit Bildern 26
    2.2.3 Bieten Sie kleine Portionen an 31
    2.2.4 Bauen Sie gezielt Vertrauen auf 33
2.3 Nutzen Sie die Technologie richtig 39
    2.3.1 Online-Kommunikation 39
    2.3.2 Umgang mit PowerPoint 41
2.4 Keine Wirkung ohne Vorbereitung 43
Literatur 45

Professionelle Kommunikation folgt strikten Spielregeln. Oder anders gesagt: Wer bei ihren/seinen jeweiligen Zielgruppen punkten will, tut angesichts des Wettbewerbs um Gelder, Posten, Erkenntnisse und Aufmerksamkeit gut daran, diese einzuhalten. Denn mit beruflicher Expertise, fachlicher Brillanz oder einem guten Netzwerk allein kommen Sie bei Fördermittelagenturen, Kooperationspartnern, Kommissionen, Entscheidungsträgern, der sogenannten breiten Öffentlichkeit und den Medien nicht (mehr) durch. Schließlich werden diese Einrichtungen und Zielgruppen nicht nur von Ihnen allein kontaktiert, sondern von einer Vielzahl an Informationsgeber*innen, die mit Ihnen und/oder Ihren Projekten in Konkurrenz stehen und ganz so wie Sie versuchen, sich zu positionieren. In diesem grassierenden Kampf um Chancen und Ressourcen steht Ihnen eine Vielzahl an Kommunikationsformaten, die Ihnen abseits Ihrer gewohnten wissenschaftlichen Routine auch neue kommunikative Verhaltensweisen abverlangt, zur Verfügung. Ungeachtet des Themas, des Settings, der konkreten Gesprächspartner*innen, des jeweiligen Publikums, des Kontexts oder bestimmter Kommunikationszeremonien: Besagte Spielregeln professioneller Kommunikation gelten immer – erst in zweiter Instanz kommen Besonderheiten der einzelnen Formate, die Sie beachten sollen, zum Tragen.

▶ Professionell zu kommunizieren heißt, bei Ihrer Zielgruppe die gewünschte Wirkung zu erzielen. Das ist die Prämisse.

> Das erste, was ich immer mache, wenn ich plane zu kommunizieren, ist mir die Frage „Warum möchte ich das eigentlich kommunizieren?" zu stellen. Was ist meine Intention dahinter? Die Intention ist ganz entscheidend, sie kann aufklärend sein, belehrend, unterhaltend, motivierend, schockierend. Die Intention bestimmt immer das „Wie" und bestimmt auch, auf welche Art und Weise ich kommuniziere.
> Das zweite, wenn ich weiß, warum, ist, die Zielgruppe zu definieren. Ich höre oft: Ich möchte Wissenschaft für die breite Öffentlichkeit machen. Da stellt es mir immer die Haare auf. Es gibt keine breite Öffentlichkeit, es gibt nur Zielgruppen.
> Nehmen wir zum Beispiel Studierende. Studierende sind eigentlich keine eigene Zielgruppe, denn es gibt völlig unterschiedliche Gruppierungen, es gibt Erstsemestrige, aber auch Doktorand*innen. Es gibt Z. B. in Graz Studierende von sechs Fakultäten, die alle einen unterschiedlichen wissenschaftlichen Hintergrund haben. (Helmut Jungwirth, Universität Graz)

Denn was nutzt die versierteste, ästhetischste, bis ins letzte Detail korrekte oder tiefsinnigste Kommunikation, wenn Sie damit Ihre Ziele nicht erreichen? Professionelle Kommunikation oder Kommunikation im beruflichen Kontext ist daher nicht „l' art pour l' art", die mit sich selbst zufrieden sein kann, soll und darf, sondern muss effektiv sein. Wenn wir uns den klassischen Settings wissenschaftlicher Kommunikation zuwenden, der Lehre oder dem fachlichen Austausch mit Kolleg*innen, so sind die dort gewünschten Effekte klar: In der Lehre gilt das Ziel der/s Lehrbeauftragten der Befähigung und Ertüchtigung der Studierenden für die kommenden Prüfungen. Im fachlichen Austausch mit Kolleg*innen auf Konferenzen o. Ä. steht primär das Diskutieren der eigenen Forschungsergebnisse im Fokus. In beiden Beispielen steht das Inhaltliche im Vordergrund. Nehmen wir zu diesen Anfangsbetrachtungen auch noch die Festreden der akademischen Feiern hinzu, dann hat die für Sie gewohnte Kommunikation sogar noch einen rituellen Charakter.

In den in diesem Buch besprochenen Settings, die einerseits unter Wettbewerbsbedingungen stattfinden und andererseits Nicht-Expert*innen zum Zielpublikum haben, ist die Thematik mit der intendierten Wirkung allerdings komplexer. Ich zeige Ihnen auf den nächsten Seiten einen Weg zu wirkungsorientierter Kommunikation, mit dem meine Klient*innen und ich beste Erfahrungen gemacht haben.

2.1 Kommen Sie auf den Punkt

Effizienz und Effektivität sind, ob wir das wollen oder nicht, auch in der Kommunikation entscheidende Erfolgsfaktoren. Es gilt sicherzustellen, die sowieso immer geringer werdende Aufmerksamkeitsspanne der Menschen in unserer Medien- und Leistungsgesellschaft optimal für sich zu nutzen. So kompakt als nötig und so wirkungsvoll wie möglich im beruflichen Kontext zu kommunizieren, kann über Ihre Karriere entscheiden.

2.1.1 Legen Sie einen starken Anfang hin

Wenn Wissenschaftler*innen über neue Erkenntnisse sprechen, dann neigen sie dazu, die Vorgeschichte vor die Präsentation dieser Erkenntnisse zu stellen. Sie folgen damit der Struktur eines „scientific papers", das zunächst aus der Vergangenheit zum wissenschaftlichen Status quo herleitet, sich dann dem Ziel der Studie und der Beschreibung des jeweiligen Studiendesigns widmet und erst ganz am Ende in der Conclusio bzw. Diskussion Ergebnisse darstellt und interpretiert. So sind, wie Sie wissen, alle Konzepte gebaut. Immer wird chronologisch erzählt, um den Rezipient*innen schrittweise an den Höhepunkt Ihrer Ausführungen heranzuführen. Schon in der Gliederung des Deutschaufsatzes im seinerzeitigen Schulunterricht haben wir alle gelernt, einen Spannungsbogen aufzubauen, der erst kurz vor dem Schluss zur Pointe kommt. Diese Form des Erzählens hat lange Tradition.

Im normalen beruflichen Alltag ist dieser Zugang leider völlig unbrauchbar. Nur wenn Sie Ihr Gegenüber gleich in den ersten Minuten für sich und Ihr Thema interessieren können, dürfen Sie mit gesteigerter Aufmerksamkeit auch für den Rest Ihrer Ausführungen rechnen. Dann ist Ihnen die Einstimmung geglückt. Es ist wie im Flugverkehr: Sie brauchen, wenn Sie mit Kommunikation Wirkung erzielen wollen, einen Senkrechtstart wie bei einem Helikopter. Sie müssen sofort interessant, wichtig oder bewegend sein – Sie brauchen sofort Flughöhe. Alles andere ist einfach zu riskant: zum einen, weil wir nie wissen können, ob uns Leute tatsächlich bis zum Ende zuhören – inhaltlich wesentliche Punkte, die nicht gleich am Anfang platziert werden, gehen dadurch oft unter. Und zum anderen, weil Sie die gute Möglichkeit, die mitgebrachten Erwartungen – „Hat es sich ausgezahlt, dass ich gekommen bin? Wird das nun ein gutes Gespräch?" – nicht sofort für sich nutzen.

Oft werde ich gefragt, ob man mit dieser Helikopter-Methode nicht unabsichtlich genau die gegenteilige Wirkung erzielt: Man hätte das Wichtigste bereits gehört – wozu sollte jemand sich nun auch mit dem Rest, in dem die gerade im wissenschaftlichen Kontext wesentlichen Details liegen, auseinandersetzen? Diese Sorge ist verständlich, aber unbegründet. Ganz im Gegenteil: Die Erfahrung zeigt, dass Rezipient*innen durch einen kommunikativen Appetizer umso mehr erpicht darauf sind dranzubleiben und umso konzentrierter zuzuhören, was Sie in weiterer Folge noch bringen. Es ist, wenn Sie so wollen, das Prinzip, dass sich Medien aller Art seit jeher zunutze machen: die Schlagzeile, die

Headline, der Aufmacher erwecken immer zu Beginn einer Story unser Interesse und erst dadurch entscheiden wir, ob wir den Beitrag weiterverfolgen oder nicht. Ohne diese Aufmacher würden wir weder die subjektive noch die objektive Relevanz eines journalistischen Beitrags erkennen und damit auch Detailinformationen übersehen. Und für den Fall, dass sich Rezipient*innen aus Zeitmangel, aus Ungeduld, auch aus mangelnder Konzentrationswilligkeit oder -fähigkeit tatsächlich schon nach wenigen Momenten anderen Themen zuwenden, so haben sie zumindest die Quintessenz Ihrer Informationen mitgenommen. Selbst wenn sie nach Lesen der Schlagzeile weitergeblättert oder am Bildschirm weitergeklickt haben: das Wesentliche hat diese Personen bereits erreicht.

> Sowohl als Lernforscher als auch als Kommunikator versuche ich diesen „vicious circle" zu durchbrechen, und da gibt es zwei Möglichkeiten:
> 1. Die Möglichkeiten der Ablenkung zu reduzieren. Bei mir in der Vorlesung sind zum Beispiel Handys verboten. Es gibt da einen Druck, auf jedes Blinken, auf jedes Vibrieren zu reagieren. Da reicht schon der Blick aufs Smartphone, auch wenn es ausgeschaltet ist. Das Interessante daran ist, dass Studierende nachher sagen, sie haben das anfangs altbacken gefunden, aber am Ende hat es ihnen doch gut gefallen, sich mal eine Stunde lang nicht stören zu lassen.
> Und 2. die Generation, die gerade heranwächst, hat sich anders sozialisiert, die arbeiten mit Bildern oder Videos. Wenn mein Sohn eine Gebrauchsanleitung durchlesen muss, dann schaut er sich ein Video an. Warum nicht? Ich setze daher viel Bilder ein. Und ich verfechte stark den Gedanken, Geschichten zu erzählen. Man legt dann den Stift weg und hört dem Prof einfach zu. Das erhöht auch die Aufmerksamkeit. (Martin Korte, TU Braunschweig)

Der Vergleich zum Abstract zu Beginn Ihres Papers drängt auf: Auch hier stellen Sie regelmäßig einen Überblickstext, eine Art Zusammenfassung, voran. Übernehmen Sie dieses Prinzip auch direkt ins gesprochene Wort und Sie haben bereits den ersten Meilenstein Ihres kommunikativen Erfolgs gelegt.

▶ Nicht das Flugzeug, das sich langsam und stetig der Flughöhe nähert, ist Ihre Metapher, sondern der Helikopter, der aus dem Stand nach oben kommt.

Der Anfang ist immer prägend – egal, ob Sie als Präsentator*in oder Referent*in aktiv am Wort sind oder ob Sie Fragen beantworten sollen. Wohl weist eine Studie aus 2018 darauf hin, dass das Publikum bei Ihnen als Wissenschaftler*in mit dem steilen Start des Helikopters nicht so streng ist und durchaus in alter deutschsprachiger Tradition zuwartet, bis Sie mit relevantem Content aufwarten (Gheorghiu et al. 2019). Doch wir wissen inzwischen auch, dass Überraschungseffekte selbst in Ihrem Fall jedenfalls förderlich für die Aufnahme Ihrer Informationen sind (Drummond und Fischhoff 2020). Kurz und gut: Bitte achten Sie den Anfang und es wird gut sein.

Zu Beginn Ihres Auftritts

> What I did when walking onto the stage I was extremely conscious about what I would do in the first 30 seconds. Then you find you original pace. Being aware of your surroundings. (Aniruddha Dutta, OCAS NV Gent)

Die ersten 60 Sekunden sind prägend für die Aufmerksamkeit, mit der Ihre Ausführungen wahrgenommen und weiterverarbeitet werden. Der berühmte erste Eindruck macht es für Sie einfacher oder schwerer, in die Gänge zu kommen und Ihre Ziele zu erreichen. Denken Sie nur daran, wie schnell Sie vor dem Bildschirm, im Theater oder im Kino emotional urteilen und zumindest in Gedanken mit dem Daumen rauf- oder runterzeigen. Das heißt: Alles was Sie tun können, damit Sie in dieser allerersten Phase Ihrer Kommunikationssituation die Empfänger*innen positiv und interessiert stimmen können, ist von Vorteil. Das gilt umso mehr, je später am Tag Sie dran und Ihre Gegenüber schon müde und nicht mehr so konzentriert sind.

Wie nutzen Sie diese erste Minute?
Mehrfach. Zum einen, indem Sie, egal vor wem Sie sprechen, ein oder zwei Sekunden innehalten. Freundlich und bestimmt in die Runde oder ins Publikum schauend kosten Sie scheinbar diese zwei Herzschläge aus, bevor Sie tatsächlich beginnen. Ich nenne das „den Raum erfassen". So wirken Sie gelassen und nicht getrieben – auch wenn Ihnen in Wirklichkeit das Herz stark klopft. Das weiß oder sieht ja niemand.

Anschließend empfehle ich Ihnen, etwas lauter und etwas langsamer zu sprechen, als es Ihnen selbst normal erscheint. Einerseits verhindern Sie so, dass Ihre Stimme vielleicht vor Aufregung bricht – lautes Sprechen und Kicksen schließen einander aus. Andererseits „beruhigen" Sie sich selbst.

Um das auszuprobieren und vor allem Ihre Scheu davor abzulegen, proben Sie es bitte einfach vorab. Bereiten Sie die ersten Sätze, die Sie sagen wollen, minutiös vor und sprechen Sie dann, während Sie sich selbst mit Ihrem Smartphone aufnehmen, das Ganze etwas lauter und etwas langsamer als sonst. Hören Sie die Aufnahme danach ab und beurteilen Sie selbst. Klingt es seltsam? Nein, oder?

Sie werden sehen: Nach ein paar Mal üben können Sie sich den Start in Ihre Präsentationen gar nicht mehr anders vorstellen. Was jetzt noch fehlt, um Ihre Wirkung hier zu Beginn zusätzlich zu manifestieren, ist eine aufrechte Körperhaltung und ein fester Stand. Was so banal klingt, findet meiner Meinung nach dennoch selten statt – bitte werfen Sie das nächste Mal selbst einen gezielten diesbezüglichen Blick auf die Menschen, denen Sie beim Referieren zuhören, und machen Sie sich selbst ein Bild. Sind Sie selbst an der Reihe, achten Sie bitte darauf, gerade in dieser ersten Minute so groß wie möglich zu erscheinen, indem Ihr Gewicht auf beide Beine gleichmäßig verteilen. Tun Sie das nicht und stehen mehrheitlich auf Ihrem rechten oder linken Bein, dann knickt Ihr Körper auf Höhe der Hüfte sichtbar ein und Sie machen sich selbst unabsichtlich kleiner, als Sie sind. Ein häufiges Schauspiel, aber kein gutes Signal, wenn Sie einen starken ersten Eindruck hinterlassen wollen.

Noch etwas: Bemühen Sie sich bitte auch, in diesen ersten 60 Sekunden stehen zu bleiben, wo Sie zu sprechen begonnen haben. Wie der Fels in der Brandung mögen Sie dastehen und so Ihrem Publikum die Chance geben, sich auch emotional auf Sie einzulassen. Oft werde ich gefragt, ob es nicht viel besser sei, sich während Präsentationen zu bewegen – wer möchte schon wie eine Statue unbeweglich und starr wahrgenommen werden? Es stimmt, Beweglichkeit ist wichtig, aber nicht zu Beginn. Dieselbe Beweglichkeit, die im weiteren Verlauf Ihrer Ausführungen so positiv sein kann, wird zu diesem Zeitpunkt viel mehr zur Unruhe und damit negativ konnotiert. Bitte vermitteln Sie daher Standfestigkeit im wahrsten Sinne des Wortes.

Einleitung mit inverser Struktur
Sie haben eine weitere besonders großartige Möglichkeit, rein sprachlich einen starken Anfang hinzulegen: mit einer Einleitung, die durch ihre inverse Struktur überrascht (Tab. 2.1). Das funktioniert bei jeder Präsentations- oder Vortragssituation:

Stellen Sie in dieser ersten Minute die konventionelle Reihenfolge auf den Kopf. Statt an den Beginn Ihrer Ausführungen oder Ihres Statements die üblichen Höflichkeitsfloskeln zu setzen oder sich kurz vorzustellen, sind Sie bitte gleich am Punkt: Adressieren Sie, kaum dass Sie begonnen haben a) Ihr konkretes Ziel für diese Präsentation, für diese Diskussion, für dieses Interview, und/oder bringen Sie b) Fakten, die die vor Ihnen sitzenden oder stehenden Leute ganz sicher und ganz unmittelbar interessieren, beeindrucken oder aufrütteln. Gerade für Sie als Wissenschaftler*innen kann das eine gangbare Alternative sein, denn sowohl die Variante „Zielsetzung" als auch „Fakten" sollte Ihnen nicht schwerfallen.

Ein Hinweis: Beginnen Sie jedenfalls nie mit einem Witz. Das ist Rhetoriktradition in den USA und teilweise auch im Commonwealth, wirkt aber hierzulande, wenn Sie Ihre Gesprächspartner*innen nicht sehr gut kennen und dort bereits als humorige/r Zeitgenoss*in bekannt sind, aufgesetzt. Sie hätten mit einem lauwarmen Witz zwar auch binnen kürzester Zeit die Aufmerksamkeit der Anwesenden auf Ihrer Seite, aber gar nicht im positiven Sinn. Sehr riskant.

Tab. 2.1 Herkömmliche und inverse Einleitung

Herkömmliche Einleitung	Inverse Einleitung
Guten Morgen, meine Damen und Herren!	Guten Morgen, meine Damen und Herren!
Vielen herzlichen Dank für die Einladung heute hier vor Ihnen sprechen zu dürfen.	Ich möchte Sie heute für die Wissenschaft gewinnen. Oder: Es ist noch nicht vorbei. Wir wissen alles, um die Erde retten zu können. Wir müssen es nur tun.
Mein Name ist Maxi Mustermann und ich bin Professor*in an der xyz Uni.	In den nächsten 15 Minuten werde ich Ihnen präsentieren, wie die aktuelle Lage sich tatsächlich darstellt, wie es dazu kam und welche Optionen wir haben.
Ich werde Ihnen heute präsentieren, wie es zu dieser misslichen Lage kam, wie die aktuelle Lage sich tatsächlich darstellt und welche Optionen wir haben.	Mein Name ist Maxi Mustermann und ich arbeite seit 4 Jahren in einer EU-weiten Arbeitsgruppe führender Wissenschaftler*innen. Vielleicht haben manche unter Ihnen letzten Monat den Beitrag xyz im Fernsehen gesehen. Der war von uns.
Ich hoffe, wir werden anschließend noch genug Zeit für Fragen haben.	Vielen herzlichen Dank für die Einladung heute hier vor Ihnen sprechen zu dürfen.Ich freue mich sehr.

Die Abweichung vom Üblichen mit Ansprechen Ihres Ziels und/oder eines sogenannten Aufhängers wirkt hingegen Wunder: Sofort wird klar, dass nunmehr jemand mit Fokus und/oder großer Empathie spricht. Beides ist in jeder Situation hochgradig attraktiv und Sie haben die ersten 60 Sekunden bereits jetzt effektiver begonnen als bisher.

Wie geht es dann weiter?
Geben Sie einen Überblick zu Ihrer Agenda und führen Sie an, was Sie jetzt wie lange darlegen werden. Damit unterstreichen Sie Ihre Strukturiertheit und tragen dem Bedürfnis nach Effizienz Rechnung. Wenn Sie nicht allein am Wort sein werden, ist jetzt der passende Moment, Kolleg*innen oder Mitarbeiter*innen oder Partner*innen und deren jeweilige Rolle vorzustellen. Apropos: Jetzt und nicht früher rate ich Ihnen, anhand eines Flashlights mit Ihren aktuellen Herausforderungen, Ihren Leuchtturm-Projekten oder aktuellen Erfolgen aufzuwarten. Jede Information, die kurz und kompakt transportierbar ist, und über das Basiswissen – Ihre Titel, Ihre Funktion und Ihren CV – hinausgeht, ist hier eine Bereicherung. Mit ein paar Worten der Höflichkeit beschließen Sie diese „andere" Einleitung, bei der alles da war, wie sonst auch immer, nur in einer anderen Reihenfolge. Das Ganze dauert in dieser Form zwischen 45 und 60 Sekunden.

Zwei Beispiele aus der Praxis:
Der deutsche Soziologe Niklas Luhmann wurde in den 1990er-Jahren zu einer Tagung der österreichischen Polizei eingeladen. Dort hatten bereits mehrere Jurist*innen den ganzen Tag darüber referiert, wie der Polizeiarbeit in Zukunft neue juristische Kontrollen und Schranken auferlegt werden. Luhmann sollte dann als letzter einen Vortrag über eine Systemtheorie der öffentlichen Verwaltung halten. Ein hochkomplexes wissenschaftliches Thema. Angesichts des Ermüdungszustandes des Publikums, das hauptsächlich aus Kriminalpolizist*innen bestand, begann er seinen Vortrag mit den Satz: „Ich nehme an, Sie wollen von mir nun wissen, wie Sie in Zukunft Ihre Protokolle verfassen sollen." In der Sekunde hatte er die volle Aufmerksamkeit aller und begann mit einer ad hoc auf diese Frage zugespitzten Rede. Es war ruhig im Raum – alle waren trotz der fortgeschrittenen Stunde sehr konzentriert und viele machten Notizen.

Bei einem anderen Vortrag im bis auf den letzten Platz besetzten Audi Max der Universität Wien bediente sich der Erfinder der Antibabypille, Carl Djerassi, derselben Methode, einen starken Anfang hinzulegen. Er war eingeladen, seine Lebensgeschichte zu erzählen und alle waren darauf eingestellt, Biografisches, Anekdotisches und ein paar Fakten zu seinen Forschungen zu hören. Er begann hingegen seinen Vortrag, indem er sich direkt an die weiblichen Studierenden im Saal wandte: „50 % von Ihnen werden kinderlos bleiben.". Totenstille. Großes Schweigen im Raum. Alle waren sehr betroffen und jetzt begann er, diesen Satz mit seinen Ausführungen zu begründen.

> Wenn man nicht schafft, den Anfang durchzubringen, verliert man sie für alle Ewigkeit. (Sylvia Knapp, MedUniWien)

45–60 Sekunden im Vergleich

Für Ihren Hintergrund
Die Anmoderation in elektronischen Medien funktioniert seit eh und je genau nach diesem Prinzip: An den Anfang wird gestellt, was am stärksten wirkt. Im Radio klingt das dann meistens so:

Guten Morgen aus dem XY-Studio!
Neue Auflagen für Hotelbetreiber, schon wieder Mord an schwarzen Zivilisten in den USA und das Wetter morgen: weiter sonnig.
Das sind die Hauptmeldungen der heutigen Ausgabe der Xy-Nachrichten.
Mein Name ist Maxi Mustermann.
Einen schönen guten Tag, bleiben Sie bei uns!

Ich will Sie gerne überzeugen: Mit der Kombination aus starkem Inhalt, kräftiger Stimme, langsamen Sprechtempo und festem Stand werden Sie den Anfang jeder Präsentation gut nutzen. Mithilfe dieser vier Parameter lässt sich Souveränität inszenieren, und das ist als Starthilfe legitim.

Und was passiert danach? Der gute Einstieg stärkt Ihr Selbstbewusstsein. Der gelungene Beginn befreit Sie von einem Gutteil Ihrer Ängste. Wer heil über diese erste Minute hinweggekommen ist, entwickelt eine fast intrinsisches Selbstbewusstsein. Dieses beflügelt, während ein verpatzter Einstieg Sie schlingern lässt.

Zu Beginn Ihrer Antworten
Auch die Wahrnehmung, ob Ihre Antworten Qualität zu haben scheinen oder nicht, hängt stark von deren Anfang ab. Auch hier prägt, egal ob Sie Fragen von Fördermittelagenturen, Kommissionen, Besucher*innen im Vortragssaal oder Medien beantworten, der unmittelbare erste Eindruck massiv den Rest.

Konzentrieren Sie sich daher bitte immer auf die eigentliche Frage und reagieren als erstes kurz und prägnant. Erst dann holen Sie aus und gehen ins Detail. Das scheint einfach, bei direkten Fragen nach Fakten wie dem Zeitpunkt (Wann? Wie lange? Seit wann?), nach dem Ort (Wo? Wohin? Woher?) oder nach den handelnden Personen (Wer? Mit wem? Von wem?). Fragen allerdings, die nach Argumenten und Erklärungen fragen – das tägliche Brot der Wissenschaft – werden oftmals viel zu ausschweifend beantwortet.

Sehen Sie bitte:
Eine Frage, die mit „Warum …", „Weshalb …" oder „Wieso …" beginnt, wird mit „Weil …." beantwortet. Eine Frage, die mit „Wie …", „Wodurch …" oder „Womit …" beginnt, wird mit „Durch …", „Indem …" oder „Mit …" oder ähnlichem pariert.

Eine geschlossene Frage wird in diesem Modus mit „Ja", „Nein", „Vielleicht", „Durchaus", „Ganz im Gegenteil", „Nicht ganz" o. Ä. beantwortet. Und erst dann fügen Sie eventuelle Erläuterungen hinzu. Hören Sie bitte einmal genau zu, wie wenige in Ihrem privaten wie beruflichen Umfeld, aber auch auf Bühnen und am Bildschirm so replizieren

Das fällt normalerweise nicht weiter auf, ist gut gemeint und nichts anderes als eine schlechte rhetorische Angewohnheit. Im Wettbewerb allerdings können Sie potenziell verlieren, wenn ein/e andere/r hier ausschert und sehr wohl direkt antwortet. Geben Sie als Konkurrent*in im direkten Vergleich keine unmittelbare Antwort, so wird Ihnen das jedenfalls negativ ausgelegt:

a. als Unaufmerksamkeit – Sie hätten nicht zugehört,
b. als Trick – Sie hätten die Frage absichtlich überhört,
c. als handwerkliche Unzulänglichkeit – Sie könnten nicht auf den Punkt kommen.

Keine dieser Konnotationen ist für Sie förderlich. Auch hier empfehle ich invers vorzugehen: Zuerst die Frage beantworten und dann ausholen und nicht umgekehrt.

Die Struktur einer Antwort, die den Anfang für sich nutzt, lautet daher:

a. Direkte kurze Antwort auf die Frage (muss kein ganzer Satz sein)
b. Details zur Erläuterung
c. Eventuell: Eine zusätzliche Information, die gar nicht explizit gefragt worden ist (siehe auch Abschn. 5.1.2, Antworten wie ein Profi)

2.1.2 Kontextualisieren Sie nach Zielgruppe

> Earlier I thought it's all about talking about your stuff, getting excited about your stuff without knowing anything from the audience's perspective. (Aniruddha Dutta, OCAS NV Gent)

Als Wissenschaftler*innen sind Sie die Absolutheit von Fakten gewohnt. Was so ist, ist so und eben nicht anders. Daran gibt es auch nichts zu rütteln. Das Problem ist nur: Dieselben Fakten erzeugen bei verschiedenen Zielgruppen unterschiedliche Resonanzen, weil es unterschiedliches Vorwissen, unterschiedliche Betroffenheiten und unterschiedliche sprachliche Barrieren gibt. Gelingt es Ihnen allerdings, Ihre Forschung entsprechend der jeweiligen Zielgruppe in den spezifischen Kontext zu setzen, haben Sie die gläserne Wand durchbrochen.

Das heißt im Umkehrschluss: Wenn Sie sich nicht ein genaues Bild der jeweiligen Zielgruppe, zu oder mit der Sie sprechen, machen, ist Ihre Kommunikation von vornherein nicht so wirkungsvoll wie möglich oder im „worst case" sogar zum Scheitern verurteilt.

> Sometimes we are blinded by all the knowledge we have and so it is sometimes very difficult to get into the heads of the audience. Getting out of the box of you experience and getting into the mind of the audiences – that's key. (Aniruddha Dutta, OCAS NV Gent)

> Das Problem in der Wissenschaft liegt darin, dass wir eine sehr vorgefasste Meinung haben, wie etwas funktionieren muss und nicht, wie es funktionieren kann. Ich habe sehr früh erkannt, dass vorgefasste Meinungen in der Wissenschaft fatal sind. So kann man das auch in

der Kommunikation sehen. Es gibt keine richtige oder falsche Wissenschaftskommunikation, es gibt nur eine, die die Zielgruppe erreicht. (Helmut Jungwirth, Universität Graz)

Ich finde es wichtig, dass die allgemeine Bevölkerung, also Otto Normalverbraucher, mitgenommen wird. Wer sind meine Follower denn eigentlich? In meinem Falle eher jüngere Leute, die Generation unter 40 Jahren, vornehmlich 20–35-Jährige. Ich möchte diese Gruppe mitnehmen. Erstens sind das Steuerzahler, die mich in meiner Forschung finanziert haben. Die haben ein Anrecht zu wissen, was ich mache. Und zweitens ist das die Generation, die im Wald- und Forstschutz noch etwas bewegen kann. (Tobias Brügmann, Thünen-Institut Großhansdorf)

Doch wie geht es jetzt weiter?
Ich arbeite mit zwei Wegen der Kontextualisierung:

a) Fakten generell in Relation setzen
Jede Zahl, isoliert betrachtet, sagt selten etwas aus, solange die Relation zu anderen vergleichbaren Daten nicht bekannt ist. Es ist nun Ihre Aufgabe, je nach Zielgruppe jenen Bezug zwischen Ihren Zahlen und anderen Daten herzustellen, der jeweils am besten passt. Ein Beispiel:
   Die Tatsache, dass Sie für die kommenden zwei Jahre 1.000.000 Euro Forschungsgelder lukriert haben, mag in der Grundlagenforschung eine hohe Summe sein, in der angewandten Forschung hingegen wenig. Sind Sie Grundlagenforscher*in werden Sie vor Ihren Fachkolleg*innen vielleicht triumphieren und von der größten Fördersumme seit zehn Jahren sprechen. Kommen Sie mit Wissenschaftler*innen aus der angewandten Forschung zusammen, müssten Sie Ihren Jubel allerdings wohl erläutern und proaktiv dazusagen, wie niedrig im Schnitt Grundlagenforschung gefördert wird. Sonst würden Sie vermutlich auf Verwunderung stoßen.

b) Die spezifische Relevanz von Fakten herauszuarbeiten

> Man kann zum Beispiel Schüler besonders ansprechen wollen, weil man ihnen frühzeitig zeigen will, welche Berufe es in der Wissenschaft gibt. Dies ist ja gleichzeitig in unserem eigenen Interesse. Anschauliche Forschungsergebnisse sind hier quasi ein guter Fuß in der Tür. Eine ganze andere Aufgabe ist es, Politiker zu erreichen. Diese wissen oft gar nicht genau, was Wissenschaft bedeutet. Ich möchte nicht wissen, wie viele vor der Pandemie nicht wussten, was ein Virologe ist. (Manfred Curbach, TU Dresden)

Das Thema Ihrer Forschung, Ihre Erkenntnisse, die Interpretation dazu, Ihre Meinung oder daraus ableitbare Konsequenzen bzw. Handlungsoptionen sind von Gegenüber zu Gegenüber völlig unterschiedlich relevant. Die Frage, die Sie sich daher immer stellen sollten, ist: In welcher Form sind die Menschen, zu denen ich spreche, von meinen Inhalten betroffen? Präsentieren Sie neue Prognosen zur Mortalität in der Bevölkerung, dann wird das für Pensionist*innen deutlich relevanter sein als für Schüler*innen. Ihre Ausführungen sind aber sicher auch für Beamt*innen des Gesundheitsministeriums extrem wichtig, wenngleich in völlig anderer Hinsicht als für alte Menschen. Diese unterschied-

2.1 Kommen Sie auf den Punkt

lichen Betroffenheiten müssen auch eine Auswirkung auf Ihre Darstellung haben, z. B. wie detailliert Sie die Prognosen präsentieren und welche Konsequenzen Sie jeweils ziehen. „Framing" nennen wir diesen Prozess, in dem die Wirkung jeder Information durch die Übertragbarkeit des jeweiligen Rahmens auf die jeweilige Zielgruppe sichergestellt ist (Scheufele 2014).

> Für die Forschung selbst ist es gut und unerlässlich, die Frage zu stellen, welche anderen gesellschaftlichen Systeme werden von ihr berührt? In der Meeresforschung kann es z. B. sein, dass man fünf Jahre am Vorkommen eines einzigen Meeresfischleins arbeitet, das kommuniziert man dann mal nur innerhalb des eigenen Feldes, aber sobald man in der Öffentlichkeit, bei Kindern, mit Eltern über dieses Meeresfischlein spricht, fragen die dann: Wie wichtig ist das denn? Und dann wird man sagen: „Da gibt es dieses Meeresfischlein, das eine wichtige Rolle spielt, weil …." In wenigen Schritten sind wir als Forscher*innen immer gefordert, den Kontext zu klären, egal, was für ein Gebiet der Wissenschaft man erforscht. (Antje Boetius, AWI Bremerhaven)

Manchmal ist die Relevanz Ihres Themas aufgrund einer übergeordneten gesellschaftspolitischen Aktualität klar, und Sie können grundsätzlich von gesteigertem Interesse für Ihren Forschungsschwerpunkt ausgehen. Oder anders gesagt: Ihre Erkenntnisse, Ihre Interpretationen, Ihre Meinung und/oder Ihre Handlungsoptionen betreffen dann jede/n – die Alten und Jungen, die Gebildeten und die Bildungsfernen, die Wohlhabenden und die Armen, die Religiösen und die Atheisten, die Gewerbetreibenden und die Industriellen, die Sportler*innen und die Kunstszene. Anno 2020 ist das wohl jede Art der Forschung, die im weitesten Sinn mit Klimaschutz, Corona oder Diskriminierung verbindbar ist.

> Ich komme gerade von einer Veranstaltung in Ostfriesland, wo ich für einen Motivationsvortrag angefragt war von Vertretern der Windenergie. Da war es dann z. B. wichtig. die Wahrheit zu sagen: Wie schlimm ist es eigentlich mit dem Klimawandel? Was verlieren wir, wenn wir nicht auf andere Energie-Technologien setzen? Nach so einem wissenschaftlichen Vortrag in der Diskussion bekomme ich vielleicht ein oder zwei Fragen zu meinem Fachgebiet, aber dann wollen die Menschen über Politik reden, wo ich eigentlich gar nicht Expertin bin. Ich sage dann nicht, ich bin nur Tiefseeforscher, ich kann nur messen, beobachten, aber nicht weiterdenken. Natürlich gehört zur Wissenschaft auch die Fähigkeit, Erkenntnisse einzuordnen – dazu muss man aber immer auch den gesellschaftlichen Kontext wahrnehmen und mitlernen. (Antje Boetius, AWI Bremerhaven)

> Immer dann, wo viele Sektoren der Gesellschaft Interesse daran haben, Antworten zu finden, ist wichtig: wie sage ich es denn meinem Gegenüber, wie vermittle ich diese Grundbegriffe, wie Forschung entsteht und wie ich sie kommuniziere. (Antje Boetius, AWI Bremerhaven)

Oft aber werden Sie nicht drumherum kommen, erst zu identifizieren, über welches Framing Sie die nötige Relevanz und Betroffenheit und dadurch wieder die nötige Aufmerksamkeit für Ihre Forschung herstellen können.

Ein guter Angelpunkt ergibt sich immer wieder aus dem Nutzen, den Ihre Erkenntnisse mit sich bringen. Was Menschen zum Vorteil gereicht, interessiert immer und ist auch ein tauglicher Schuhlöffel, um wissenschaftliche Inhalte attraktiv zu verpacken. Von der anderen Seite kommend, funktioniert es ebenso: Sie können aus dem potenziellen Schaden, der auf Basis Ihrer Einblicke ins Haus steht, Betroffenheit herstellen.

Aus Nutzen und Schaden entstehen Handlungsspielräume: Im Positiven, indem Sie Lust machen auf etwas, was auf Basis Ihrer Erkenntnisse möglich wäre. Oder im Negativen, indem Sie Angst verbreiten, Angst vor einer Situation oder vor den Konsequenzen, die bei Nichtagieren drohen. Bedauerlicherweise funktioniert der Angst-Hebel wesentlich schneller und drastischer als der Lust-Hebel. Aber: Er nutzt sich auch wieder schneller ab, als Sie vielleicht denken – und er ist in einer freien Gesellschaft mittelfristig ein gänzlich falsches Signal. Der im März 2020 aller Orten erstmals angeordnete Corona-bedingte Lockdown fungierte dahingehend wie eine riesige weltweite Studie zu menschlichem Verhalten in der Krise: Kurzfristig ist es den Politiker*innen damals gelungen, in ihrer Sorge um die Gesundheit der Bürger*innen Angst und Schrecken zu verbreiten – die Infektionszahlen gingen schon im April innerhalb der EU zurück. Je länger die Situation allerdings dauert und je mehr Sie als Wissenschaftler*innen, aber auch wir als Bevölkerung über Covid-19 Bescheid wussten und wissen, desto mehr hat sich die allgemeine Schockstarre gelöst und desto weniger wird Angst als Kontextualisierung akzeptiert.

> Ich muss schon auch ein bisschen darauf achten, was in der Gesellschaft Bedeutung hat und ob mein Thema relevant ist. Die Frage ist, mache ich die Forschung nur für mich, oder habe ich auch einen gesellschaftlichen Bezug und kann ich das auch kommunizieren? Die Einbettung des wissenschaftlichen Tuns in die praktische Welt ist wichtig. (Robert Wegener, FHNW, Olten)

Eine weitere Form, Betroffenheit zwischen Ihren Daten und Fakten und Ihren jeweiligen Zielgruppen, herzustellen, ist, an den Talk of the Town anzudocken. Betroffenheit erhält hier also eine regionale Facette – Ihr Publikum interessiert sich für Ihre Forschung, weil sie dadurch etwas erfahren, was sie sowieso bereits beschäftigt. Wenn Sie als Aggressionsforscher*in in einer Stadt, die besonders mit Jugendarbeitslosigkeit kämpft, auftreten, werden Sie andere Daten und Erkenntnisse und Empfehlungen präsentieren als in Sun City oder ähnlichen Rentner-Paradiesen.

Wenn Sie sich bzgl. der Betroffenheit Ihrer Ausführungen nicht sicher sind, ist eine kleine Internetrecherche immer ratsam. Verschaffen Sie sich einen Überblick, was Ihre Gesprächspartner*innen oder Ihr Publikum aktuell medial präsentiert bekommt – das hilft in den meisten Fällen für Ihre Kontextualisierung enorm.

> Die Frage ist immer: Zu welchen Themen bringe ich denn einen breiten Kenntnisstand und den Mut mit, weit über die eigenen Grenzen zu schauen. was ist für die Menschen da draußen interessant? (Antje Boetius, AWI Bremerhaven)

2.1.3 Kommunizieren Sie offensiv die nächsten Schritte

> Ich habe unsere Arbeit immer so gesehen, dass wir etwas beitragen wollen und verbessern wollen. (Niki Popper, TU Wien)

2.1 Kommen Sie auf den Punkt

Wissenschaftler*innen geben in ihren Studien, meist unter der Überschrift „General Discussion", nahezu immer Vorschläge, in welche Richtung und in welchem Detailaspekt die Kollegenschaft weiter forschen sollte oder könnte. Außerhalb von Forschung und Lehre beobachte ich das aber viel weniger. Da beschränken sich viele in der Scientific Community darauf, nach der Darstellung von aktuellen Entwicklungen bzw. aktuellen Erkenntnissen die Zukunft nur in großen Perspektiven zu streifen.

Möglicherweise, weil Sie sich nicht von vornherein als Berater*in verstehen, sondern die Ableitung konkreter Verhaltensweisen bei anderen Entscheidungsträger*innen sehen?

Auch wollen Sie vielleicht nicht als Missionar*in gelten und sich der Kritik aussetzen, zu sehr Ihre persönlichen Überzeugungen zu verfechten?

Oder sind das gerade im deutschsprachigen Raum Überbleibsel aus der Zeit des Naziregimes, als viele Wissenschaftler*innen sich als „political agents" missbrauchen ließen? Ist deshalb in der DNA jeder/s Forschers/*in seither ein durchaus verständlicher Widerwille zu finden ist, sich mit eindeutigen Handlungsoptionen, die von den Forschungsergebnissen und deren Interpretation abgeleitet werden können, zu sehr aus dem Fenster zu lehnen und dann erneut von der Politik vereinnahmt zu werden?

> Meine Erklärung ist: besonders die ältere Generation hat eine zwiespältige Haltung zu Aufgaben wie Politikberatung, sicher vor allem auch wegen des Missbrauchs im Naziregime, wo die Wissenschaftler*innen der Politik zu Diensten waren, um Unwahres oder Unlogisches zu unterfüttern. (Antje Boetius, AWI Bremerhaven)

Wie auch immer: Spätestens seit Corona könnten Sie diese Thematik aber in einem anderen Licht sehen. Einerseits führt das verstärkte Auftreten von Ratgeber*innen ohne Qualifikation in die Irre und hat das Potenzial zu Kollateralschäden. Andererseits brauchen wir Laien – die Bürger*innen wie die Politiker*innen oder Journalist*innen – im Angesicht der Pandemie unbedingt eine Unterstützung, welche Wege eingeschlagen werden könnten oder sollten, welche mehr und welche weniger sinnhaft sind. Bedenken Sie bitte: Wer Sie hört, will nicht nur die richtigen Fakten wissen, sondern vor allem auch, wie es weitergehen kann und was zu tun wäre.

Die Rolle der/s Referent*in hat sich im Internetzeitalter gewandelt: Nicht mehr Wissensvermittlung allein ist Ihre Aufgabe, sondern Orientierung zu geben.

Kommunikationstechnisch ist die Sache klar: Nur, wenn Sie klar sagen, was als nächstes kommt, kommen kann, soll oder muss, haben Sie gute Chancen, Ihre Gesprächspartner*innen entsprechend zu aktivieren. Handeln fällt uns leichter mit einer Vorstellung der unmittelbaren nächsten Schritte. J.W. Atkinson beschrieb bereits in den 1960er-Jahren, wie sehr die Chance auf Erfolg bzw. auf Vermeidung von Fehler motivierend auf menschliches Verhalten wirkt: Je genauer ich – noch dazu von einer Instanz wie einer/m Wissenschaftler*in – gesagt bekomme, was ich tun könnte, desto erfolgversprechender rezipiere ich diese Aktivitäten und desto eher werde ich aktiv werden (Atkinson und Feather 1966). Covington hat Jahre später einen ähnlichen Aspekt – „Realistic Challenges" – als einen von sechs wesentlichen Motivationsfaktoren genannt (Covington 1998). Eine Herausforderung, die aufgrund ihrer ziemlich genauen Beschreibung realistisch erscheint, wird eher angenommen.

Auf den Punkt gebracht: Gut aufbereitete Informationen allein können zwar intellektuell überzeugen, aber ohne die explizite Vorstellung der daraus ableitbaren oder abzuleitenden nächsten Schritte werden wir viel weniger zwingend aktiv. Wenn Sie mit Ihrer Kommunikation Wirkung evozieren wollen, dann integrieren Sie ab sofort jetzt immer einen Abschnitt, der die unausgesprochene Frage Ihrer Gesprächspartner*innen „So what"? oder „Und was mache ich jetzt damit?" offensiv beantwortet. Überlassen Sie es nicht Ihren Rezipient*innen, ob sie imstande und willig sind, mögliche Follow ups Ihrer Ausführungen zu imaginieren. Wer weiß, ob sie es tun und wer weiß, wenn ja, ob sie dann auch die richtigen bzw. relevanten Follow ups im Kopf haben.

Die aus Ihren Forschungserkenntnissen abgeleiteten Handlungsoptionen beschreiben meist einen Zeitraum von maximal sechs Monaten und haben in der Regel stark operativen Charakter. Zu weit weg und damit zu wenig aktuell und relevant wären sie sonst, um eine durchschnittlich realistische Chance auf Verwirklichung zu haben.

Das heißt: Was Sie nicht selbst ins Spiel bringen, wird in der Regel nicht besprochen und damit nicht weiterverfolgt. Vor allem dann, wenn zu wenig Interesse besteht, die Zeit knapp ist, wenn zu wenig Fachwissen vorherrscht und es gar nicht zu einem wirklichen Dialog kommt. Ob Sie die nächsten Schritte als Empfehlung, als Forderung, als Appell, als Einladung oder als Ankündigung artikulieren, ist eine Frage der Zielgruppe, des Formats bzw. des Settings.

> Ich möchte den Leuten beibringen, dass wir in einer Welt leben, in der man sich um die Fakten kümmern muss.
> Zu verbreiten, wie geht Wissenschaft planvoll vor und das mit kleinen Kindern wie mit alten Menschen – das können Sie nicht häufig genug machen. (Metin Tolan, TU Dortmund)

Beispiel

Wenn Sie heute einen Freund dazu bringen wollen, mit Ihnen ins Kino zu gehen, und Sie erzählen nur, dass Sie das vorhaben und wie der Film heißt, dann brauchen Sie ein besonderes Interesse an Filmen im allgemeinen sowie einen Freund, der tatsächlich viel Freizeit zur Verfügung hat, damit er mitgeht. Wenn Sie aber Ihrem Freund die nächsten Schritte von jetzt an bis ins Kino genau erklären, erhöhen Sie Ihre Chancen auf Erfolg sehr. Und das klänge dann so: Sie würden die Karten bestellen, Sie könnten ihn abholen und davor auch noch eine Kleinigkeit essen gehen. Und nachher in eine Bar auf einen Drink einkehren und ihn auch wieder nach Hause bringen.

Bieten Sie jedenfalls immer mehrere Handlungsoptionen als nächste Schritte an:

a. Weil es selten nur eine einzige Option gibt,
b. weil Ihnen fast immer unterschiedliche Zielgruppen gegenübersitzen oder -stehen und Sie damit schon automatisch unterschiedliche Handlungsoptionen brauchen und
c. weil Sie bei aller Bedeutung für die Wirkungskraft Ihrer Kommunikation als Wissenschaftler*in nicht kampagnisieren sollten. Und dieser Verdacht läge besonders nahe, wenn Sie nur eine einzige Handlungsoption aus dem Hut zaubern. ◄

Zwei Gedanken noch dazu:

Die nächsten Schritte offensiv zu kommunizieren, macht bisherige Zielsetzungen wie „informieren" oder „bewusst machen" obsolet. Ihre neue Zielsetzung ist ab sofort „Zu Handeln motivieren" oder „Ins Handeln bringen" – das ist ein anderes Rollenverständnis. Wenn Sie diesen Zugang wählen, dann sind Sie mit der üblichen unmittelbaren Resonanz auf Ihre Worte allein – Applaus, Kritik, Feedback, Fragen und Kommentare – im analogen oder virtuellen Raum auch nicht mehr zufrieden. Ihre Wirkung im Sinne der professionellen Kommunikation kann durch explizit artikulierte nächste Schritte weit über den eigentlichen Akt der kommunikativen Durchführung hinausgehen. Oft lässt sich daher Ihr rhetorischer Erfolg erst Stunden, Tage, Wochen oder Monate später bemessen: wenn nämlich die Rezipient*innen auf Basis Ihrer Kommunikation etwas getan haben, was sie ohne Ihre Worte nicht oder anders oder nur zufällig getan hätten.

> Es ist eine Frage der wissenschaftlichen Praxis und damit ihrer Kultur, die Gesellschaft auf mögliche Risiken ihres Handelns hinzuweisen, also eine Risikoanalyse zu machen und zu zeigen, wo mögliche Handlungsoptionen und Denkräume für die Gesellschaft sind. In unserer Kultur ist es auf Basis dieser Aufgabe für Wissenschaftler verpflichtend, das, was ich weiß und was kritisch für die Gesellschaft ist, zu teilen. (Antje Boetius, AWI Bremerhaven)

Außerdem: Expert*innen, die proaktiv ihre Gedanken über die nähere Zukunft mitkommunizieren und praxisnah darüber sprechen, können sich mittelfristig den Ruf einer/s Machers/*in aufbauen. Das ist ein Image, das aus meiner Sicht Wissenschaftler*innen jedenfalls guttut und im Zweifel in Vergabe- oder Berufungsverfahren für Sie spricht. Und das Souveränität nicht nur im Fachlichen, sondern auch im Alltag nahelegt, wenn wir Auftritte in Vortragssälen oder in den Medien im Blick haben.

2.1.4 Fokussieren Sie

> Wehe, wenn man Dinge nicht auf den Punkt bringt, nicht lebendig ist, dann gibt es oft keine zweite Chance. Besonders wichtig ist es, kurze Statements zu machen, in 30 Sekunden. Das können die wenigsten Wissenschaftler. Man muss immer wissen: was ist die Botschaft. (Dieter Frey, LMU München)

Wissenschaftler*innen tun sich aus verständlichen Gründen schwer, wegzulassen und zu kürzen. Denn Dinge sind nun einmal komplex und jede Verknappung geht automatisch mit einer Reduzierung der Qualität einher. Abgesehen davon: Wo anfangen und wo aufhören? Alles sehr verständlich, und doch: Die Realität im Alltag zeigt, dass Sie ohne Fokus in Ihrer Kommunikation Gefahr laufen, überhaupt nicht durchzudringen. Und das nicht erst im Zeitalter der Super-Kurz-Nachrichten à la Twitter, WhatsApp oder Instagram.

> Ich stelle fest, dass insbesondere in der Wissenschaft viele Leute darauf aus sind, dass alles richtig ist, 1000-prozentig richtig. Das ist gut, aber meistens wenig unterhaltsam. Wenn man etwas bis ins kleinste Detail darstellt, dann wird es für den Laien oft unübersichtlich. Da verliert das Publikum schon mal das Interesse. (Tobias Brügmann, Thünen-Institut Großhansdorf)

Ob uns das gefällt oder nicht: In der reizüberladenen und überinformierten Welt, in der wir leben, können wir nicht mehr viel verarbeiten. Das Meiste, das wir an Daten und Fakten konsumieren, rauscht an uns vorbei, wenn es nicht dramaturgisch gekonnt, zielgruppengerecht und operativ greifbar kommuniziert wird. Tendenz abnehmend: Waren es in den 1950er-Jahren noch sieben Inhalte, die wir uns im Schnitt merken konnten (Miller 1956), sind es rund 60 Jahre später nur mehr die Hälfte. 2008 waren junge Erwachsene gar nur mehr imstande, drei bis vier Inhalte, dargestellt in kurzen Sätzen, zu behalten (Gilchrist et al. 2008). Noch einmal mehr als zehn Jahre später können wir mit Sicherheit subsumieren: Es sind maximal drei unterschiedliche Kommunikationsinhalte, Sätze oder Botschaften, die sich jede/r von uns pro Kommunikationssetting merken kann. Wenn das so ist, wieso reduzieren wir dann nicht unsere Kommunikationsinhalte pro Setting und treten lieber öfter auf, statt mit zu viel Inhalt unsere Rezipient*innen jeweils zu überfordern? Die evidenzbasierte Devise lautet also: weniger ist mehr. Nicht Vollständigkeit der Information ist von Kommunikationssetting zu Kommunikationssetting das Ziel, sondern Selektion. Aus den Ihnen zur Verfügung stehenden Daten und Informationen in der Vorbereitung jene drei zu selektieren, die dem Setting, dem Publikum und Ihren Zielen am angemessensten erscheinen, ist der Schlüssel zu Ihrem Kommunikationserfolg. Den richtigen Fokus für die jeweilige Zielgruppe zu finden, das ist Ihre Aufgabe als Kommunikator*in.

Sprachlich
Ich empfehle Ihnen eine Vorbereitungstechnik, mit der Sie in jeder Situation – vor Fördermittelagenturen, vor Berufungskommissionen, vor Saal- und TV-Publikum – jeder Provenienz Erfolg haben können, und die von Ihnen bei minimalem Zeitaufwand ein Maximum an Wirkung verspricht. Es ist das Festlegen von drei Botschaften, von drei Sätzen, die sich Ihre Rezipient*innen aus Ihrer Sicht unbedingt und mindestens merken sollen. Was immer sich Einzelne darüber hinaus noch mitnehmen, ist großartig, aber Zusatz oder fast schon Luxus.

Per definitionem ist eine Botschaft in unserem Zusammenhang ein grammatikalisch vollständiger Satz, der über Subjekt, Prädikat und meist auch Objekt(e) verfügt. Denn: Ohne Subjekt ist der/die Akteur*in nicht klar, und ohne Prädikat fehlt die Information bzgl. der Dynamik. Schlagworte, Satzteile oder Phrasen sind mangels dessen also keine Botschaft im besten Sinn, weil ihnen die für das einfache Merken nötige Präzision fehlt. Ich betone das, weil ich die entsprechende Vorbereitung bei Wissenschaftler*innen schon an dieser Stelle zu oft als mangelhaft erlebe.

> **Beispiel**
>
> Die Antwort auf die Frage: „Was ist Ihre Botschaft?" ist NICHT „Ich rede über mein erstes Experiment auf diesem Gebiet.". Denn damit beschreiben Sie nur, was Ihr Thema ist, geben ihm aber keine Aussage. Wer steckt hinter diesem ersten Experiment? Ist das erste Experiment noch Zukunftsmusik oder hat es schon stattgefunden? Ist es etwas Außergewöhnliches auch innerhalb Ihrer Sparte oder nur für Sie? In welche Richtung soll das Experiment gehen?

2.1 Kommen Sie auf den Punkt

All diese Informationen bleiben offen, solange Sie aus „erstes Experiment" nicht einen kompletten Satz bauen. Ob Ihre Botschaft dann lautet „Der Kick off zum EU-weit 1. Experiment zur Erforschung XYZ steht bevor." oder „Uns ist EU-weit das erste Experiment für XYZ gelungen." oder „Unser erstes Experiment für XYZ gibt Hoffnung." oder „Unsere ersten Ergebnisse zu XYZ machen Mut." ist Ihre Entscheidung. Jedenfalls sind Sie klar und eindeutig. Und: Eine gute Botschaft ist ein guter Merksatz ist ein Hauptsatz, der ohne Beistrich auskommt und handgeschrieben selten über eine Zeile eines A4-formatigen Blatts hinausgeht.

Drei Merksätze dieser Qualität – am besten mit der Hand notiert und solang sprachlich bearbeitet, bis es für Sie passt – sind der Start jeder Vorbereitung auf Präsentationen, Diskussionen oder Interviews. Nur dann haben Sie selbst den Überblick darüber, was Ihnen wichtig ist und was Sie unbedingt – „if you have to put it in a nutshell" – kommunizieren wollen. Nie wieder soll es passieren, dass sich Ihre Gesprächspartner*innen fragen: Was wollte er/sie uns eigentlich sagen?

Die richtige Reihenfolge dieser drei Botschaften ergibt sich als Sukkus aus Abschn. 2.1.1, dem starken Anfang, Abschn. 2.1.2, dem Kontextualisieren nach Zielgruppe und Abschn. 2.1.3, der offensiven Kommunikation der nächsten Schritte.

Von hinten beginnend: Die dritte und letzte Botschaft muss immer eine/n Appell, Ankündigung, Einladung, Empfehlung, Forderung o. Ä. beinhalten. Ich empfehle daher im Rahmen dieser Technik, mit der Ausformulierung dieser Botschaft zu beginnen.

Als nächstes widmen Sie sich der Entwicklung der ersten Botschaft. Hier gibt es zwei grundsätzliche Möglichkeiten: Wollen und sollen Sie eher newsorientiert starten, dann ist ein starker Anfang die sofortige, ansatzlose Darstellung Ihrer Forschungsergebnisse. Wollen und sollen Sie eher emotional zur Sache gehen, dann kann ein starker Anfang auch die sofortige, ansatzlose Darstellung eines Angebots oder einer positiven oder negativen Prognose, des möglichen Nutzens oder Schadens für die Zielgruppe sein.

Die mittlere Botschaft beschäftigt sich immer mit der Grundlage oder den Voraussetzungen: Sie erläutern in einem Satz, vor welchem Hintergrund Ihre Forschungsergebnisse oder Ihr Angebot relevant sind, was bisher geschah, welche Interessen wer vertritt oder warum die Situation so ist, wie sie ist. ◄

Wenn Sie newsorientiert starten:

Botschaft/Merksatz 1:	Starker Anfang: Das sind meine Forschungsergebnisse.
Botschaft/Merksatz 2:	Der Kontext: Deshalb sind sie relevant.
Botschaft/Merksatz 3:	Die nächsten Schritte: Das müsste/sollte/könnte geschehen!

Wenn Sie emotional starten:

Botschaft/Merksatz 1:	Starker Anfang: Das ist mein Angebot/meine Prognose.
Botschaft/Merksatz 2:	Der Kontext: Vor diesem Hintergrund ist mein Angebot/meine Prognose relevant.
Botschaft/Merksatz 3:	Die nächsten Schritte: Das müsste/sollte/könnte geschehen!

Die gute Nachricht: Ob Sie drei, zehn, 20 Minuten oder länger zu sprechen haben: Ihre zu Beginn definierten drei Botschaften bleiben immer dieselben. Was sich verändert, ist die Fülle des Materials – Daten, Fakten, Bilder, Beispiele, Vergleiche etc. – jeweils dazu und dazwischen. Stellen Sie sich die drei Botschaften gleichsam als Überschriften vor, unterhalb derer Sie mehr oder weniger Stoff kommunizieren.

Statt also wie bisher vom Großen ins Kleine zu arbeiten = als erstes sämtliche PowerPoint-Charts am Institut oder an der Klinik zu Ihrem Thema zusammenzutragen und daraus mehr oder weniger komprimiert eine gute Reihenfolge mit entsprechenden Überleitungen zu finden, gehen Sie hier den völlig umgekehrten Weg: Sie arbeiten vom Kleinen ins Große. Diese Fokussierung erhöht Ihre Treffsicherheit und spart zusätzlich immens Zeit. Und es ist wieder ein inverser Zugang, der Sie erfolgreicher kommunizieren lässt. Ich kenne keine effizientere Methode, sich vorzubereiten.

> Hier sind die Dozenten meist nicht oder schlecht ausgebildet, aber sehr oft muss man auch dem Dekan oder dem Präsidenten gegenübertreten und sich rechtfertigen, warum man eine gewisse Anzahl von Räumen und eine gewisse Höhe von Forschungsgeldern braucht. Hier machen viele den Fehler, dass sie detailliert alles vortragen und nach einer Minute ist das Gegenüber überfordert. Man wundert sich dann, warum bestimmte Forderungen nicht erfüllt werden. Es ist hier die Kunst mit klaren Botschaften und Klarheit, was man fordert, warum man es fordert zu transportieren. Das erfordert viel strategisches Denken und auch eine Reflektion, welche Wert das Gegenüber hat, an die man andocken muss. Wir reden hier auch über Psychologie des Überzeugens. (Dieter Frey, LMU München)

Mit Zahlen

Das Prinzip „Weniger ist mehr" gilt natürlich auch für die Verwendung von Zahlen. Als Wissenschaftler*in, als Meister*in der Daten und Fakten, stehen Sie hiermit gleich vor der nächsten Herausforderung, wenn wir über das Fokussieren sprechen.

Halten Sie sich an das Prinzip „Alle guten Dinge sind drei." und selektieren Sie im Vorfeld die drei aus Ihrer Sicht wesentlichen Zahlen für das jeweilige Kommunikationssetting. Natürlich: Vor den Fördermittelgebern und vor Berufungskommissionen müssen sehr viel mehr Zahlen in Ihrer Präsentation zum Tragen kommen als bei Vorträgen, Diskussionen oder Interviews vor und für Nicht-Expert*innen. Und doch: In jedem Fall lohnt es sich, ganz genau zu wissen, welche drei Zahlen unbedingt und mindestens die Rezipient*innen erreichen sollen.

Für Laien sind einige wenige selektierte Zahlen Anker auf hoher See, an denen man sich festhalten kann, die man sich merkt und auf die die Leute auch nach der Veranstaltung oder Sendung immer wieder zurückkommen können. Zu viele Zahlen ergeben umgekehrt ganz rasch den berühmten Zahlenfriedhof und verwirren viel mehr als es hilfreich und sinnvoll ist. Zu viele Zahlen eröffnen im Übrigen auch viel zu große Interpretationsspielräume, weil sich jede/r jene Zahl herauspickt, die ihr/ihm am besten in den Kram passt.

> Die Interessenslage der handelnden Personen wirkt sich massiv darauf aus, was wie kommuniziert wird. Ein Beispiel sind die Teststrategien. Hier fokussieren Ärzt*innen mit Recht auf die medizinische Behandlung, während Public Health Expert*innen einen anderen Schwerpunkt legen. Beides hat seine Berechtigung, verunsichert aber häufig die Bürger*innen. Und die Leute lesen das heraus, was sie gerne hören wollen.

Je nachdem, wie man es misst, kommt etwas anderes raus. Wenn der Bundeskanzler sagt: Das Virus kommt mit dem Auto, dann ist das grundsätzlich „auch" richtig, aber es ist halt nur ein Aspekt. Es waren in Wahrheit zum damaligen Zeitpunkt nur 13–14 % von allen Infizierten, die mit dem Auto gekommen sind. Die Ausbreitung im Inland war und ist das eigentliche Problem. (Niki Popper, TU Wien)

Kommen Sie also bitte auch bei Zahlen auf den Punkt.

Ein Zahlenfriedhof ist nicht hilfreich. Da ist eine Zahl, dann gibt es zu der eine Bewertung und einen Grund. Die Interpretation muss man mitliefern. Ich habe Z. B. die Aussage mit 100.000 Toten zurückgewiesen. Das war einfach unrealistisch. Aktuell wird der Grad der Interpretation immer schwieriger und auch für uns herausfordernder.

Es ist immer eine Abwägung zwischen objektiven Daten und Interpretation. (Niki Popper, TU Wien)

2.2 Erleichtern Sie die Zugänge

„Es gibt noch immer große Gruppen von Wissenschaftler*innen, die das ablehnen. Das sind die klassischen Wissenschaftler, die sagen: Wir sitzen im Elfenbeinturm und sind so gut, dass uns keiner verstehen kann." (Gabriele Berg, TU Graz)

Ich persönlich scheue mich auch nicht, Inhalte sehr einfach darzustellen. Wobei: In der Welt, wo ich aufgewachsen bin, war es wichtig, dass man so präsentiert, dass einen keiner versteht. Ich habe das nie gemacht, ich habe immer so versucht zu präsentieren, dass einen jeder versteht. Schon als Studentin war das so, und das war nicht immer einfach. (Gabriele Berg, TU Graz)

Wissenschaftler*innen müssen, wollen sie Menschen und Mittel für sich gewinnen, auf die Leute zugehen. Wissenschaftler*innen müssen die Distanz, die zu vielen anderen Bevölkerungsgruppen durch ihr Fachwissen und die relative Abgeschlossenheit der Scientific Community entstanden ist, verringern. Es ist eine Bringschuld. Eine aktuelle Analyse des Karlsruher KIT hat erst vergangenen Sommer wieder darauf hingewiesen, dass Proaktivität der Wissenschaftskommunikation ein wesentliches Kriterium ist, wenn neue Zielgruppen erschlossen werden sollen (Humm und Schrögel 2020).

Wir müssen über die Modelle so reden können, dass jemand, der selber nicht Mathematiker ist und vielleicht auch kein Ingenieur, die uns in der Weise noch ein bisschen näherstehen, sondern einfach ein Entscheidungsträger, der nach einem juristischen Studium eine wichtige Rolle in der Verwaltung spielt … dem muss man erklären können, was können die Ergebnisse, die ich in der Forschung erzielt habe, eigentlich bedeuten. Das ist vielleicht da die schwierigste Aufgabe, die wir zu lösen haben, und gar nicht so sehr die mathematischen Aufgaben. (Gudrun Thäter, KIT Karlsruhe)

2.2.1 Formulieren Sie einfach

It is very difficult to simplify things.
I have to read a lot more to prepare a simplification for my slam. So I have learned a lot more because I had to simplify. (Aniruddha Dutta, OCAS NV, Gent)

Ich muss es so rüberbringen, dass es ein gebildeter Laie versteht, aber viele reden so, als ob sie mit einem Kollegen aus dem Fach sprechen. (Dieter Frey, LMU München)

Wissenschaftler*innen artikulieren sich in vielerlei Hinsicht alles andere als einfach. Das ist mehreren Faktoren geschuldet:

Da sind zunächst einmal die Fachausdrücke und Ihr Wissenschaftsjargon, mit denen andere wenig bis nichts anfangen können (Bullock et al. 2019) Sie erweitern unnötig die Distanz zwischen sich und anderen, denn ganz genau weiß man nicht: Machen Sie das absichtlich, um zu dokumentieren, um wie viel klüger Sie nicht sind? Oder haben Sie sich zu wenig Zeit genommen, zu überlegen, welche Termini technici Sie hier und jetzt für Ihre Gegenüber nehmen können und welche nicht? Oder sahen Sie es bisher zumindest nicht als Ihre Aufgabe an, Ihre Sprache zu dechiffrieren? In jedem Fall fällt die Wahrnehmung durch die anderen nicht zu Ihren Gunsten aus. Ganz abgesehen davon, dass Sie massiv die Effektivität Ihrer Ausführungen beschädigen und schlechter verständlich sind als möglich.

Generell ist eine gute Richtschnur, sich vorzustellen, Sie sprächen zu einer/m 15-Jährigen. Dann liegen Sie immer richtig. Und bitte lassen Sie sich überzeugen: Auch vor Fachpublikum ist die Verwendung einfacher Worte kein Makel!

> **Beispiel**
>
> Die Kausalität zwischen gelben Hosen und Kommunikationseffizienz konnte nicht bewiesen werden, der Konnex zu einer professionellen Mikrofontechnologie war hingegen deutlich erkennbar.
>
> Viel besser, weil einfacher formuliert mit gleichem Inhalt, wären folgende Beispiele:
>
> a. Ein Profimikrofon unterstützt effiziente Kommunikation, gelbe Hosen nicht.
> b. Wer effizient kommunizieren will, braucht ein Profimikro. (Und die gelben Hosen lassen Sie überhaupt unter den Tisch fallen.)
> c. Mit einem Profimikrofon können Sie viel effizienter kommunizieren. ◄

Ich habe eine unerwartete Erfahrung gemacht, beim Sparkling Science Project, wo wir Kindern und Jugendlichen Wissenschaft nahebringen wollen. Wir arbeiten mit dem Apfel seit einigen Zeiten – der passt ja auch gut von Schneewittchen über das Paradies –, das hat immer gut funktioniert. Ein Teil des Sparkling Science Projects war, Gymnasiasten zu zeigen, wie man eine Publikation schreibt.

Wie kann man das machen?

Ich habe die Publikation vorskizziert, damit die Kids das verstehen, und ich habe ganz einfach geschrieben – damit es alle, vom Schulkind bis zur Oma, verstehen.

Dann haben wir die Publikation in einem normalen wissenschaftlichen Journal eingereicht, und sie ist angenommen worden. Und sie ging dann um die Welt. Die Kolleg*innen von der Presseabteilung waren auch total überrascht – wir hatten Interviews mit dem Guardian oder dem Spiegel. Es war unglaublich schockierend und unerwartet, dass meine einfachste Publikation einen weltweiten Durchbruch macht.

Das ist eigentlich mein Fazit: Je einfacher, desto besser. Eigentlich muss man alle Publikationen noch einfacher schreiben.

2.2 Erleichtern Sie die Zugänge

> Es war ein Überraschungserfolg. Daraus hatte ich gelernt, je verständlicher man es schreibt, desto besser nimmt es das Publikum auf. (Gabriele Berg, TU Graz)

Im Idealfall verstehen Ihre Gesprächspartner*innen immer 1:1, also zeitgleich zu Ihren Ausführungen, was Sie sagen. Muss man nämlich erst nachdenken, was Sie jetzt wohl gerade gemeint haben mögen, haben Sie bereits eine Kommunikationsstörung produziert. Sollten Sie das erkennen – am Stirnrunzeln Ihrer Gegenüber, am plötzlich auftretenden Tuscheln mit der/m Sitznachbar*in, am Fragezeichen in großen Augen der Verständnislosigkeit – dann halten Sie bitte sofort inne. Entweder Sie warten nun zwei, drei, vier Sekunden, bis die Nachdenk- und Informationsverdauphase bei allen im Raum oder Saal erfolgreich abgeschlossen ist oder Sie gehen den Passus, bei dem Sie diese sichtliche Kommunikationsstörung verursacht haben, noch einmal durch. Tun Sie das nicht, sondern sprechen weiter, entsteht eine Interferenz zwischen Ihnen und den Zuhörer*innen. Man verliert Sie, damit den Faden und verpasst womöglich einen inhaltlich wichtigen Moment. Gehen Sie als Präsentator*in nicht davon aus, dass Sie vom Auditorium unterbrochen und aufmerksam darauf gemacht werden, dass Sie keiner versteht. Das tun Leute außerhalb des universitären Kontextes selten. Schweigen im Auditorium heißt also in keinster Form, dass Sie es gut machen. Oft das Gegenteil.

> Jede grundsätzliche Idee kann man auch mit der Alltagssprache fassen.
> Mein Fachgebiet z. B. sind Strömungen. Das kann man gut mit der Wettervorhersage beschreiben. Die Leute haben ja da nicht oft eine klare Vorstellung, wie das zustande kommt. Da kann man sich drauf beziehen, was mathematisch schwierig ist, was man nicht berechnen kann und was schon. Bei starker Hochdruckwetterlage ist es ja einfach zu prognostizieren, da braucht man nur die Temperatur zu berechnen, wie warm es ist. Aber wenn es keine stabile Wetterlage ist, dann muss man das berechnen. (Gudrun Thäter, KIT Karlsruhe)

Zugegeben: Sie sind als Wissenschaftler*innen in punkto einfacher Sprache besonders gehandicapt, weil Ihre Kommunikation sich so stark am geschriebenen Wort orientiert. Immerhin entwickelt sich Ihre Karriereleiter in hohem Maße über das Verfassen von Publikationen bzw. ist das Diktieren von Schriftsätzen ein häufiges Element Ihres Alltags. Dort wie da sind Schachtelsätze oder unpersönliche Formulierungen mit „man" oder Passivkonstruktionen ohne Subjekt à la „Es wird darauf hingewiesen" oder unpersönliche Infinitiv-Konstruktionen wie „Es ist festzuhalten" o. Ä. an der Tagesordnung.

Dabei existiert ein elementarer Unterschied zwischen geschriebener und gesprochener Sprache. Können Sie bei ersterer auch überdimensionierte Satzungetüme immer und immer wieder lesen, hört die/er Rezipient*in das gesprochene Wort in der Regel nur einmal. Wer hier nicht Wort für Wort mitschreibt, steigt bald aus. Dazu kommt: Gesprochene Sprache ist im Satzbau grundsätzlich kürzer und einfacher. Am besten, Sie nehmen sich selbst auf, wenn Sie in Ihren Vorbereitungen auf eine kommunikative Herausforderung unsicher sind, und hören dann kritisch hinein: Spreche ich wirklich so? Ist das meine natürliche Sprechweise? Kann sich hier ein/e andere/r leicht Notizen machen?

Es ist viel schwieriger, sich kurz und einfach, aber dennoch fundiert auszudrücken. Kompliziert und unverständlich zu sein, ist wahrlich keine Kunst. Oder, um es mit Albert Einstein zu sagen: „Wer es nicht einfach erklären kann, hat es auch noch nicht verstanden".

Das Problem ist, dass ich über die wissenschaftliche Karriere dazu erzogen werde, präzise zu sein. Ich muss sehr gut differenzieren zwischen Anforderung und Auswertung.
Wenn ich das einem Laienpublikum gegenüber mache, kann ich diese Präzision nicht aufrechterhalten. Ich muss simplifizieren und plausibilisieren, aber das Entscheidende ist, dass ich noch immer präzise bin. (Kerstin Krieglstein, Universität Konstanz)

2.2.2 Sprechen Sie in und mit Bildern

Als wir darüber nachgedacht haben, waren wir anfangs skeptisch, wie wir das machen können, denn wenn man diskutiert und Ideen entwickelt, dann ist es doch typisch, dass man ein Blatt Papier nimmt, wo man was draufschreibt oder man steht an der Tafel. Aber inzwischen bin ich selbst ganz erstaunt, was man mit Worten im Kopf machen kann.
Wir nehmen ganz anschauliche Beispiele, um ein Problem zu beschreiben und das, was der Gesprächspartner gesagt hat, wiederhole ich auch noch einmal. Ich versuche auch immer Fachwörter zu vermeiden und das Ganze noch einmal in normalen Worten zu sagen. (Gudrun Thäter, KIT Karlsruhe)

Sie als Wissenschaftler*in sind es gewöhnt, mit visuellen Darstellungen zu arbeiten: mit Tabellen, mit Säulen- und Flussdiagrammen, mit Schemen, mit Skizzen, mit Fotos, mit Videos, mit 3D-Animationen, mit denen Sie Ihre Publikationen illustrieren. Grafiken werden eingesetzt, um Unsichtbares zu zeigen, um Projektionen in die Zukunft zu machen oder um einen Prozess übersichtlich darstellen (Miller 1996).

Denn ein Bild sagt mehr als 1000 Worte – ein altes Sprichwort, das schon seit Jahrzehnten wissenschaftlich verifiziert worden ist. Visuelle Eindrücke merkt man sich besser als auditive (Pezdek und Stevens 1984). In „scientific papers" fungieren Illustrationen primär als zusätzliche Beweisführung. In der Welt abseits von Forschung und Lehre dienen Illustrationen vor allem zur Veranschaulichung, als beliebtes Hilfsmittel, um schneller und nachhaltiger verstehen zu können. Das gilt auch im übertragenen Sinn, wenn Sie in Bildern sprechen.

Ich will damit zum Ausdruck bringen: Selbst wenn Sie als Forscher*in Erfahrung im Umgang mit Illustrationen haben, vor Fördermittelgebern, Kooperationspartnern, Kommissionen, Laienpublikum oder Medien sollten Sie Ihr kommunikatives Repertoire erweitern – um Sprachbilder und stark vereinfachte Illustrationen.

Durch Metaphern & Analogien

My first slam was comparing Magnesium to a dustbin. Later food as a metaphor came up as I was working. At the end of it cooking is also a method to create something like it is when creating a new material. The tougher the topic the more you have to find a metaphor that

2.2 Erleichtern Sie die Zugänge

> simplifies for the audiences and is expanding your topic for everyday life. (Aniruddha Dutta, OCAS NV Gent)

> Im Prinzip, wenn man einen Zugang zu Literatur und zum Schreiben hat, dann hat man mehr Bilder zur Verfügung. Man muss sich nur überlegen, mit was haben die Menschen zu tun. (Günther Mayr, ORF Wien)

Hier verwenden Sie einen gelernten Begriff in einem neuen Zusammenhang. Konkret übertragen Sie dabei die Bedeutung des einen Begriffs auf einen völlig anderen Zusammenhang – die rhetorischen Vorteile der Metapher kannte schon Aristoteles. Neuere Forschung definierte Jahrtausende später konkrete optimale Voraussetzungen, dass Metaphern mehr oder weniger funktionieren (Sopory und Dillard 2006): Allen voran steht die Bekanntheit des zu übertragenen Begriffs innerhalb Ihrer Zielgruppe. Eine Metapher muss vor diesem Hintergrund sofort funktionieren – wenn Sie sie erst erklären müssen, ist das fast so unnötig und störend, wie wenn Sie die Pointe eines Witzes zu erläutern haben. Die Metapher soll originell sein, möglichst prominent platziert werden, alleinstehen und nicht zu ausschweifend sein – der/die Rezipient*innen erkennen sonst den Wald vor lauter Bäumen in Ihren Ausführungen nicht.

Im Prinzip kann alles und jedes als Metapher herhalten, häufig werden aber Begriffe des Alltags („Die neue Formel ist unser Kochrezept."), aus der Welt des Sports („Wir stehen in der Poleposition."), Maschinen („Das Projekt ist unsere Lokomotive."), Tiere („Das Virus bekommt Junge.") oder historische, reale oder fiktive Personen von hohem Bekanntheitsgrad („Er war der Usain Bolt seiner Generation.") verwendet. Es zahlt sich jedenfalls aus, vor allem bei schwierigen oder neuen Projekten oder Prozessen, nach einer Metapher zu suchen. Vor allem Metaphern aus der Welt der Kulinarik sind besonders beliebt und wirksam – Essen ist positiv konnotiert. Jede/r kennt es. Jede/r braucht es. Jede/r mag es. Aniruddha Dutta etwa, der amtierende Europameister im Science Slam, verwendete 2019 im Finale in einen Nudelauflauf bzw. Spaghetti Carbonara als Metapher, um den Zustand hoher Entropie in der Thermodynamik zu erklären.

Sehr ähnlich zu Metaphern sind Analogien zu sehen. Hier ersetzt das Wort nicht direkt ein anderes, sondern wird in einen direkten Vergleich gesetzt: „Das ist wie….". Metin Tolan hat schon in den 1990er-Jahren damit begonnen, Physik anhand von James Bond- und Star Trek-Filmen zu erklären. So lassen und ließen sich schwierige Prinzipien viel einleuchtender und attraktiver erklären.

> Wenn James Bond von der Klippe springt, dann beginne ich immer damit, dass man letztlich auch als Physiker genau dasselbe macht wie James Bond. Ruhe bewahren, was habe ich eigentlich gesehen, systematisch dann ein Problem durchdenken. Letztlich geht es mir nur darum, dass man systematisch ein Problem durchdenken muss, um es zu verstehen. (Metin Tolan, TU Dortmund)

> Für mich ist es leicht, mein Thema ist die Strömung und das kann ich beim Rühren in einer Kaffeetasse erklären, welche spannenden Muster da entstehen und warum, damit man versteht, Strömung ist etwas Komplexes. Oder wenn man vorhat, dass man einen Joghurtbecher

füllen muss: da muss ich mir vorher überlegen, mit welchem Druck muss ich den befüllen, damit das nicht zu schnell geht und damit nicht irgendein Matsch daneben passt. (Gudrun Thäter, KIT Karlsruhe)

Wenn man das dann macht, dann muss man auch seinen eigenen Stil entwickeln, bei mir waren das die Metaphern. Das war wirklich ein Risiko, aber die Wissenschaftler waren begeistert. Und ich habe unlängst mit einem Soziologen gesprochen: mit Metaphern verlieren die Menschen dann die Angst davor. (Günther Mayr, ORF Wien)

Durch Beispiele
Das sprachliche Beispiel dient der Veranschaulichung einer Erkenntnis, eines Versuchs oder einer Interpretation in ein konkretes Bild. Es ist gleichsam die verbalisierte Anweisung des Allgemeinen in der Praxis. Durch diesen Transfer in den Alltag verstehen Nicht-Expert*innen Ihre Informationen viel schneller und besser und können sie vor allem weitererzählen. „Wir müssen uns das so vorstellen:" oder „Ich gebe Ihnen ein Beispiel:" sind gute einleitende Phrasen, nach denen Sie dann sofort so konkret und dennoch so einfach wie möglich schildern, was wer wie wo und wann genau tut bzw. was wie womit genau funktioniert. Stellen Sie sich vor, Sie müssten einer sehschwachen Person erklären, was sich auf einem Foto oder innerhalb einer kurzen Filmsequenz abspielt. Erst dann sind Sie auf der richtigen Ebene und geben Ihren Inhalten die Chance, die sie verdienen.

Zwei Faktoren sollten Sie im Auge behalten:

a. Wählen Sie immer die Welt Ihrer Gesprächspartner*innen als Bühnenbild Ihres Beispiels. Es ist wie bei Metapher und Analogie: Wenn das Beispiel nicht selbsterklärend ist, verschlimmern Sie die Situation. Sollten Sie die Welt Ihrer Gegenüber nicht gut genug kennen oder ist sie zu heterogen, dann nehmen Sie das gemeinsame Setting vor Ort, um bildhafter zu erklären und den Zugang zu Ihrer Forschung zu erleichtern: „Nehmen Sie z. B. den Saal hier, in dem wir uns befinden, der ist ca. 10 m lang und 20 m breit ….", wenn Sie Größenordnungen veranschaulichen wollen. Oder Sie ziehen Ihr Taschentuch aus der Sakkotasche und sagen: „Ich zeige Ihnen das Ganze anhand meines Taschentuchs hier", wenn Sie erklären wollen, wieso Papier oder Baumwolle leicht zerreißbar sind.
b. Integrieren Sie Ihre Gesprächspartner*innen in Ihr Beispiel, ist der Effekt noch einmal größer. Ihr Gegenüber ist dann verbales Teil Ihrer Veranschaulichung und geht im Geiste durch alle von Ihnen geschilderten Stationen. Das klingt dann vielleicht so: „Nehmen wir an, Sie sind/Sie wollen/Sie haben/Sie gehen …".

Achten Sie bitte nur auf die Länge: Dauert Ihr Versuch, mithilfe eines Beispiels zu erklären, länger als eine halbe Minute, laufen Sie Gefahr, komplizierter zu sein, als Ihnen lieb ist.

Durch stark vereinfachte Illustrationen

> Es gibt immer wieder bestimmte Szenarien, wie z. B. die Varianten zum Stuttgarter Bahnhof, der unterirdisch gelegt wird, die muss man so aufbereiten, dass die, die das entscheiden, die ja von Mathematik keine Ahnung haben, es auch verstehen. Am schönsten sind da natürlich 3D-Simulationen. (Gudrun Thäter, KIT Karlsruhe)

Vergessen Sie den Detaillierungsgrad, mit dem Sie aus guten Gründen die Bilder für Ihre „scientific papers" entwerfen. Für den Normalfall sind diese Illustrationen überfrachtet. Die/der Betrachter*in, die/der rasch die Gesamtaussage Ihres Bilds erfassen will, verliert sofort den Faden. Gleichzeitig ist das herkömmliche Schriftbild angesichts der Fülle an Informationen klein. Zu klein.

Im Interesse der Effektivität wie Effizienz empfehle ich Ihnen, folgendes zu beherzigen: Was die/der Rezipient*in nicht mit freiem Auge ohne Anstrengung erkennen und lesen kann, ist sinnlos. Nicht-Expert*innen-Publikum nimmt sich in der Regel nicht die Zeit (und muss das auch nicht), sich mit Details einer Illustration auseinanderzusetzen. Einfach eine Illustration aus Ihren wissenschaftlichen Publikationen herauszunehmen und in die Wissenschaftskommunikation zu übertragen, funktioniert nicht. Bitte überarbeiten Sie Ihre Grafiken, Modellzeichnungen und Flussdiagramme entsprechend.

Weniger Daten in größerer Schrift als für Sie bisher üblich ist der erste Schritt zum Erfolg. Der zweite ist, ab sofort Ihre Grafiken nicht mehr mit dem Bildtext, sondern mit einer aussagekräftigen Überschrift zu übertiteln. Was wollen Sie mit der Überschrift „Statistik 2020" oder „Schematische Darstellung Zellmembran" oberhalb Ihrer Grafik vermitteln? Dass es eine Statistik gibt? Dass es sich hier um eine schematische Darstellung der Zellmembran handelt? Bei allem Respekt: Diese Beschreibung muss unterhalb der Grafik platziert sein. Darüber gehören immer und ausschließlich Botschaften: „Starkes Wachstum 2020" oder „Zellmembran besteht aus Proteinen" o. Ä. könnten die entsprechenden Überschriften sein. Diese kann und soll sich die/der Rezipient*in dann auch wieder merken.

Durch PowerPoint

> Wenn ich Thesen in Geschichten kommuniziere, brauche ich kein PowerPoint. Ich brauche PowerPoint für Daten oder um Bilder von Gehirnen zu zeigen.
> Das Schöne daran ist, dass man die Leute vor verschiedenen Hintergründen hat, die einen sind vorbereitet, andere muss man ganz am Anfang abholen. (Martin Korte, TU Braunschweig)

Wissenschaftler*innen verwenden PowerPoint gern, fast immer und aus guten Gründen (Bucher und Niemann 2012). Das tun auch die meisten anderen Präsentator*innen außerhalb der Scientific Community, denn PowerPoint, das erstmals Ende der 1980er-Jahre am Markt angeboten wurde und rapide die bis dahin ebenso gern verwendeten Overhead-Projektoren ablöste, ist einfach zu handhaben und bietet gleichzeitig eine große

Bandbreite an grafischen Möglichkeiten. Laut Wikipedia ist PowerPoint derzeit die häufigste weltweit eingesetzte Präsentationstechnologie.

Dabei verwenden fast alle – Wissenschaftler*innen ebenso wie Nicht-Expert*innen – PowerPoint falsch: zu viel, zu oft, zu langatmig. In hunderten Gesprächen mit meinen Klient*innen ist eine regelrechte PowerPoint-Müdigkeit festzustellen. Müde sind jene, die unzählige PowerPoints herstellen und viel zu viel Zeit und Kraft für einen damit nicht in einer gesunden Relation stehenden Effekt aufwenden. Müde sind aber auch die Rezipient*innen, die angesichts eines regelrechten PowerPoint-Overkills immer seltener erfassen können und wollen, worum es in der Präsentation eigentlich geht.

Die unter 1.4. empfohlene Präsentationsstruktur der drei Botschaften bzw. Merksätze kann da Abhilfe schaffen: Mit dieser Vorbereitungsmethode werden Sie nur mehr gezielt jene Charts produzieren, die Sie tatsächlich zur Unterstützung der Botschaften brauchen. Alles andere fällt weg.

PowerPoint als Tool für Präsentationen im Detail zu beschreiben, sprengt den Rahmen dieses Buchs – dennoch will ich das Thema zweifach erwähnen: a) über die drei meiner Meinung nach wichtigsten Empfehlungen zur professionellen Gestaltung von PowerPoint. Und b) über den entsprechenden Umgang mit der Technologie – siehe Abschn. 1.3.2.

a. **Charts dürfen die Person nicht überdecken.** Bitte sehen Sie PowerPoint immer und ausschließlich als eine Ergänzung zu Ihnen als Referent*in. Sie sind der Mittelpunkt der Ausführungen – Ihre Charts sind weder Ihr Ersatz noch Ihr Konkurrent. Wenn Sie aufgrund so textintensiver oder mit Informationen vollgestopfter Charts sich selbst als Referent*in de facto obsolet machen, dann sind Ihre PowerPoint-Charts schlecht. Denn das Publikum wird entweder versuchen, selbst zu erfassen, was da an der Wand zu sehen ist, und völlig das Interesse an Ihnen ad personam verlieren. Oder man blendet derartige überfrachtete Charts aus und entscheidet sich gleich in den ersten ein oder zwei Minuten, sich sowieso nur auf Sie selbst zu konzentrieren. Dann haben Sie sich ganz umsonst so viel Mühe gemacht (Wecker 2012). Die/der Rezipient*innen sollen primär den Blick zu Ihnen gerichtet haben und nur hin und wieder zur hinter oder seitlich von Ihnen projizierten Präsentation schauen. Unverwechselbarkeit und Glaubwürdigkeit kommt noch immer von der Person und nicht von einer Folie, die möglicherweise gar nicht einmal Sie selbst angefertigt haben. Wie konnte es überhaupt zu diesem übermäßigen Einsatz von PowerPoint kommen? Meiner Meinung nach deshalb, weil so viele Präsentator*innen die Charts gleichsam als Schummelzettel verwenden. Dabei gibt es viel Besseres: Schreiben Sie doch Ihre Stichworte in die Referentenleiste Ihres Präsentationsmodus´ oder auf Präsentationskarten, wie Sie die Profis vom Fernsehen verwenden. Mit schwarz oder dunkelblau notieren Sie Ihren Text – die Botschaft ausformuliert, den Rest in Schlagworten, in rot gehaltenen Icons Ihre höchstpersönlichen Regieanweisungen bzgl. Ihrer Mimik (ein Smiley erinnert Sie daran, freundliche dreinzuschauen), Ihrer Stimme (ein Pfeil hinauf markiert, wo Sie unbedingt lauter sprechen müssen), Ihrer Pausen (z. B. ein banales „P") oder des exakten Klickens Ihrer Charts (etwa ein kleiner Kreis, der den Button auf Laptop wie Fern-

2.2 Erleichtern Sie die Zugänge

bedienung symbolisiert). Oder Sie sind so gut vorbereitet, dass Sie nichts von beidem brauchen. Passt, solange Sie Ihre Präsentation nicht auswendig lernen!

b. **Nutzen Sie die drei Botschaften in Ihrer ppt-Präsentation**. Die empfohlene Struktur der drei Botschaften hat aber auch zwei qualitative Auswirkungen auf Ihre Charts: Zum einen liegt es nahe, die Botschaften, an denen Sie mit Recht getüftelt haben, groß und leicht lesbar in der Headline Ihrer Charts abzubilden. Zum anderen bietet sich an, überhaupt nur diese drei Botschaften für Ihre Charts zu verwenden. Das heißt: Alle Charts, die Sie innerhalb des ersten Kapitels präsentieren, tragen Botschaft 1 im Header, alle Charts, die zum zweiten Kapitel gehören, tragen Botschaft 2 im Header und alle Charts, die das abschließende Kapitel der nächsten Schritte abbilden, tragen Ihre Botschaft 3, Ihren Appell, Ihre Einladung, Ihre Ankündigung, Ihre Forderung oder Ihre Empfehlung in groß und leicht lesbarer Schrift am Kopf des Charts. Nicht immer ist diese zweite sehr stringente Version durchziehbar, aber peilen Sie es zumindest an. Denn auf diese Weise stellen Sie zusätzlich sicher, dass Ihre drei Botschaften zu Merksätzen werden. Überlegen Sie: Wenn jedes Chart – und mögen es nur zehn sein, geschweige denn bei deutlich mehr – einen anderen Titel trägt, wie soll sich Ihr Publikum dann merken, was Ihnen am wichtigsten ist?
c. **Klotzen statt kleckern**. Mit einer Schriftgröße von mindestens 24 Punkt und nicht mehr als drei oder vier Bullet Points pro Chart haben Sie schon einmal einen guten Anfang gemacht. Illustrationen im Rahmen der Charts sollten Sie so groß wie möglich abbilden. Häufig ist es viel wirkungsvoller, Bildern, Grafiken, Videos, Demos oder Animationen ein eigenes Chart zu widmen, als im Kleinformat neben irgendeinen Text zu stellen. Bitte denken Sie daran: Ihr ppt-Chart ist keine Seite eines Coffee-Table-Books, die gefällig aufgelockert werden soll und auf der sich Bild und Text Seite für Seite die Waage halten. Ihr ppt-Chart will effektiv und effizient sein: Ob Schrift oder Illustration – nur im Großen können der/die Rezipient*innen anstandslos erkennen, worauf Sie hinauswollen.

Es gibt zwei große Fehler. Der erste: Wenn man 15 Minuten für einen Vortrag zur Verfügung hat, dann neigen viele dazu, mit PowerPoint 30–40 Folien vorzubereiten. Dabei ist die Grundregel: 1 Minute pro Folie. Das wären also nur 15 Stück. Fehler Nr. 2: Man bereitet zwar 15 Folien vor, bringt dort dann aber viel zu viel Text drauf, mit 12 Punkt Schrift, das bringt auch gar nichts. Die Folien sollen das gesprochene Wort illustrieren, unterstützen, einprägsamer machen, aber nicht ersetzen! Zu viel Text verleitet zum Mitlesen, nicht zum Zuhören. Die Folienanzahl und die Inhalte müssen zur Länge des Vortrags passen. Wenn man schon Text auf die Folien gibt, dann nur Stichworte. (Manfred Curbach, TU Dresden)

2.2.3 Bieten Sie kleine Portionen an

Ich möchte, dass in der Wissenschaftskommunikation Platz ist für alles, schlagfertig und kurz sein zu können, sich aber auch seinen Raum zu geben. Ich sehe den unterschiedlichen Zugang in der Kommunikation nicht als Konkurrenz, sondern als Ergänzung. (Gudrun Thäter, KIT Karlsruhe)

Wissenschaftler*innen haben eine lange Tradition, ihren komplexen Themen auch rein quantitativ viel Raum zu geben. Schließlich brauchen komplexe Inhalte Platz, und lang und umfassend zu sprechen, ist in unserer traditionellen Präsentationskultur sowieso Privileg der Mächtigen oder Klugen. Key Notes als Höhepunkte eines Veranstaltungsprogramms dauern daher auch selten unter 30 Minuten. Alles darunter sei eine Enttäuschung des Publikums, den Anlass nicht würdigend, den Aufwand nicht rechtfertigend. Doch anders als im akademischen Setting ist Länge im Umgang mit Nicht-Expert*innen nur vereinzelt angemessen.

Kommunikation funktioniert nämlich in vielen Belangen wie Essen: Kleine Portionen sind zuträglicher als große. Wenn Sie heute das beste Restaurant Ihrer Stadt, ja Ihres Landes, Europas oder gar der Welt besuchen, dann würden Sie unmöglich das 8-gängige Degustationsmenü schaffen, wenn Sie sich alle Speisen auf einer einzigen großen Platte servieren ließen. Trotz unbestritten exzeptioneller Qualität müssten Sie vieles zurücklassen. Dieselbe Menge wäre aber vermutlich überhaupt kein Problem, wenn Sie sie in kleinen Dosen, in kleinen Portionen, über einen längeren Zeitraum hinweg serviert bekämen – deshalb sitzen Sie bei der Wahl des Degustationsmenüs auch immer mindestens doppelt, wenn nicht dreimal so lang im Lokal als bei der herkömmlichen Suppe-Hauptspeise-Dessert-Abfolge.

Dabei: die Studien variieren. Es ist scheinbar sehr viel Mythos im Spiel, wenn über die angebliche oder tatsächliche menschliche Aufmerksamkeitsspanne diskutiert wird. Da weisen etliche einerseits immer wieder auf eine Untersuchung der US Navy aus den 1970er-Jahren hin, nach der bereits nach 18 Minuten die Konzentration der Testpersonen abrupt hinunterging. Andere bringen wiederum eine Microsoftstudie aus 2015 ins Spiel, deren Hauptaussage – unsere Aufmerksamkeitsspanne läge mittlerweile mit acht Sekunden unter jener des Goldfisches mit neun Sekunden – weltweite Medienresonanz erfuhr. Gleichzeitig bestreiten mehrere Autor*innen diesen allgemeingültigen Abfall an Aufmerksamkeit nach jedenfalls einer guten Viertelstunde (Wilson und Korn 2007) bzw. belegen, dass mindestens bei Studierenden die Konzentration immer wieder kommt und geht, dafür aber bereits nach einer Minute abfallen kann (Bunce et al. 2010). 2018 veröffentlichten die Unternehmensberater von Kelton Global gemeinsam mit Prezi, dem Anbieter einer Präsentationssoftware, eine Studie, nachdem letztlich alles von unserem Interesse und der Art der Darstellung abhängt (https://www.entrepreneur.com/article/321266 (Entrepreneur 2018)) – das Thema bleibt beforscht.

Aus meiner Praxis sehe ich keine Widersprüche: Natürlich passen wir dort besser auf, wo jemand spannender kommuniziert, und/oder wir stärker betroffen sind. Ich erinnere mich an ein einstündiges Plädoyer des Philosophen Richard David Precht vor 200 geladenen Gästen in einem Wiener Palais für ein bedingungsloses Mindesteinkommen, bei dem Sie eine Nadel hinunterfallen hätten hören können – Precht sprach ohne PowerPoint, völlig frei druckreif, klar und engagiert, ohne jegliche Erinnerungsstützen. Und trotzdem können wir uns gleichzeitig besser konzentrieren und Inhalte besser merken, wenn sie kurz und kompakt vermittelt werden. Oder anders gesagt: Nach 15 Minuten wird es nicht unmöglich, aber deutlich anstrengender, Ihnen zu folgen. Nicht umsonst ist auch bei wissenschaftlichen Konferenzen Ihre Redezeit von vornherein beschränkt: fünf, zehn oder 15 Minuten maximal dürfen Ihre Präsentationen vor den Kolleg*innen aus aller Herren Länder dauern. Nicht von ungefähr haben sich gerade in der Wissenschaftskommunikation Wettbewerbsformate etabliert, in denen junge ForscherInnen sich ertüchtigen, kurz, plakativ und dennoch fundiert zu kommunizieren: Science Slam, Fame Lab oder Breaking Falls, „just to name a few". Es ist also fair zu sagen, dass die nächste Generation in der Wissenschaft auf knappe Zeitvorgaben bzw. die steigenden Bedarfe der Gesellschaft nach prägnanter Kommunikation besser gerüstet sein wird als jene, die in wenigen Jahren emeritieren wird.

Ich empfehle entweder a) von vornherein kürzer zu präsentieren und mehr Zeit den Fragen und Antworten zu widmen, oder b) entsprechend viel Action auf der Bühne zu machen, um sich immer wieder die mit fortschreitender Vortragsdauer sinkende Aufmerksamkeit zurückzuholen oder c) Ihre Präsentation in zwei oder mehrere Teile zu teilen, um den Effekt der kleinen Portionen zu erreichen und die Botschaften wirkungsvoller zu platzieren (siehe Abschn. 4.1. Vorträge bei Events).

2.2.4 Bauen Sie gezielt Vertrauen auf

Wollen Sie als Wissenschaftler*in im kommunikativen Wettbewerb gezielt Vertrauen zu neuen Zielgruppen aufbauen und auch so den Zugang zu Ihnen und Ihrer Forschung erleichtern, dann bieten sich vor allem vier Wege an: a) auf Augenhöhe zu agieren, b) in den Dialog zu treten und c) Transparenz zu zeigen (Runnebaum et al. 2019) und d) authentisch zu sein.

Agieren Sie auf Augenhöhe
Wissenschaftler*innen im Elfenbeinturm sind zweifellos nicht auf Augenhöhe – weder im wörtlichen noch im metaphorischen Sinn. Umso mehr ist Ihr Blickkontakt im Umgang mit Nicht-Expert*innen wichtig. Unzählige Bücher sind schon publiziert worden, in denen die Wichtigkeit, einander in die Augen zu sehen, beschrieben wurde.

Daher nur kurz: Bitte achten Sie vor diesem Hintergrund darauf ganz besonders. Denn sonst glaubt man Ihnen vieles nicht, was für die Wirkung Ihrer Kommunikation entscheidend sein kann. Man glaubt nicht an Ihre Redlichkeit – denn offensichtlich weichen Sie ja dem Blick aus. Man glaubt nicht an Sie als Sympathieträger*in – denn offensichtlich würdigen Sie Ihr Auditorium nicht einmal eines Blickes. Eventuell zweifelt man sogar an Ihrer Kompetenz – jedenfalls scheinen Sie als Mensch so unsicher, dass Sie einem nicht einmal in die Augen schauen können. Wenn Sie jetzt meinen, in Wahrheit wäre alles ganz anders: Sie müssten sich doch konzentrieren während des Redens – immerhin ginge es ja um etwas Substantielles, und jeder direkte Blickkontakt würde Sie nur aus der Fassung bringen, dann mag das so sein oder auch nicht. Der Effekt, wenn Sie an die Decke, auf den Tisch, auf Ihren Laptop oder zur Seite starren, ist verheerend. Ob Sie um Drittmittel pitchen, vor Kooperationspartnern stehen, sich bewerben, mit Ihrem Publikum diskutieren oder ein Interview geben.

Zwei Empfehlungen dazu:

a. Wenn Sie in einem größeren Saal sprechen, suchen Sie sich in den ersten Reihen drei – vier Augenpaare, an die Sie sich mit Ihrer Präsentation wenden. Am besten Sie schauen nicht nur in die Mitte auf die unmittelbar vor Ihnen sitzenden oder stehenden Personen, sondern auch bewusst ganz nach links bzw. ganz nach rechts außen. Blicken Sie darüber hinaus auch hin und wieder ins Hintere des Raums/Saals oder auch hinauf auf die Galerie, wenn es eine solche gibt. Jeder sollte das Gefühl haben, Sie sprechen auch zu ihr oder zu ihm.

> Wenn ich Vorträge halte, auch vor eintausend Leuten oder mehr, dann finde ich zehn, fünfzehn Leute in den ersten Reihen, die ich immer anschaue. Aus deren Mimik sehe ich dann, ob es sinnvoll ist weiterzureden oder ob ich einen anderen Ansatzpunkt wählen muss, um die Zuhörer abzuholen. Man muss immer mit dem Publikum in Kontakt sein. (Manfred Curbach, TU Dresden)

b. Wenn Sie während oder nach Ihrer Präsentation Fragen entgegennehmen, vergessen Sie keinesfalls, die/den Fragesteller anzusehen – sowohl während die Frage ausgesprochen wird als auch danach, wenn Sie zu Ihrer Antwort ausholen. Tun Sie das bitte nicht nur als Zeichen des Respekts, sondern auch als Indiz dafür, dass Sie vollkonzentriert sich auf Ihr Gegenüber einlassen.

Auf Augenhöhe zu agieren, kann sich im metaphorischen Sinn auf Ihre Körpersprache beziehen. So können Sie etwa durch ein erhobenes Kinn herablassender, durch einen gesenkten Kopf aber auch untertäniger wirken, als es der Situation und vor allem Ihrem Standing angemessen ist. Idealerweise halten Sie Ihren Kopf gerade, unabhängig von Ihrer Körpergröße. Gerade großgewachsene Menschen sind häufig von der latenten Befürchtung geplagt, körperlich bedrohlich auf andere zu wirken. Als Konsequenz aus dieser Sorge machen viele von ihnen schon prophylaktisch einen Buckel UND halten ihren Kopf seitlich geneigt, um sich kleiner zu machen. Lassen Sie das – Untertänigkeit ist keine Attitüde, die in irgendeinem für Sie relevanten Setting stimmig ist.

Umgekehrt kann Ihre auf der Nasenspitze sitzende Lesebrille – ein häufiges Attribut bei Wissenschaftler*innen – genau den gegenteiligen Effekt erzielen. Um Ihre/n Gesprächspartner*in gut sehen zu können, senken viele den Kopf und schauen über die Brille hinweg. Ein solcher Blick kommt daher von unten – das kann unabsichtlich bedrohlich wirken – als ob eine Raubkatze sich zusammenkauert, von unten nach oben sieht und dann zum Sprung ansetzt. Bitte nehmen Sie Ihre Lesebrille während Ihrer Gespräche daher immer wieder von der Nase, damit Sie auf Augenhöhe kommunizieren können.

Forcieren Sie Interaktion
(mehr Details dazu Abschn. 4.1.1. Die Besonderheiten bei Vorträgen und Diskussionsveranstaltungen)

Traditionellerweise war die Kommunikation mit Wissenschaftler*innen eine Einbahnstraße: wir fragen, sie antworten. Interaktion fand häufig nur aus einer Richtung statt, Dialog mit Nicht-Expert*innen stand nicht auf der Agenda oder zumindest nicht weit oben. Das ändert sich seit wenigen Jahren. Weil moderne Lehre schon einmal einen völlig anderen Charakter hat als früher, wenn Professor*innen, Dozent*innen und Lektor*innen im Hörsaal den Frontalvortrag aussetzen und viel mehr Fragen, Diskussion und eigene Beiträge der Studierenden zulassen. Für die Generation Z, die um die Jahrtausendwende Geborenen, die mit Social Media und deren kurzen Kommunikationseinheiten großgeworden sind, gehört Interaktion sowieso zum aktuellen Selbstverständnis, miteinander umzugehen. Das Ergebnis sind lebendigere, intensivere Begegnungen – die Rolle der Studierenden als reine/n Empfänger*innen und Niederschreiber*innen von professoralen Botschaften hat sich gedreht.

Interaktion ist aber nicht nur eine Frage des Zeitgeistes. Die aktive Auseinandersetzung mit Inhalten bringt wesentliche Vorteile: Inhalte bleiben besser haften, wenn wir sie nicht nur passiv konsumieren. Das gilt umso für Zielgruppen, die sich nicht wie Studierende mit Ihren Forschungsschwerpunkten auseinandersetzen müssen.

Als Präsentator*in, Diskutant*in oder Interviewpartner*in mit Ihrem Publikum oder Ihrem Gegenüber bewusst in den Dialog zu treten, lässt sich grundsätzlich auf vier Arten bewerkstelligen:

a. Sie treten nonverbal in Kontakt. Sie nicken jemandem zu oder Sie lächeln vom Podium herunter.

> Wenn ich aufgeregt bin, und ich bin immer ein bisschen aufgeregt, dann schaue ich mir die Leute an, die zustimmend nicken, das hilft sehr. Später kann ich dann auch mit denen umgehen, die das nicht tun. In dem Augenblick, wo ich loslege, schlägt meine Aufregung in Konzenration um, und in der Regel sind das meine besten Vorträge. (Manfred Curbach, TU Dresden)

b. Sie laden ganz klassisch zu Fragen, zur Diskussion, zu Kommentaren oder sonstigen Beiträgen ein.
c. Sie stellen selbst Fragen. Fragen sind immer eine gute Idee, um beim Vis-a-vis Reaktion zu initiieren. Das kann eine Gegenfrage oder eine Verständnisfrage sein, die Ihnen Zeit einräumen, bevor Sie wieder am Wort sind. Das kann eine Frage sein, durch die Sie selbst zu Informationen oder zu Meinungen kommen wollen. Es kann eine rhetorische Frage sein, auf die Sie keine direkte Antwort erwarten, die aber eine hörbare Nachdenkphase im Raum nach sich zieht. Es kann aber auch eine Regiefrage sein, wenn Sie abklären, wie Sie denn jetzt nun weitermachen sollen – mehr oder weniger Details, weitere Beispiele oder gleich zum nächsten Kapitel gehend.
d. Sie laden zu sonstigen Aktivitäten ein. Analog wie digital bedeutet das häufig zu klicken, auszuprobieren, abzustimmen, auszuwählen, bei irgendetwas mitzumachen und dabei zu sein. Ihrer Fantasie sind hier keine Grenzen gesetzt.

Die Wissenschaftskommunikation gibt uns die Möglichkeit, uns auch mit Menschen außerhalb der akademischen Community auseinanderzusetzen. Wissenschaftskommunikation ist nicht nur zu einer Zielgruppe, sondern mit einer Zielgruppe zu kommunizieren. Ich kriege auch etwas zurück. Wissenschaftskommunikation bedeutet nicht nur zu kommunizieren, sondern auch zu interagieren. (Helmut Jungwirth, Universität Graz)

Zeigen Sie Transparenz
Transparenz ist Ihnen als Wissenschaftler*in durch die verpflichtende Angabe der Quellen in Ihren Publikationen wohlbekannt. Sie zeigen, von wo Sie Daten und Fakten beziehen und dass Sie nichts zu verheimlichen haben.

Transparenz bei Präsentationen hat aber noch zwei andere Attitüden:

Die nonverbale
Vertrauensbildend zu kommunizieren, weil Zugang erleichternd und Distanz abbauend, bedeutet, ohne Hindernis zwischen Ihnen und dem Publikum zu sprechen. Ein derartiges Hindernis können einerseits vor dem Bauch verschränkte Arme sein. Sie wirken auf die Beobachter*innen wie ein Riegel, wie eine Absperrung vor Ihrem Körper. Selbstverständlich können Sie durchaus ab und an Ihre Arme verschränken – tun Sie es aber besser lieber in einem fortgeschrittenen Stadium Ihres Auftritts, wenn Sie schon in guter Beziehung zu Ihren Rezipient*innen sind. Und tun Sie es immer nur kurz.

Eine andere Art von Hindernis sind außerdem konventionelle Bühnenrequisiten wie Rednerpulte. Sich dahinter zu stellen, ist Botschaft als solche und leider keine günstige: Wollen Sie sich verstecken? Haben Sie etwas zu verbergen? Warum erlauben Sie nur diese mangelnde Sicht auf Sie?

Etliche unter Ihnen sagen an dieser Stelle vermutlich: Naja, das Setting war nun mal so. Sie hätten keine andere Chance gehabt, als in dieser distanzierten Form zu kommunizieren! Außerdem hätten alle anderen vor und nach Ihnen ebenso aus der Position hinter dem Pult referiert. Ich meine dazu: Sie können sich immer auch neben das Pult stellen und von dort Ihren Laptop genauso bedienen. Niemand kann Ihnen das verbieten. Und dass Sie nicht grundsätzlich dasselbe machen, wie alle Vor- und Nachredner*innen, vor allem dann nicht, wenn es Ihre positive Wirkung reduziert, ist gut und richtig. Das Einzige, was Sie sich im Vorfeld organisieren müssen, ist ein flexibles Mikrofon: am besten ein Headset. Ich verspreche Ihnen: Die Wirkung ist exorbitant!

a) Die verbale.

Mir ist es auch schon passiert, dass nach einem Interview zum Klimawandel meine Zitate nicht im Artikel vorgekommen sind, weil ich nicht gesagt habe, „Alles ist schlimmer.", sondern weil ich gesagt habe „Es ist nicht so einfach." (Jakob Steiner, Universität Utrecht)

b) Transparent zu sein heißt aber auch, zuzugeben, dass vieles in der Wissenschaft nicht eindeutig ist. Zu diesem Thema – Umgehen mit Unsicherheiten – ist gerade in den letzten Jahren viel publiziert und geschrieben worden. Denn im Zeitalter der verknappten Kommunikation sind groß angelegte Ausdifferenzierungen oft nicht möglich oder zumindest immer wieder eine Herausforderung. Freilich: Wie bis dato alle Studien unisono bestätigen, können Nicht-Expert*innen mit Unsicherheiten durch die Wissenschaft besser umgehen als erwartet. Erst kürzlich stellte man in den Niederlanden fest, dass dadurch die Vertrauenswürdigkeit des Absenders nicht leidet (van der Bles et al. 2020).

Allerdings gibt es rhetorisch geschicktere und weniger geschickte Möglichkeiten, die Unsicherheiten rund um wissenschaftliche Erkenntnisse zu kommunizieren.

> Und man soll nicht verschweigen, dass man in einer wissenschaftlichen Debatte ist, wo wir uns ständig in Hypothesen bewegen. Aber man muss hier schon seine eigene Position klarmachen. Man muss sich sagen: Es gibt diese beiden Positionen dazu, aber meine Position ist diese.
>
> Die Leute müssen schon merken, dass man einen gewissen Überblick über die Diskussionen und ihre Kontroversen hat. Es macht die eigenen Positionen auch stärker, wenn man sich einbettet in Alternativen, und das regt auch gleichzeitig zur Diskussion an. (Hans Schelkshorn, Universität Wien)

> Die wichtigsten Learnings sind, wie sich bei Covid gezeigt hat, wie schwierig es ist, evidente Zahlen zusammenzufassen und dannzukommunizieren. Auf der einen Seite gibt es den nötigen Bedarf an Transparenz, und das finde ich positiv. Auf der anderen Seite haben wir das Problem, dass Zahlen oft eine verfälschte Wahrheit widerspiegeln. Jeden Tag veröffentlich das BMG (Anm.: Bundesministerium für Gesundheit) und das BMI (Anm.: Bundesministerium für Inneres) eine aktuelle Zahl – man läuft dauernd Zahlen nach, und keiner kennt sich aus. Es geht um eine Abstimmung zwischen maximaler Transparenz und Qualitätssicherung. Deshalb macht bei den Zahlen der 7-Tagesschnitt auch so viel Sinn, weil sowohl Meldefehler wie auch tatsächliche Schwankungen rausgefiltert werden. (Niki Popper, TU Wien)

Sagen Sie also nicht einfach „Ich weiß in Wirklichkeit gar nichts Genaues.", sondern vielmehr „Nach derzeitigem Stand unseres Wissens ist das so." oder „Das vorläufige Ergebnis unserer Untersuchungen ist x." oder „Ich interpretiere die Zahlen so und so.". Klassiker im Vermitteln von Unsicherheiten sind Best- und Worst-Case-Szenarios oder „von bis"-Formulierungen. Mit derart begrenzten Unsicherheiten – einer zeitlich beschränkten Gültigkeit von Wissen, der Individualität Ihrer Interpretation oder einer möglichen Bandbreite von Entwicklungen – können auch Laien sehr gut umgehen (Howe et al. 2019). Sie brauchen sich dabei also keine Sorgen um das generelle Vertrauen in die Wissenschaft zu machen. Probleme treten erst dann auf, wenn es zu viel an Unsicherheiten gibt, wenn Sie alles und jedes infrage stellen und regelmäßig Cicero bzw. Sokrates zitieren, die schon in der Antike betont haben: „Ich weiß, dass ich nichts weiß". Das mag zwar da und dort auch der Wahrheit entsprechen, trägt aber nicht zur Glaubwürdigkeit der Scientific Community bei.

Unsicherheiten gleich von sich aus anzusprechen, bringt Ihnen gerade im Diskurs mit Andersdenkenden oft auch einen taktischen Vorteil: Sie haben den Ball losgetreten und brauchen sich nicht mehr zu sorgen, von einer/m Kontrahent*in diesbezüglich attackiert zu werden. Ich vergleiche eine solche Situation gern mit einem Tennisspiel. Der Ball – die Unsicherheiten – ist sowieso im Spiel. Schlagen Sie auf, ist es für den anderen viel schwieriger, den Ball zurückzuspielen. Wird der Ball aber vom Gegenüber als erstes in Ihre Richtung geschlagen, sind Sie in der Defensive und haben ziemlich sicher das größere Problem.

Man sollte auch gegenüber Akademikern nicht zu autoritätshörig sein, sondern das Ganze noch einmal selbst reflektieren. Diese Diskussionen, wenn sich Wissenschaftler uneinig sind – dann muss sich das Publikum selbst Gedanken machen, und das finde ich gar nicht schlecht. (Tobias Brügmann, Thünen-Institut, Großhansdorf)

Authentisch sein
Vertrauen und Glaubwürdigkeit basieren meiner Erfahrung nach auf drei Komponenten: Ihrem Fachwissen, das unbestritten ist, Ihrer Professionalität in der Kommunikation – dafür gibt es dieses Buch – und Ihrer Authentizität.

Je natürlicher und unverfälschter Sie im Präsentieren wirken, desto mehr Punkte machen Sie für sich. Doch wie lässt sich das bewerkstelligen? Ist man nicht einfach authentisch, im altgriechischen Sinn „echt"? Und wird man nicht durch den Versuch, authentisch zu sein, erst recht unauthentisch?

Nein, weil Authentizität ähnlich dem Charismabegriff eine Eigenschaft ist, die einem zugeschrieben wird. Bei Präsentationen sprechen wir daher von der Inszenierung der Nicht-Inszeniertheit – Sie wollen und sollen authentisch erscheinen. Das ist de facto viel weniger „Fake", als es auf den ersten Eindruck klingt: Gemäß einer aktuellen Studie der University of Missouri-Columbia wirken Sie als Wissenschaftler*in authentisch, wenn Sie Ihre Persönlichkeit aufblitzen lassen (Saffran et al. 2020). Bauen Sie also gezielt „Ich-Botschaften" ein (vgl. dazu auch Abschn. 2.2.1, Einfach formulieren), erzählen Sie persönliche Beispiele, sprechen Sie von Ihrer Motivation, artikulieren Sie Ihre Meinung zur Situation in Ihrem Forschungsgebiet und/oder zeigen Sie, wenn es passt, auf, für welche Werte Sie sich individuell innerhalb der Wissenschaft einsetzen. Lassen Sie den Menschen hinter den Forschungsergebnissen hervortreten.

Nicht in dieser Studie von Saffran et al. untersucht wurde aber ein meiner Erfahrung nach noch viel bedeutenderer Aspekt, wenn wir über Authentizität sprechen: die Übereinstimmung von Sprache und Mimik. Wenn Sie Ihre Forschung als großartig bezeichnen oder im Brustton der Überzeugung die nähere Zukunft zuversichtlich einschätzen, gleichzeitig aber aussehen wie sieben Tage Regenwetter, dann wirkt das unauthentisch und damit unglaubwürdig. Diese Inkongruenz zwischen Gesichtsausdruck und Worten ist es, die Rezipient*innen irritiert, weil nicht klar ist, was jetzt stimmt. Ist Ihre Tonspur oder das, was man sieht, echt? Meinen Beobachtungen nach schenken die meisten ihren Augen mehr Glauben als ihren Ohren.

Man erkennt relativ schnell, ob Dinge in sich stimmig sind und Leute authentisch. Wie ich das sehe? Einerseits betrachte ich Menschen ganzheitlich, man sieht das bei schwierigen Themen, bei stressigen Nachfragen, da ist etwas nicht stimmig. Das ist für mich immer ein Alarmzeichen. Oder wenn da eine Inkonsistenz zwischen früherem und jetzigem Verhalten ist oder wenn Fragen nicht eindeutig beantwortet werden. (Dieter Frey, LMU München)

Sie sollten sich daher vor jeder Präsentation, Diskussion und vor jedem Interview klar sein: Wenn Sie etwas besonders positiv darstellen wollen, muss Ihr inneres Gefühl dazu wirklich stimmen. Sagen Sie nur, wie unglaublich Sie sich schon auf eine neue Herausforderung freuen oder wie sensationell zukunftsweisend Ihre Forschung nicht wäre, denken aber in Wahrheit ganz anders darüber, dann wird Ihnen Ihre Mimik einen Streich spielen. Entweder Sie preisen sowieso nur an, was Sie tatsächlich für besonders toll finden, oder Sie sind zumindest sehr sparsam mit Superlativen, um die unleugbare Diskrepanz zwischen Ihrem Gesichtsausdruck und Ihrer Wortwahl überschaubar zu halten. In diesem Zusammenhang möchte ich auf die Inflation des Wortes „spannend" hinweisen. Ich appelliere eindringlich an Sie: Finden Sie, wenn nötig semantische Alternativen. Nicht annähernd alles ist spannend, was auf Bühnen als solches bezeichnet wird – jede/r weiß das auch und nimmt derartige Hervorhebungen gar nicht mehr ernst. Mit fast jedem anderen Adjektiv können Sie so wesentlich mehr Glaubwürdigkeit erzielen.

Für Schweizer, süddeutsche und österreichische Wissenschaftler*innen an dieser Stelle erlaube ich mir ein ganz besonderer Hinweis: Bitte verlassen Sie im Interesse Ihrer Authentizität beim Präsentieren nicht das gewohnte Perfekt in Ihrer gesprochenen Sprache. Nur in Mittel- und Norddeutschland heißt es auch im Alltag „Ich ging", „Ich fuhr" oder „Wir führten das Experiment durch". In allen anderen Regionen deutscher Muttersprache werden diese Formen des Imperfekts ausschließlich in der geschriebenen Sprache gepflegt. Wollen Sie also, wenn Sie aus Bern, München oder Wien stammen als Präsentator*in, Diskutant*in oder Interviewgeber*in authentisch sein, versuchen Sie nicht, egal wie formal das Setting sein sollte, wie „geschrieben" zu sprechen. Abgesehen davon, dass Sie sich verdribbeln könnten, gegen die Gewohnheit zu referieren, wirken Sie künstlich und abgehoben.

2.3 Nutzen Sie die Technologie richtig

Selbst wenn Sie inhaltlich, dramaturgisch und rhetorisch großartig vorbereitet sind: Können Sie scheinbar oder tatsächlich mit vorhandener Präsentationstechnologie nicht umgehen, lassen Sie wichtige mögliche Pluspunkte auf der Straße liegen.

Unterschätzen Sie daher diesen Aspekt beim Präsentieren nicht – ungeschicktes Handling der Technologie kann viel an Wirkung zerstören und ist nicht mehr wettzumachen.

2.3.1 Online-Kommunikation

Gerade auf den Hochschulen hat Corona die Art der bisherigen Kommunikation über den Haufen geworfen. GoToMeeting, Zoom, Skype, MS Teams und ähnliche Technologien haben in Zeiten von Home-Office und digitalen Lehrangeboten Wissenschaftler*innen aller Ortens förmlich in ein neues Kommunikationszeitalter gebeamt. Es war ein Crashkurs der besonderen Art, in der meist die Praxis häufigere Lehrmeisterin war als die sonst üblichen Schulungen oder Einführungen.

Ich gehe hier auch nicht auf Sitzungen oder Seminare ein, die seit März 2020 online stattfinden. Ich konzentriere mich darauf, was Sie beachten sollten, wenn Sie Ihre Präsentation in Findungs- oder Berufungsverfahren, auf der Bühne oder mit einer/m Medienvertreter*n auf diese Weise halten müssen.

Besonders wichtig ist wie bei jedem visuellen Kanal, dass Sie optische Effekte gezielt zu Ihren Gunsten nutzen: Platzieren Sie daher Ihren PC oder Laptop direkt vor sich, damit die eingebaute Kamera auf Augenhöhe (!) positioniert ist. Nur dann haben Sie eine gute Chance, einerseits zu verfolgen, was und wie Ihre Gesprächspartner*innen kommunizieren, und andererseits selbst gut im Bild zu sein. Vor allem, wenn Sie am Wort sind, schauen Sie bitte immer gerade in die Kamera. Über den direkten Blickkontakt erzielen Sie auch in der Online-Kommunikation denselben hohen emotionalen Effekt wie in einem persönlichen Meeting (Hietanen et al. 2020).

Ihre Schummel- oder Notizzettel liegen unterhalb des Bildschirms direkt vor Ihnen. Checken Sie auch noch Ihren Hintergrund – kein Hirschgeweih, keine Wäschetrockner und kein verfänglicher Buchtitel sollen hinter Ihnen zu sehen sein. Wenn möglich, bekennen Sie Farbe. Tragen Sie irgendwo am Oberkörper ein fröhliches Grün, ein intensives Rot oder ein leuchtendes Blau: Herren über die Krawatte, Damen über ein Sakko, eine Bluse, ein Halstuch, eine Kette oder den Lippenstift. Bitte behalten Sie im Auge: Je farbiger Ihr Outfit, desto dezenter Ihr virtueller Hintergrund, sonst ist es einfach zu viel des Guten und Sie selbst verschwinden völlig gegenüber der bombastischen Farbwirkung.

Die gravierendsten Unterschiede zur analogen Präsentationssituation sind rasch aufgezählt und doch bedeutsamer, als Sie vielleicht im ersten Moment meinen:

a. Ersetzen Sie das Anfangs- und das Schlusschart Ihrer Präsentation unbedingt durch sich selbst. Denn die erste und die letzte Minute sind die einzigen Möglichkeiten, wie Sie einen persönlichen Eindruck hinterlassen und ein virtuell bedingtes Mindestmaß an Beziehung zu den Rezipient*innen an den Bildschirmen herstellen können. Egal, mit welcher Software Sie arbeiten: überall reduziert sich Ihr Bild zu Briefmarkengröße, wenn Sie Ihren Bildschirm teilen und Ihre Charts aufschalten, und dann lassen sich weder Sympathie noch Glaubwürdigkeit, geschweige denn Vertrauen mehr zustandebringen. Oft lohnt es sich sogar, auch das erste oder zweite inhaltliche Chart, das Sie in einer analogen Situation jetzt an die Wand geworfen hätten, im virtuellen Setting auszulassen. Bei Präsentationen vor Fördermittelgebern, vor Kooperationspartnern und bei Berufungsverfahren – überall dort, wo Sie Menschen persönlich von sich überzeugen müssen – halte ich das für essenziell.
b. Sprechen Sie langsamer und deutlicher als analog – Ihr angemessenes Sprechtempo ist mit jenem für Radio- und Fernsehinterviews vergleichbar (siehe 5. Kommunikation mit Journalist*innen).
c. Wenn Sie nicht mit PowerPoint präsentieren, z. B. bei virtuellen Pressekonferenzen, überlegen Sie sich bitte im Vorfeld, ob Sie etwas in die Kamera halten könnten, das Ihre Botschaft unterstützt. Es sollte logischerweise ein Objekt sein, das klein genug ist, dass Sie es locker in der Hand halten können, aber groß genug, dass man erkennt, was es ist. Probieren Sie auch aus, ob man die für Ihre Forschung relevanten Details gut erfassen kann und aus welcher Perspektive die Betrachter*innen am meisten sehen.

2.3 Nutzen Sie die Technologie richtig

d. Hören Sie aktiv zu. Wo es möglich ist, sollten Sie auf auffällige Veränderungen in der Mimik oder in der Körperhaltung Ihrer Gesprächspartner*innen achten und darauf reagieren. Während einer Fragerunde in einem Findungs- oder Berufungsverfahren kann es z. B. rasch einmal dazu kommen, dass Sie sprechen und gleichzeitig hören, wie ein Mitglied der Kommission gerade ansetzt, um etwas zu sagen oder zu fragen. Sie erkennen das am Atem dieser Person. Reden Sie in diesem Fall ruhig zu Ende, stellen Sie aber gleich danach proaktiv in den Raum: „Ich hatte den Eindruck, jemand von Ihnen wollte vorhin etwas fragen?" Das wirkt immer aufmerksam und bringt Ihnen einen Pluspunkt ein.
e. Kommunizieren Sie virtuell als Vortragende/r vor einem größeren Publikum, dann sind Ihre Möglichkeiten der emotionalen Kontaktaufnahme einfach weniger. Es ist also ganz normal, wenn Sie sich erst daran gewöhnen müssen, Ihre Gegenüber nicht zu sehen. Trotzdem sollten wir alle auch online Engagement und Dynamik ins vermeintlich Leere vermitteln. Können Sie sich vorstellen, Ihr Bildschirm wäre eine konkrete, Ihnen sympathische Person? Vielen meiner Klient*innen hilft diese kleine Selbsttäuschung, um allein in einem Raum sitzend wahre Charmeoffensiven Richtung PC, Laptop oder Tablet loszulassen. Die auf ein Minimum reduzierte Resonanz des Publikums allerdings kann auch die beste Präsentationstechnik nicht wegleugnen.

> Ich habe das Gefühl, dass ich analog stärker rüberkomme als digital. Da habe ich das Gefühl, die Intensität klappt besser, die Verbindung zum Publikum, weil ich spüre, wenn mein Humor wirkt, oder ich Fragen aufwerfe. (Antje Boetius, AWI Bremerhaven)

> Videokonferenzen mag ich schon, aber immer weniger. Da fühle ich mich nicht wohl, ich verliere einen Teil davon, was mich ausmacht. Ich kann mich am Publikum begeistern und wenn ich das nicht sehe, fehlt etwas. (Martin Korte, TU Braunschweig)

f. Achtung: Halten Sie bitte auch in diesen vermeintlich unbeobachteten Momenten die Hände weg vom Kopf, aber setzen Sie bewusst Gestik und Mimik ein, um Ihre Aussagen zu unterstreichen. Sitzen Sie aufrecht und ruhig.
g. Lassen Sie keine Störungen während des Video-Calls zu. Handy off.

Der Bildschirm ist gnadenlos: Deshalb merkt auch jede/r viel schneller als in Wirklichkeit, ob und wie gut Sie vorbereitet sind. Online-Kommunikation aller Art ist darüber hinaus meist kürzer als jede analoge Situation, straffer und kompakter. Sie kann so anstrengend und intensiv sein wie der Besuch im Fernsehstudio in den Hauptabendnachrichten.

> Mir war gar nicht klar, welche hohe Qualität Videokonferenzen haben. Meine Prognose ist: es wird eine Zeit nach Corona gar nicht geben. (Metin Tolan, TU Dortmund)

2.3.2 Umgang mit PowerPoint

Nach dem Layout der Charts wenden wir uns der Handhabung von PowerPoint zu. Wissenschaftler*innen verwenden ppt nahezu täglich, haben also viel Routine. Umso herausfordernder ist es, mit manchen weniger guten Gewohnheiten aufzuhören. Aber es lohnt sich!

> Sometimes a presentation comes up with 4 lines but you need people´s attention for any of these 4 lines. I spend a lot of time with animation. Attention should be animated, you show something the moment you are exactly talking about it. (Aniruddha Dutta, OCAS NV Gent)

Kommunizieren Sie im Gleichschritt mit Ihren Charts
Niemand sollte durch Ihre Charts zu früh sehen oder lesen, was Sie referieren werden. Denn wenn Sie das Chart mit Ihrem Studiendesign schon an die Wand werfen, während Sie noch erklären, wie es überhaupt zu diesem speziellen Design gekommen ist, erzeugen Sie wieder eine Interferenz. Alle starren gebannt auf das Design und versuchen (ohne Sie weiter zu beachten), zu erfassen und zu erkennen, was hier zu sehen ist – Ihre Hintergrundinformationen gehen in diesem Moment völlig unter.

Um diese Kommunikationsstörung zu verhindern, haben Sie zwei Möglichkeiten: Entweder Sie animieren Ihre Charts so, dass einzelne Informationsblöcke hintereinander erst auf Ihren Klick hineingespielt werden und nicht allesamt von vornherein sichtbar sind. Das heißt, Sie klicken und präsentieren optisch wie sprachlich zunächst den ersten Teil des Studiendesigns, dann klicken Sie erneut und gehen gleichartig mit dem mittleren Teil um. Erst danach erscheint durch Ihren dritten Klick das Studiendesign zur Gänze und Sie führen die passenden Erläuterungen aus. Auf diese Weise sind Ihre Zuhörer*innen immer im Gleichschritt mit Ihnen unterwegs.

Die zweite Möglichkeit: Sie werfen mit einem Klick ein durchaus inhaltsschweres Chart an die Wand und lassen Ihr Publikum bewusst eine Handvoll Sekunden damit allein. Sie setzen sozusagen erst fort, wenn Ihre Zuhörer*innen dank dieser kleinen Pause, sich selbst einen Überblick über die Projektion verschafft haben. Auch eine sehr probate Variante.

Markieren Sie die wichtigsten Daten in rot
Führen Sie Ihre Gesprächspartner*innen quasi an der Hand durch Tabellen, Grafiken oder Modellzeichnungen. Das ist besonders bei Übersichten mit vielen Daten erfolgversprechend, weil die Augen Ihres Publikums sonst völlig ungesteuert zwischen den Daten auf der Leinwand herumirren – und keinesfalls mehr Ihren Ausführungen folgen. Geben Sie also bitte exakt an, was genau auf dem Chart jetzt gerade angesehen werden soll, und am besten Sie deuten mit Ihrem Arm auch in diese Richtung. Oder Sie kreisen – am besten mit rot – ein, worüber Sie jetzt gerade sprechen und wohin Sie das Augenmerk Ihrer Rezipient*innen lenken wollen. Erst jetzt und nicht früher erklären Sie die betreffenden Daten, denn erst jetzt wissen Ihre Zuhörer*innen, wo die zu Ihrem Text passende Information optisch zu verorten ist.

Eine Analogie dazu: Stellen Sie sich vor, Sie stehen mit einem kleinen Kind vor einem Süßwarenladen. Das Kind ist überwältigt von dem unglaublichen Angebot in der Auslage und weiß vor lauter Entzücken gar nicht, wohin es als nächstes schauen soll. Sie aber wollen dem Kind ganz gezielt ein paar Marzipanfrüchte im hinteren Teil des Schaufensters zeigen. Was machen Sie daher? Sie fordern das Kind auf, seinen Blick in Richtung Marzipan zu werfen und erst, wenn das geschehen ist, werden Sie detaillierter anfangen, diese süßen Früchte zu beschreiben und zu preisen. Nichts anderes sollen Sie auf der Bühne mit PowerPoint machen.

Teasern Sie Ihre Charts an

> When I joined Toast Masters, one of my weaknesses is giving impromptu speeches.
> And I could extract nuances the ways people spoke. From there I learnt that slides were the king in teasing the audience. (Aniruddha Dutta, OCAS NV Gent)

Besonders im Wettbewerb ist es wichtig, dass Sie das Gefühl vermitteln, Sie beherrschen Ihre Präsentation und nicht Ihre Präsentation Sie!

Routinierte Zuhöher*innen erkennen das daran, dass Sie regelmäßig Ihre Charts anteasern, also über den Inhalt des folgenden Charts sprechen, bevor Sie noch klicken und bevor dieses Chart sichtbar wird. Denn wie läuft es üblicherweise? In der Regel beginnen Präsentator*innen erst dann über ein Chart zu sprechen, wenn es auf der Wand erscheint. Sie kennen das alle: Klick, ein Blick zum neuen Chart und jetzt geht es los. Doch leider: Je öfter eine Kommission glaubt, Sie wissen erst nach Ihrem Klick, was Sie als nächstes sagen wollen, desto mehr verstärkt sich der Eindruck, das Chart sei Ihr Schummelzettel. Wer gut vorbereitet ist, weiß schon im Vorhinein, welches Chart jetzt kommt.

▶   Anteasern, klicken und dann erst das Chart präsentieren – das ist die Devise.

2.4   Keine Wirkung ohne Vorbereitung

> Bei Konferenzen heißt es oft, wir brauchen ihren Vortrag zwei Tage vor der Tagung, dann sagen die Wissenschaftler manchmal, ich schaffe das erst auf der Zugfahrt. Aber da sollte der Vortrag doch bereits perfekt sitzen, und man merkt das auch, wer gut geübt hat und wer nicht. (Helmut Jungwirth, Universität Graz)

> I am starting my preparation 2 months prior to the slam.
> Once I tried to do it in one week and it was a disaster. And this was after some successes! (Aniruddha Dutta, OCAS NV Gent)

Der amerikanische Präsident Woodrow Wilson hat einmal gesagt: „If I am to speak ten minutes, I need a week for preparation; if fifteen minutes, three days; if half an hour, two days; if an hour, I am ready now." Und für Sie als Wissenschaftler*in gilt das ganz besonders: Sie beherrschen Ihr Fach und müssten sich inhaltlich wie der erfahrene US-Politiker Wilson gar nicht vorbereiten. Doch der springende Punkt ist: selbst Sie können ohne gezielte Vorbereitung Ihr Wissen nicht für den jeweiligen Anlass passend strukturieren und adaptieren. Noch dazu, wenn das ganze Setting ein zeitliches Korsett vorgibt.

Deshalb ist jede/r, auch die/er Begabteste nur halb so gut, wenn sie/er auf eine gezielte Vorbereitung verzichtet, geschweige denn nicht übt. Letzteres vor allem dann, wenn es keine zweite Chance für Sie geben sollte. Ich empfehle immer ein zweistufiges Prozedere in der Vorbereitung eines entscheidenden beruflichen Termins: beim ersten Termin legen Sie sich Ihr Konzept zurecht, definieren die Botschaften, die Beispiele, die Charts, wenn verlangt, beim zweiten – einige Tage danach – trainieren Sie das Ganze. Am effizientesten ist jedes Kommunikationstraining mit Videoanalyse – nur dann sehen Sie sich selbst und können mit oder ohne Coach in der nötigen Präzision Ihre verbale wie nonverbale Kommunikation analysieren und eventuelle Verbesserungsideen treffsicher entwickeln.

Profis proben. Wieso glauben aber gerade wir als Bühnenamateur*innen noch immer so häufig, dass wir ohne Training dieselbe hohe Qualität hinlegen wie mit entsprechender Übung? Ausgestattet mit Feedback und den Erkenntnissen aus einer Videoanalyse sind Sie nach einem Training immer besser, als wenn Ihr Auftritt vor den Fördermittelgebern, den Kooperationspartnern, den Kommissionen, den kleineren oder größeren Auditorien in Vortragssälen oder am Bildschirm sowie den Medien eine Premiere darstellt.

Ein solches Videotraining öffnet Ihnen die Augen. Sie lernen sich selbst kennen: Vielleicht sind Sie überrascht, wie wenig man doch Ihre Nervosität sieht und wie sympathisch und unzweideutig Sie kommunizieren. Vielleicht merken Sie aber auch, wie konfus Ihre Ausführungen stellenweise klingen und wie wenig Sie vor allem zu Beginn überzeugen können. Aber kann man eine vorab gestellte, letztlich artifizielle Simulation tatsächlich mit der Ist-Situation, mit Ihrer Präsentation am Stichtag X vergleichen? Ist man nicht, wenn es wirklich „um die Wurst geht", dann sowieso wieder ganz anders?

Nach 22 Jahren in diesem Beruf erlaube ich mir diese Deutlichkeit: Nein. Ihr Unwohlsein in der Trainingssituation entspricht dem Stress, den Sie in der realen Situation haben werden. Und so können Sie durch Training und Analyse erkennen, wie Ihre Präsentation geworden wäre, hätten Sie sie ohne Training durchgeführt.

Sie sind mit Training vor wichtigen beruflichen Herausforderungen deshalb besser, weil a) Sie dann die vorgegebene Zeit einhalten, b) Sie ganz genau wissen, an welcher Stelle es auf jedes Wort ankommt und wo Sie risikolos aus dem Stehgreif reden können, c) Sie Mut gewonnen haben, Ihre Begeisterung zu zeigen, d) Sie Ihre Charts exakt handhaben und e) Sie eine innere Selbstsicherheit an den Tag legen können. Mit dem Wissen, dass Sie alle Hausaufgaben gemacht haben und gut vorbereitet sind, treten Sie auch zuversichtlich und gegenüber dem Publikum positiv gestimmt auf (Copple et al. 2020). Selbstredend, dass sich ein solches Training damit förderlich auf Ihre Ausstrahlung auswirkt.

Bleibt last but not least noch die Frage der Authentizität. Sie könnten fragen: Bin ich dann noch authentisch, wenn ich geübt, wenn ich trainiert habe?

Absolut. Meiner Erfahrung nach sogar noch mehr als vorher. Denn erst durch das Reflektieren in der Vorbereitung legen die meisten meiner Klient*innen, auch die meisten Wissenschaftler*innen, bewusst erst frei, worum es ihnen eigentlich geht, was sie de facto als Personen ausmacht und was sie ergo dessen auch tatsächlich sagen wollen. Streng genommen sind nur Babys wahrhaft authentisch – nach kürzester Zeit werden wir aber als Heranwachsende geprägt durch Eltern, Erziehungsberechtigte, Erfahrungen und äußere

Umstände. Es kann Jahre dauern, bis wir uns zu fragen trauen, was an unseren Verhaltens- und Sichtweisen tatsächlich uns selbst ausmacht und wo wir intrinsisch authentisch sind. Jede berufliche Herausforderung, in der wir uns exponieren müssen, ist daher eine gute Gelegenheit, sich auf die Suche nach sich selbst zu begeben. Ein wichtiger Teil meines Berufs als Coach ist es, Klient*innen auch bei dieser mit der Präsentationsvorbereitung einhergehenden (Rück-)Besinnungsarbeit Sparringpartnerin zu sein. Wenn Sie so wollen, verhilft ein professioneller Coach Klient*innen auf diese Weise sogar zu mehr Authentizität.

Ohne Auseinandersetzung mit sich selbst und ohne Training reagieren wir alle in stressigen Präsentationssituationen mit eingelernten Schemata, egal, ob sie förderlich sind oder nicht. Gute Vorbereitung macht sicher. Haben Sie so Ihren roten Faden sowie die einzelnen Erfolgskomponenten Ihrer Präsentation internalisiert, haben Sie überhaupt erst die Chance, von innen her souverän, locker, gelöst und authentisch zu wirken.

So gerüstet lassen Sie mich mit Ihnen die Besonderheiten und Details zu den einzelnen Kommunikationssettings, mit denen Sie als Wissenschaftler*in außerhalb von Labor und Hörsaal konfrontiert sind, besprechen.

Ich finde, alles, was wir tun, um in irgendeiner Form Wissenschaft in die Gesellschaft zu bringen, gut. (Gudrun Thäter, KIT Karlsruhe)

Literatur

Atkinson, J. W., & Feather, N. T. (1966). A theory of achievement motivation. Wiley.
van der Bles, A. M., van der Linden, S., Freeman, A., & Spiegelhalter, D. J. (2020). The effects of communicating uncertainty on public trust in facts and numbers. *PNAS, 117*(14), 7672–7683.
Bucher, H.-J., & Niemann, P. H. (2012). Visualizing science: The reception of PowerPoint presentations (30 July 2012). *Visual Communication, 11*(3), 283–306.
Bullock, O., Amill, D. C., Shulman, H., & Dixon, G. (2019). Jargon as a barrier to effective science communication: Evidence from metacognition. *Public Understanding of Scince, 28*(7), 845–853.
Bunce, D., Flens, E., & Neiles, K. (2010). How long can students pay attention in class? A study of student attention decline by using clickers. *Journal of Chemical Education, 87*(12), 1438–1443.
Copple, J., Bennett, N., Dudo, A., Moon, W.-K., Newman, T. P., Besley, J., et al. (2020). Contribution of training to scientists' public engagement intentions: A test of indirect relationships using parallel multiple mediation. *Science Communication, 42*, 508–537. https://doi.org/10.1177/1075547020943594.
Covington, M. V. (1998). *The will to learn: A guide for motivating young people*. Cambridge University Press.
Drummond, C., & Fischhoff, B. (2020). Emotion and judgments of scientific research. *Public Understanding of Science, 29*, 319–334. https://doi.org/10.1177/0963662520906797.
Entrepreneur. (2018). Sorry, Goldfish: People's Attention Spans Aren't Shrinking, They're Evolving. https://www.entrepreneur.com/article/321266. Zugeriffen am 19.10.2018.
Gheorghiu, A. I., Callan, M. J., & Skylark, W. J. (2019). A thin slice of science communication: Are people's evaluations of TED talks predicted by superficial impressions of the speakers? *Social Psychological and Personality Science, 11*(1), 117–125.

Gilchrist, A. L., Cowan, N., & Naveh-Benjamin, M. (2008). Working memory capacity for spoken sentences decreases with adult ageing: Recall of fewer but not smaller chunks in older adults. *Memory, 16*(7), 773–787.

Hietanen, J., Peltola, M., & Hietanen, J. (2020). Psychophysiological responses to eye contact in a live interaction and in video call. *Psychophysiology*. https://doi.org/10.1111/psyp.13587.

Howe, L., MacInnis, B., Krosnick, J., Markowitz, E., & Socolow, R. (2019). Acknowledging uncertainty impacts public acceptance of climate scientists' predictions. *Nature Climate Change, 9*, 863–867.

Humm, C., & Schrögel, P. H. (2020). Science for ALL? Practical recommendations on reaching underserved audiences. *Frontiers in Communication*. https://www.frontiersin.org/articles/10.3389/fcomm.2020.00042/full. Zugegriffen am 07.07.2020.

Miller, G. A. (1956). The magical number seven plus or minus two: Some limits on our capacity for processing information. *Psychological Review, 63*(2), 81–97.

Miller, T. (1996). Visual perception: The role of visuals in academic articles and popularizations. *Cahiers de l'APLIUT, 15*(3), 22–35.

Pezdek, K., & Stevens, E. (1984). Children's memory for auditory and visual information on television. *Developmental Psychology, 20*(2), 212–218. https://doi.org/10.1037/0012-1649.20.2.212.

Runnebaum, J. M., Maxwell, E. A., Stoll, J. S., Pianka, K. E., & Oppenheim, N. G. (2019). Communication, relationships, and relatability influence stakeholder perceptions of credible science. *Fisheries, 44*(4), 164–171.

Saffran, L., Hu, S., Hinnant, A., Scherer, L. D., & Nagel, S. C. (2020). Constructing and influencing perceived authenticity in science communication: Experimenting with narrative. *PLoS One, 15*(1), e0226711.

Scheufele, D. A. (2014). Science communication as political communication. *Proceedings of the National Academy of Sciences, 111*, 13585–13592. https://doi.org/10.1073/pnas.1317516111.

Sopory, P., & Dillard, J. P. (2006). The persuasive effects of metaphor: A meta-analysis. *Human Communication Research, 28*(3), 382–419.

Wecker, C. (2012). Slide presentations as speech suppressors: When and why learners miss oral information. *Computer & Education, 59*(2), 260.

Wilson, K., & Korn, J. H. (2007). Attention during lectures – Beyond ten minutes. *Teaching of Psychology, 34*(2), 85–89.

Weiterführende Literatur

Jankowitsch, R. M. (2014). *Ich trete an – 10 Erfolgsfaktoren für alle, die gewählt werden wollen* (2. Aufl.). Wien: Ueberreuter.

Schulz von Thun, F. (2010). *Miteinander reden 1 – Störungen und Klärungen. Allgemeine Psychologie der Kommunikation* (48. Aufl.). Hamburg: Rowohlt.

Einbringen von Drittmitteln 3

Inhaltsverzeichnis

3.1 Small Talk & Networking 48
    3.1.1 Besonderheiten 49
    3.1.2 Struktur 52
    3.1.3 Praktische Durchführung 53
3.2 Präsentationen vor Fördermittelgebern 57
    3.2.1 Besonderheiten 59
    3.2.2 Struktur 68
    3.2.3 Praktische Durchführung 69
3.3 Präsentationen vor potenziellen Kooperationspartnern 74
    3.3.1 Besonderheiten 74
    3.3.2 Präsentation auf Initiative von außen 79
    3.3.3 Präsentation auf Eigeninitiative 83
Literatur 87

> Firstly what every you do in life you have to present and to sell your project. And if it is not well communicated there is no point. (Aniruddha Dutta, OCAS NV Gent)

Immer mehr junge Wissenschaftler*innen sehen sich von Anfang an mit der Herausforderung konfrontiert, die Finanzierung Ihrer eigenen Forschungsprojekte (und damit oft auch ihres eigenen Arbeitsplatzes) aufstellen zu müssen. Weit vor einer Berufung zur/m Professor*in oder vor Ihrer Habilitation, lange bevor Sie eingeladen werden, irgendwo eine Keynote zu halten, geschweige denn dem reichweitenstärksten Medium Ihrer Region ein Interview zu geben, ist die Fähigkeit gefragt, Geldgeber von der Relevanz der eigenen Wissenschaft zu überzeugen. Manchmal allein, manchmal im Team gemeinsam mit Kolleg*innen lernen Sie, wie essenziell das Einwerben von Drittmitteln ist. Und welche durchaus aktive Rolle Sie dabei spielen können.

Ich möchte Ihnen drei Stationen vorstellen: zum einen Small Talk & Networking, wenn es darum geht, nicht nur sichtbar in Ihrer Community zu sein, sondern vor allem auch bei jenen, die kurz- oder mittelfristig als Kooperationspartner in Frage kommen können, zu sein. Zum anderen die häufig kompetitiven Präsentationen vor Fördermittelgebern aller Art bzw. Präsentationen vor Kooperationspartnern, die entweder von sich aus an Sie herangetreten sind oder die Sie selbst gezielt ansprechen müssen.

3.1 Small Talk & Networking

> Ich habe zur Ergänzung eine private Internetseite, wo man etwas über meine Forschung erfährt und alle meine Videos verlinkt findet.
> Social Media ist auch nützlich für das Networking. Das war nicht unbedingt mein Antrieb – der war eher in Richtung Wissenschaftskommunikation, aber es hat positive Nebeneffekte. Praktisch ist es, wenn man dort schon mal jemanden gesehen hat oder selbst gesehen wurde. Das ebnet den Einstieg für Gespräche, wenn man jemanden persönlich trifft. Gut ist es auch für Informationsaustausch. Es kommt vor, dass mir junge Wissenschaftler*innen eine Nachricht bei Instagram oder Twitter schicken anstatt einer langen, offiziellen E-Mail – einfach als kurze Nachricht zwischendurch. (Tobias Brügmann, Thünen-Institut, Großhansdorf)

Networking ist das Schlagwort unserer Tage: ob analog bei Konferenzen, Kongressen und Tagungen oder digital über allgemeine Plattformen wie LinkedIn, Xing, über akademische Social Media wie ResearchGate.net oder Academia.edu, über eine eigene Homepage oder ein Video auf YouTube, bei dem Sie sich und Ihren Forschungsschwerpunkt präsentieren. In einer qualifizierten Form auf sich aufmerksam zu machen und mit anderen in Kontakt zu treten, ist dabei die Grundidee. Networking kann für Sie und ihre Karriere als Wissenschaftler*in eine strategische Bedeutung bekommen. Small Talk kann Ihnen dabei helfen, potenzielle Kooperationspartner kennenzulernen oder in Berufungsverfahren letzte Zweifel zu beseitigen.

> Viele Universitäten sind dazu übergegangen, ihre Bewerber abends oder mittags zum Essen einzuladen und schauen, wie gut sind sie im Small Talk. Auch hier unterscheiden sich die Bewerber sehr, und es ist unabhängig von ihrer wissenschaftlichen Kompetenz, sie sind aber sehr wichtig, weil die jeweiligen Auftraggeber schauen, was ist das für ein Mensch, passt der zu uns oder nicht. In diesem Sinne geht es darum, wie trete ich auf, wie verkaufe ich mich positiv. (Dieter Frey; LMU München)

> Es wäre gut, wenn man Smalltalk in Berufungsverfahren institutionalisieren könnte, denn für Smalltalk braucht man immer ein passendes Gegenüber, also beispielsweise jemanden von Seiten der Universität, der oder die in der Lage ist, so einen Smalltalk zu führen und dann die richtigen Dinge daraus abzuleiten. (Manfred Curbach, TU Dresden)

Bevor Sie aber vor den Vorhang treten und sich bekannt machen wollen, müssen Sie Vorbereitungen treffen. Sie müssen definieren, wer Ihre „Zielperson(en)" ist (sind), was und wie Sie über sich selbst sprechen wollen – authentisch und professionell zu gleicher Zeit. Das ist gar nicht so einfach, denn kaum jemand hat gelernt, über sich selbst positiv zu sprechen. Kaum jemand weiß wirklich, worauf es ankommt, bei anderen den berühmten guten Eindruck so zu hinterlassen, dass im gemeinsamen Interesse weitere Kontakte wünschenswert sind. Überhaupt: Wo ist die Grenze zur Anbiederung? Wo ist der Moment, in dem Sie bei allem Verständnis für Networking Stopp sagen? Und wie fängt man überhaupt an?

3.1.1 Besonderheiten

Zeigen Sie Interesse
Networking ist keine Einbahnstraße und professioneller Small Talk genauso wenig. Keinesfalls sollen Sie also bei Social Events aller Art, in informellen Treffen zum Frühstück, Mittagessen oder Dinner oder bei ersten Online-Kontakten eine Rede über sich selbst halten.

Im Gegenteil: Meiner Erfahrung nach ist es im erfolgreichen Networking entscheidend, großes Interesse für die Gesprächspartner*innen zu haben und zu zeigen. Kurz: die anderen sprechen zu lassen. Jede/r redet gern über sich, und nehmen Sie sich für die/den anderen im Small Talk zurück, sind Ihnen in der Regel Sympathien und Dankbarkeit sicher. Dazu kommt: Kein CV Ihrer/s Gesprächspartners/in, den Sie online finden sollten, gibt Ihnen auch nur einigermaßen ähnlich wertvolle Informationen.

Stellen Sie Fragen, ohne investigativ zu wirken. Fragen, die mit „Wie" oder „Warum" beginnen, eignen sich hier besonders gut. Erst 2017 haben Forscher*innen aus Harvard festgestellt, dass derartige Follow-up-Fragen Sympathiewerte besonders in die Höhe schnellen lassen. Wer fragt, wird gemocht (Huang et al. 2017). Gehen Sie auf das ein, was man Ihnen erzählt und vor allem: Merken Sie es sich! Alles war umsonst, wenn Sie sich nicht mehr an das erinnern können, was Ihnen Ihr/e Gesprächspartner*in den fünf Minuten zuvor gesagt hat. Konzentrieren Sie sich auf Ihre/n Gesprächspartner*in und blenden andere Leute im Raum weitestgehend aus. Bitten Sie um Beispiele, wenn Sie sich etwas näher beschreiben lassen wollen.

Für mich beginnt aufmerksamer Small Talk schon damit, auf jede Antwort, die vom erwarteten „Gut" auf die Frage. „Wie geht es Ihnen?" abweicht, zu reagieren. Ist die Antwort „Recht gut", frage ich Dinge wie „Viel zu tun?". Damit zeige ich das besprochene persönliche Interesse und gebe so meinem Gegenüber die Möglichkeit aus sich herauszugehen. Ist die Antwort „Sensationell", sage ich Dinge wie „Das klingt ja toll ….", mache eine Pause und warte auf eine Erläuterung. In beiden Fällen zeige ich, dass ich genau hinhöre und es nicht egal ist, ob man mit mir spricht oder mit irgendjemandem anderen.

Viele Wissenschaftler*innen tun sich im informellen Rahmen manchmal schwer, über etwas anderes als ihr Fachgebiet zu sprechen. Zeigen Sie Interesse an dem Menschen, mit dem Sie sich unterhalten. Das ist schon die halbe Miete.

Zeigen Sie (Ihre) Persönlichkeit

Auch wenn sich die meisten gern selbst beim Reden zuhören: Keiner Ihrer Gesprächspartner*innen soll umgekehrt den Eindruck bekommen, sie würden sichtlich viel mehr von sich preisgeben, als Sie selbst zu geben bereit sind. Wer dieses Gefühl hat, kann verstimmt sein oder zumindest ganz plötzlich wortkarg werden – und Sie haben in diesem Moment vielleicht gar keine Idee, wieso der Gesprächsfluss auf einmal gestört ist.

Überlegen Sie sich also bitte im Vorfeld, was Sie von sich im Zuge des Small Talks erzählen wollen: a) Berufsrelevante Informationen über Ihre Forschung und dazu auch b) Persönliches. Dabei ist es meiner Meinung nach nicht nötig, private Details breitzutreten – Sie legen individuell die Grenze fest!

Ihr Ziel bei dieser Form des Networkings ist es, einen qualifizierten Kontakt aufzubauen, um als nächstes Ihr Projekt in einem separaten Termin vorstellen zu können. Das ist das Beste, was Sie herausholen können. Direkt auf einer Veranstaltung wird Ihnen niemand aus dem Stegreif konkrete Unterstützung oder gar einen sinnvollen finanziellen Betrag für Ihre Forschung zusagen. Dazu fehlen dort die nötige Vertraulichkeit, die nötige Ruhe und selbstverständlich die Detailunterlagen.

Manchmal bleibt man auch bei Leuten stehen, die rein beruflich nicht „ergiebig" zu sein scheinen. Bleiben Sie trotzdem eine kleine Weile dabei und üben Sie Small Talk. Wenn Sie auf einer einschlägigen Veranstaltung Ihres Fachbereichs sind, kann ein solcher Kontakt sowieso für Sie nicht umsonst sein, ganz abgesehen davon, dass ein zu abruptes Abschiednehmen, kaum haben Sie ein solches Small Talk-Gespräch begonnen, schlichtweg unhöflich ist. Auch mit jemandem, der sicher nicht Kooperationspartner sein kann, sollten Sie Kontaktdaten austauschen. Sie wissen nie, ob Sie einander nicht noch einmal über den Weg laufen. Mit einem „Verzeihen Sie bitte, ich muss noch mit jemandem anderen ein Gespräch führen." können Sie sich dann nach ca. 20 Minuten immer elegant aus der Affäre ziehen und weiterziehen.

> Den Fehler, den viele machen: Die bleiben dann am Tisch kleben und bleiben aus Anstand und Höflichkeit. Die Kunst des guten Small Talks ist hinzugehen, loszulegen und elegant wieder zu verschwinden.
> Ich glaube, wenn man einen Draht hat, und es ist produktiv, darf man schon die Zeit vergessen. (Robert Wegener, FHNW Olten)

▶ Natürlich verweilen Sie länger dort, wo sich Ihre „Zielperson" befindet.

Werden Sie sichtbar

> Wenn ich auf einer Veranstaltung bin, dann frage ich mich immer: Wie mache ich einen guten Eindruck und wie schaffe ich es, dass Du gut im Gedächtnis bleibst. Bei der letzten Veranstaltung habe ich zum Beispiel ein Workshopergebnis vor dem Plenum präsentiert. (Thora Schubert, RWTH Aachen)

Melden Sie sich bei einer Veranstaltung immer dann, wenn es irgendetwas zum Mitmachen gibt. Erklären Sie sich bereit, eine Arbeitsgruppe zu leiten oder deren Ergebnisse zu präsentieren, als Testperson auf die Bühne zu kommen oder einfach nur aus dem Plenum heraus einen Beitrag zur Diskussion zu leisten. Denn egal, ob Ihr Event analog oder digital stattfindet: Wenn Sie durch Aktivität aus der Menge herausragen, bleiben Sie besser in Erinnerung und sind nicht nur auf Ihre aktuelle Gemütsverfassung bzw. Ihre Small Talk-Fähigkeiten angewiesen. Das kann für Sie ab sofort heißen: Immer dann, wenn Teilnehmer*innen oder Gäste eingeladen werden, die Hand zu heben, sind Sie dran.

Am einfachsten ist das Handheben wohl im Anschluss an einen Vortrag. Auch bei einem nicht-wissenschaftlichen Event ist es mittlerweile üblich, sich als Fragesteller kurz vorzustellen – so wissen alle im analogen oder virtuellen Raum Befindlichen sofort, wer Sie sind. Und dann stellen Sie eine Frage, idealerweise eingeleitet durch einen kurzen Hinweis auf Ihre wissenschaftlichen Tätigkeiten. Zum einen können Sie dadurch jede Diskussion beleben, und zum anderen erleichtern Sie sich so selbst den Zugang zu anderen. Fragesteller*innen werden erfahrungsgemäß besonders häufig im Anschluss von anderen kontaktiert – manche bedanken sich für den Beitrag, manche bestätigen die Richtigkeit Ihres Punkts, manche interessieren sich für Sie und Ihre Forschung und wollen mehr wissen.

Diese Vorgangsweise sollte Ihnen aus dem universitären Betrieb bekannt sein und daher nicht so schwerfallen. Der einzige Unterschied außerhalb der typisch universitären Settings: Ihre Fragen dürfen nicht zu eng gezogen oder zu fachlich formuliert sein – jede/r im Raum muss Ihre Frage verstehen. Sonst war die ganze Aktion umsonst.

Das heißt für mich aber auch: Wenn Sie nicht gut „drauf" sind, lassen Sie Kolleg*innen Ihres Instituts oder Mitarbeiter*innen Ihres Projekts sicht- und hörbar werden. Niemand ist ständig in der Stimmung, offensiv auf sich aufmerksam zu machen. Finden Sie bitte Ihre persönliche professionelle Balance.

Machen Sie Beziehungsmanagement
Haben Sie jemanden Neuen, mit der oder dem Sie sich besonders interessant unterhalten haben, in Ihre Kontaktdateien abgespeichert, bleiben Sie bitte dran.

Das kann im Minimum bedeuten, dass Sie die Person zu allgemeinen Anlässen (z. B. Weihnachten oder Neujahr) oder zu spezifischen Momenten (z. B. Geburtstag der/s Betreffenden) aktiv kontaktieren. Ist das nicht nur unnötig mehr Arbeit, die sowieso nichts bringt? Es hängt davon ab, wie Sie es betreiben. Wenn Ihre Wünsche oder Grußbotschaften austauschbar sind, also mit Ihnen selbst nichts zu tun haben – jeder andere hätte mit genau demselben Wortlaut ebenso korrespondieren oder anrufen können –, dann lassen Sie die ganze Sache tatsächlich lieber bleiben. Nur wenn Sie hier nachvollziehbar und unmissverständlich persönliche Worte finden, erwirken Sie positive Resonanz bei Ihrem Gegenüber. Erinnern Sie sich an Ihr letztes Gespräch, haken Sie ein, worüber Sie zuletzt gesprochen haben, fragen Sie nach, was Ihren Kontakt jetzt möglicherweise beschäftigt oder beschäftigen könnte. Besonders aufmerksam ist es natürlich auch, wenn Sie Ihrem Kontakt etwas zukommen lassen, dass er/sie wirklich brauchen könnte: das kann ein interessantes Video zu Ihrem Forschungsschwerpunkt sein, das Sie gefunden haben oder auch ein Tipp für ein neues Lokal, wenn Sie über asiatische Küche geplaudert haben. Ein neuer Artikel von Ihnen, vielleicht sogar zum Thema, das Sie gemeinsam unlängst besprochen haben, oder eine Einladung zu einem Auftritt von Ihnen wären absolut großartig im Sinne eines systematischen Beziehungsmanagements.

Ein anderer, direkter Weg nach dem ersten Kennenlernen ist natürlich, sehr offen ein weiterführendes Treffen zwecks Abklärung eventueller gemeinsamer Projekte zu vereinbaren. Manchmal finden diese beruflichen Verabredungen wieder in informellen Settings wie Frühstücken, einem gemeinsamen Kaffee oder Mittagessen statt, manchmal sieht man einander gleich in einem der beiden Büros oder in Coronazeiten via Online-Telko.

3.1.2 Struktur

Sie müssen wissen, was Sie unbedingt über sich und Ihre wissenschaftliche Arbeit sagen wollen und was auf keinen Fall. In der Gegenwart, für die Vergangenheit und die Zukunft betreffend. Das erfordert Auseinandersetzung mit sich selbst und einen hohen Anspruch für Ihre Kommunikation.

Egal, ob Sie analog oder digital in Kontakt treten: Ich empfehle Ihnen folgende Botschaften für Ihre persönliche Kommunikation zu definieren bzw. zu entwickeln. Ihre Ausdrucksweise passen Sie natürlich den Möglichkeiten und Erwartungen Ihres Gegenübers an – der Tenor bleibt aber jedenfalls derselbe.

Botschaft 1 Meine Forschung ist relevant
Bitte definieren Sie, worin diese Relevanz genau liegt, worin sie im Akademischen wie im Alltag besteht und warum Ihre Arbeit idealerweise gerade jetzt besonders wichtig ist.

Entsprechend Ihren zwei großen Zielgruppen – Wissenschaftler*innen, mit denen Sie zusammenarbeiten wollen, und potenzielle Kooperationspartner – brauchen Sie womöglich zwei Nutzen, zwei Relevanzen und zwei Gründe für die aktuelle Brisanz Ihres Engagements.

„Wir arbeiten gerade an Verfahren, Herzinfarkte noch früher als bisher zu erkennen." oder „Ich erstelle gerade eine Liste, was Sie und ich machen können, um im eigenen Haushalt etwas für den Klimawandel zu tun." oder „Wir sind die Eltern der nächsten Robotergeneration." Jedenfalls kann ich Ihnen garantieren: Auf die Frage „Und was tun Sie eigentlich beruflich?" oder Ähnliches, evoziert diese Art der Antwort viel mehr Nachfragen als das Übliche: „Ich bin Kardiologin.", „Ich bin Geologe." oder „Ich bin Professor für Robotics."

Botschaft 2 Diese Werte sind mir wichtig: x,y und z
Bitte überlegen Sie hier, welche drei einander möglichst wenig überlappenden Werte oder Prinzipien Ihre Arbeit bestimmen. Drei deshalb, weil mehr nicht glaubwürdig lebbar sind. Vielleicht erleichtert dieses Schema Ihre Betrachtungen: Ein Wert definiert die Qualität Ihrer Arbeit, ein Wert definiert die Qualität zwischen Ihnen und anderen und ein Wert definiert eine sehr persönliche Qualität Ihrer selbst als Mensch.

Mit ziemlicher Sicherheit haben diese drei Werte Bestand unabhängig von der jeweiligen Zielgruppe, mit der Sie zu tun haben. Was Sie so treffsicher charakterisiert, ist bei Wissenschaftler*innen wie Kooperationspartnern gleich valid.

> **Ein Beispiel**
>
> Sagen wir, Ihre Projekte tragen allesamt Ihre Handschrift insofern, als sie methodisch immer besonders innovativ sind. Ihr Umgang mit anderen (egal, ob das Kolleg*innen, Vorgesetzte, Mitarbeiter*innen oder Personen außerhalb der Universität sind) ist gekennzeichnet durch Wertschätzung und Sie selbst sehen in Ihrer latenten Zuversicht, auch schwierige Situationen bewältigen zu können, Ihr markantestes Persönlichkeitsmerkmal. Keiner der drei Begriffe überschneiden einander: Ein/e Wissenschaftler*in, die innovativ ist, muss nicht wertschätzend und auch nicht zuversichtlich zu sein. Jemand, der wertschätzend ist, könnte durchaus eher zweifelnd und gar nicht zuversichtlich sein. Und ein/e Forscher*n, die durch ihre Zuversicht in allen Lebenslagen bekannt ist, muss wiederum weder innovativ noch wertschätzend sein ◄

▶ Botschaft 2 lautete in diesem Fall also: Innovation, Wertschätzung und Zuversicht sind mir wichtig.

Botschaft 3 Als nächstes habe ich x vor
Sie sollten immer eine Idee haben, was als nächstes kommt oder kommen soll. Vermutlich ist es schlau, gegenüber anderen Wissenschaftler*innen Ihre nächsten Schritte als Vorschlag, gegenüber Kooperationspartnern eher als Wunsch zu adressieren. Sie entscheiden das je nach Situation im Zuge des Networkings.

Mit diesen Botschaften haben Sie selbst Ihre kommunikativen Leitlinien definiert. Sie haben einen doppelten Effekt: Zum Einen wissen Sie, wie Sie in Erinnerung bleiben wollen und adressieren damit zielgerichtet Personen, die Ihnen und Ihrer Forschung förderlich sein können. Zum zweiten haben Sie im Umkehrschluss Klarheit darüber, was augenscheinlich nicht zu Ihnen und Ihrer Forschung passt.

Ich nenne dieses Konzept bestehend aus Ihrem Status, Ihren Werten und Ihren Plänen gern „Personal Identity" (PI) in Anlehnung an „Corporate Identity", die Spezifika eines Unternehmens beschreibt. So gesehen ist Ihre PI eine Art erweiterte Visitkarte, mit der Sie Einblick geben in Ihre berufliche Situation.

Im nächsten Schritt empfehle ich Ihnen, eine Liste jener Personen anzulegen, die Sie kennenlernen wollen oder sollen und sich darüber bewusst zu werden, wo Sie diese Leute am besten antreffen könnten. Recherchieren Sie bitte außerdem alles, was Sie finden können, um sich über Ihre „Zielpersonen" ein besseres und persönlicheres Bild zu machen.

3.1.3 Praktische Durchführung

Analoge Treffen oder Veranstaltungen
Häufig müssen Sie sich den richtigen Platz in der Nähe der für Sie interessanten Personen erst erobern. Das sind jene Momente, wo Sie Ihre Zielperson(en) in einer Runde anderer nicht bekannter Leute identifizieren und überlegen, wie Sie sich nun am besten dazu-

gesellen können. Die meisten Klient*innen, die mich aufsuchen, um derartige Small talk-Situationen hinkünftig besser meistern zu können, haben damit ein ganz besonderes Problem. Dabei ist es einfacher als erwartet: Steuern Sie auf die Person oder diese Gruppe zu und fragen einfach: „Verzeihung, darf ich mich zu Ihnen stellen?" In neunkommaneun von zehn Fällen wird man Ihnen den Zutritt nicht verwehren und schon sind Sie dabei. Manchmal ergibt es sich dann sofort, dass man sich gegenseitig vorstellt. Schneller als gedacht können Sie Ihr Interesse an der/n anderen Person/en zeigen und – wenn jemand explizit etwas über Sie wissen will – doch auch über Ihre Forschung und deren Relevanz zu plaudern.

Manchmal stößt man in eine Gruppe, die gerade in ein Gespräch vertieft ist. Dann tun Sie besser daran, einfach zu warten, um den Kontext zu verstehen. Und wieder ist „Interesse zeigen" eine gute Empfehlung: Sich als Neuer in der Gruppe mit der einen oder anderen Frage einzustellen und nicht gleich mit einer Meinung vorzupreschen, sorgt für einen weichen, relativ sicheren Einstieg.

> Was habe ich gemacht? Ich habe eine Studie von ihm zitiert und gesagt, ich finde das genial. Das ist wieder das Gleiche: zu sagen, wie wichtig er ist, denn er hat eine Kompetenz, die habe ich ja gar nicht und dann erst einen Vorschlag machen. Also nicht den anderen volldröhnen mit eigenen Überlegungen, sondern sich denken: was hat der davon? (Robert Wegener, FHNW Olten)

Oft werde ich gefragt, wie man denn aber schlussendlich ein solches Small Talk-Gespräch begänne, wenn man nur zu zweit wäre. Man will schließlich als Mann weder aufdringlich sein noch als Frau zu begehrlich wirken – niemand will schüchtern oder unnahbar erscheinen.

Die einfachste Methode ist es, am Anfang über etwas zu reden, was Sie miteinander verbindet oder was Sie gemeinsam wahrnehmen. Da haben alle dieselben Chancen und vermutlich ein ähnliches Interesse. Ich empfehle das sowohl für die zufällige wie intendierte Begegnung im Rahmen einer Veranstaltung als auch für das Treffen im Kaffeehaus, das als „Follow up" eines analogen oder digitalen Networking-Kontakts vereinbart wurde. Im Falle einer Tagung oder Konferenz fallen unter gemeinsam Erlebtes das Buffet, das Programm, der Veranstalter, andere Gäste oder die Location selbst. Im Falle des Kaffeehauses können Sie ganz locker über Ihren Anfahrtsweg, die Speisekarte oder ebenso über die Location per se sprechen. Auch Auffälligkeiten wie ein Gipsarm bei Ihrer/m Gesprächspartner*n oder eine dick eingewickelter Hals sind gefahrenfreie, sich nahezu aufdrängende Small Talk-Themen zu Beginn. Und selbstverständlich immer der aktuelle „talk of the town". Deshalb ist auch das Wetter nicht von vornherein, wie es viele Leute oft verächtlich abtun, ein schlechtes Small Talk-Thema: ist das Wetter auffällig – extreme Kälte oder Hitze, Dauerregen oder Orkane wie seit 100 Jahren nicht mehr – dann ist wäre es fast seltsam, wenn Sie nicht zu Beginn Ihres Networking-Termins hier andocken. In Zeiten wie diesen liegt Corona und wie man damit beruflich wie privat gerade umgeht, für den Small Talk sicher vergleichbar auf der Hand.

3.1 Small Talk & Networking

Von diesen Anfängen des Small Talks hanteln Sie sich dann weiter und versuchen, Ihre Botschaften entsprechend unterzubringen.

Zwei Gedanken noch dazu:

- Wenn Sie zu Ihrem Wissenschaftsprojekt etwas zum Herzeigen dabeihaben, steht es jedenfalls schon von vornherein 1:0 für Sie. Oft sind kurze Videos, Demos, Computeranimationen, Grafiken oder Fotos, die Sie für ein paar Sekunden über Ihr Smartphone vorführen können, eine ganz hervorragende Methode, gerade im Lärmpegel eines Lokals oder einer Veranstaltung Aufsehen zu erregen. Stehen Sie mit ein paar Leuten in einer kleinen Gruppe zusammen, kann das Handy dann manchmal sogar von Hand zu Hand gehen, und alle nehmen einen prägenden, weil bildhaften Eindruck von Ihnen mit. Virtuell verschicken Sie einfach den einen oder anderen vorbereiteten Link.
- Bitte verwenden Sie, wenn Sie über den Status Ihres Projekts bzw. Ihre Pläne sprechen, das „Wir" und „Ich" ausgewogen. Sprechen Sie ausschließlich im „Ich", wirken Sie viel deutlicher auf sich allein gestellt, als es Ihnen lieb sein kann. Außerdem wirkt der absolute Ich-Bezug auch selten sympathisch, weiß doch jede/r, dass ein Forschungsprojekt unmöglich von A bis Z ausschließlich in Ihrer alleinigen Verantwortung sein kann. Manche gehen aber auch den umgekehrten Weg und sprechen hauptsächlich im „Wir" – womit dem Projekt aber genauso wenig geholfen ist. Potenzielle Kooperationspartner – und ihretwegen befinden Sie sich ja oft überhaupt auf einer solchen Veranstaltung und in einem solchen Gespräch bzw. im Online-Talk – wollen immer eine Hauptansprechperson im Projektmanagement und kein Kollektiv. Die Anmutung ist: Wer nicht hin und wieder „Ich" sagt, will sich scheinbar hinter irgendetwas verstecken – ist also entweder nicht selbstbewusst oder will nicht Verantwortung übernehmen.

▶ Im guten Small Talk hat Ihr Gegenüber mindestens 50 % Redezeit. Es ist ein gravierender Irrtum zu glauben, Sie positionieren sich und Ihr Projekt dann optimal, wenn Sie wesentlich mehr sprechen als Ihr Gesprächspartner.

Bei analogen Veranstaltungen können Sie aber auch unter Zugzwang kommen, Ihre „Zielperson" sehr kurz und sehr direkt ansprechen zu müssen. Dann nämlich, wenn Sie registrieren, sie/er ist dabei, den Event zu verlassen, und Sie gleich dabei sind, eine Gelegenheit zu versäumen, wenn nicht sofort etwas passiert.

In einem solchen Fall habe ich beste Erfahrungen, wenn Sie folgendes tun:

Sie treten von der Seite kommend Ihrer „Zielperson" in den Weg und sagen in Ihren Worten etwas Ähnliches wie: „Entschuldigen Sie bitte, hätten Sie nur eine Minute für mich? XYZ mein Name, ich mache ABC (und hier fügen Sie Ihre Nutzen-Botschaft ein.)" Mit an Sicherheit grenzender Wahrscheinlichkeit wird Ihr Gegenüber Ihnen diese eine Minute gewähren. Diese müssen Sie allerdings auf jeden Fall nutzen. Wenn Sie jetzt beginnen, drei, vier oder fünf Minuten auf Ihre Zielperson einzureden, haben Sie schon verloren. Sie präsentieren in knappen 30–45 Sekunden Ihr Projekt und was Sie als nächstes brauchen. Und dann fragen Sie unmittelbar danach, ob Sie sich bei jemandem aus dem Team Ihrer Zielperson oder bei ihr selbst in den nächsten Tagen melden dürfen.

Aufgrund des vorgegebenen Zeitdrucks ist hier Ihre Taktik also, mit der Tür ins Haus zu fallen. Nach einem sprachlich möglichst attraktiven Teaser, wozu Ihr Forschungsprojekt gut sei und was es noch bräuchte, sind allein ein Name bzw. eine Telefonnummer oder E-Mail-Adresse Ihr Ziel.

* Digital über Online-Plattformen

> Man soll LinkedIn nutzen und eine Kommunikation mit der LinkedIn-Welt, die der Wissenschaft nicht ganz abgewandt ist, sondern sie schon aufgreift, betreiben. Aber man muss es ein bisschen inszenieren. Man muss in diesen Teasern auch schreiben, warum meine Forschung relevant ist und wieso das auch interessant ist für Leute, die nicht Wissenschaftler*innen sind. (Robert Wegener, FHNW Olten)

In der digitalen Welt gibt es mehrere Möglichkeiten, auf sich aufmerksam zu machen: a) Sie posten regelmäßig interessant aufbereitete Beiträge, b) Sie verknüpfen sich als Freund, als Follower oder als Kontakt oder c) Sie nehmen an einer digitalen Veranstaltung teil, die es seit Corona in den unterschiedlichsten Formaten gibt.

Nun ist jede/r gewohnt, über die Plattformen oder über die herkömmlichen Direktkanäle wie SMS, WhatsApp, email oder Ähnliches schriftlich zu kommunizieren. Ich möchte an dieser Stelle ein Plädoyer für das persönliche Gespräch halten. Miteinander zu reden ist als multisensorische Intervention noch immer das eindrucksvollste, um miteinander in tatsächliche Beziehung zu treten – siehe oben. Wenn Sie also meinen, mit Ihrer Forschung auf Interesse zu stoßen, schlagen Sie auch über Social Media eine persönliche Begegnung vor.

Oder zumindest eine Telko. Der Ablauf einer solchen ist in etwa vergleichbar mit einem Small Talk auf einer analogen Veranstaltung und dauert auch mit einer Viertel- oder halben Stunde im Schnitt etwa gleich lang.

> Früher habe ich immer gesagt, dass das persönliche Gespräch wichtiger ist als das Telefonat, und dieses ist wiederum wichtiger als eine E-Mail. Mittlerweile schiebe ich Telefon- oder Videokonferenz ein. Digitale Konferenzen haben unbestreitbare Vorteile, können aber auch extrem anstrengend sein. Wann immer man die Möglichkeit hat, sich jemandem persönlich vorzustellen, soll man das tun. Das persönliche Erscheinen ist das bei weitem effizienteste. (Manfred Curbach. TU Dresden)

Mit einem Wort: Small Talk & Networking funktionieren, wenn Sie das wollen, in alle Richtungen. Sie können einander analog kennenlernen und den Kontakt analog fortführen, Sie können einander auf einer Veranstaltung kennenlernen, und weil eine/r von Ihnen beiden woanders tätig ist, Ihre Gespräche digital vertiefen. Sie können einen potenziellen Kooperationspartner digital kennenlernen und an einem persönlichen Termin als Follow up teilnehmen und Sie können einen neuen digitalen Kontakt mit einer Telco weiterentwickeln.

So erweitern Sie Ihre Kreise qualifiziert und kontinuierlich und bleiben gleichzeitig in Übung, immer wieder neue Networking-Kontakte aufzubauen und zu pflegen.

Checklist Networking/Small Talk

Einen starken Anfang hinlegen	Gemeinsame Wahrnehmungen, Auffälligkeiten ansprechen.
Nach Zielgruppe kontextualisieren	Die Relevanz meiner Forschung für die Zielperson(en) im Vorfeld überlegen.
Nächste Schritte	Einen vertiefenden Termin anpeilen.
Fokussieren	Meine Forschung ist relevant. Diese Werte sind mir wichtig: x, y und z Als nächstes habe ich x vor.
Einfach formulieren	Ja – Bei einer analogen Veranstaltung Lärmpegel beachten!
In und mit Bildern sprechen	Metaphern und Beispiele in Erzählform, eventuell übers Smart-Phone: ein Kurz-Video, eine Kurz-Demo etc.
Kleine Portionen	Zwischen einer und 30 Minuten.
Interaktion	Sehr hoch, weil Dialog! Mindestens 50% Gesprächszeit bei Ihrem Gegenüber.
Technologie	Über Social Media mit Telko-Anbietern.
Die Besonderheiten beachten	Zeigen Sie Interesse. Zeigen Sie (Ihre) Persönlichkeit. Werden Sie sichtbar. Machen Sie Beziehungsmanagement.

3.2 Präsentationen vor Fördermittelgebern

Wenn ich mich in der eigenen Kollegenschaft umschaue, gibt es sehr viele, die nie oder nur sehr wenige Drittmittel einwerben. Als ich vor zehn Jahren eine Zeit lang Prorektor gewesen bin, habe ich festgestellt, dass 40 % der Professoren an der TU Dresden überhaupt nie Drittmittel eingeworben haben und dass 60 % noch nie bei der DFG vorstellig geworden sind. Auf der anderen Seite stehen die wenigen Professoren, die 10 % aller Drittelmittel erwerben. Wie kommt es denn, dass manche es so gut machen und manche gar nichts tun. Und es stellte sich heraus, dass die, die sehr erfolgreich waren, ursprünglich aus sehr großen Instituten kamen. Lernen durch Vorleben scheint also auch für das Einwerben von Drittmitteln zu gelten. (Manfred Curbach, TU Dresden)

Das eigene Forschungsprojekt im direkten Wettbewerb mit anderen Antragstellern gut zu präsentieren, ist eine ganz spezielle Herausforderung. Gelder werden von Fördermittelgebern – das können private sein (Firmen, Netzwerke, Stiftungen) oder öffentliche Institutionen auf EU-, Bundes- oder Landesebene – über unterschiedlichste Programme und Formate vergeben. Im Detail darauf einzugehen, sprengt den Rahmen dieses Buchs. Ich konzentriere mich in diesem Abschnitt darauf, Ihnen die wesentlichen kommunikativen Parameter zu zeigen, die im Querschnitt der Möglichkeiten zu einer erfolgreichen Fördermittelpräsentation führen.

Fast immer sind persönliche Präsentationen oder Pitches in der Regel nur dort vorgesehen, wo es um größere Summen und damit auch um ein längerfristiges Engagement geht. Alle anderen Projektanträge werden so oder so rein aufgrund der schriftlichen Einreichung erledigt. Doch dort, wo viel Geld im Spiel ist, wollen sich Fördermittelgeber zusätzlich zum schriftlichen Projektantrag ein differenziertes Bild von den Antragstellern machen. Noch dazu, wo bei besonderen Projektdimensionen häufig Teams einreichen, die sich manchmal erst extra für den Forschungsantrag zusammengefunden haben.

Um bei der Vergabe für alle Antragsteller haarscharf dieselben Voraussetzungen und damit eine absolute Vergleichbarkeit zu schaffen, definieren die Fördermittelgeber die Spielregeln für eine solche kompetitive Präsentationsrunde sehr exakt:

a. wie lange Ihre Präsentation konkret dauern darf,
b. wie viele PowerPoint-Charts Sie verwenden und
c. wie viele Präsentator*innen maximal innerhalb dieses Zeitrahmens auftreten dürfen.

Eine ganz besondere Form der kompetitiven Fördermittelpräsentation ist der internationale Bewerb Falling Walls Lab. Bei diesem Wettbewerb unter jungen Wissenschaftler*innen ist nur ein/e Präsentator*in erlaubt, die/der maximal drei Minuten für ihre/seine Ausführungen brauchen darf. Eine große Uhr läuft mit. Ich hatte bereits einmal die große Freude, eine siegreiche Präsentation als Coach betreuen zu dürfen.

Derzeit stehen sämtliche Fördermittelgeber aber selbst vor speziellen Herausforderungen: Corona-bedingt entscheiden viele seit Frühling 2020 auf Basis von virtuellen Präsentationen. Das ist nicht nur sehr anstrengend – es geht mit ziemlicher Sicherheit auch einiges an Nuancen in der Beobachtung über den Bildschirm verloren.

Einige Verfahren sind deshalb auch so weit nach hinten verschoben worden, bis persönliche Präsentationen wieder möglich sind.

> Die Studenten lernen heute via „learning by doing", wie man Stiftungsmittel einwirbt oder Stipendien erhält. Sie lernen auch, dass es nicht ausreichend ist, nur einen guten Verteiler zu haben und dann einfach eine E-Mail zu schreiben, um gleich hunderte Euro zu bekommen. Allerdings haben wir derzeit alles auf Eis gelegt, wo der persönliche Kontakt zentral ist.
> (Manfred Curbach, TU Dresden)

Wir steigen in jenem Moment ein, wo Ihr schriftlicher Projektantrag bereits einem Review unterzogen wurde und Sie als einer der besten Antragsteller zu dieser Präsentation eingeladen worden sind.

Sie haben also bereits per Telefon, per Telko oder durch einen persönlichen Termin die Hintergründe und Gegebenheiten rund um Ihre Präsentation abgefragt. Sie haben mit dem Fördermittelgeber bereits Kontakt gehabt, um Spezifika, die sich für Sie nicht klar aus den Spielregeln oder aus dem vorgesehenen Ablauf für das Verfahren herauslesen ließen, zu erfahren.

Sie haben bereits erfahren bzw. recherchiert, in welchen Räumlichkeiten Ihr Pitch stattfindet, diese gegebenenfalls vorab besichtigt, um sich über die Lichtverhältnisse, den Platz und die technischen Voraussetzungen vor Ort selbstständig zu informieren. Sie wissen schon, wer aller in der Kommission sitzt, wie beim Zusammentreffen der Kommission mit hoher Wahrscheinlichkeit die Sitzordnung angelegt sein wird und ob Sie sitzen, stehen, separiert vis-a-vis oder gemeinsam an einem großen Tisch platziert werden sollen.

Sie haben bereits recherchiert, wer so wie Sie zu dieser persönlichen zweiten Runde im Verfahren eingeladen worden ist, wer davon Ihr größter Konkurrent zu sein scheint – aus fachlichen, strategischen, menschlichen oder finanziellen Gründen. Sicher kennen Sie einige davon aus der Community, vom Studium, von Konferenzen oder der einen oder anderen Zusammenarbeit. So können Sie mit einer gewissen Wahrscheinlichkeit einschätzen, wie Stil und Qualität der zu erwartenden Präsentation dieser Konkurrenten aussehen wird.

Die Vorträge sind dort relativ kurz, Sie müssen es schaffen, in 10–15 Minuten einen hochkomplexen Vortrag einer Gruppe von 10–20 Leuten zu erläutern. Das ist was anderes als ein Berufungsvortrag, wo Sie in der Regel 30 Minuten, also viel länger, Zeit haben und wo auch nachher viel mehr Zeit für die Diskussion ist. Bei Fördermittelgebern ist das mehr der Fließbandbetrieb. (Metin Tolan, TU Dortmund)

3.2.1 Besonderheiten

Beweisen Sie die Relevanz Ihres Forschungsprojekts
In Zeiten knapper werdender finanzieller Mittel stehen Fördermittelgeber unter einem größeren Druck als früher, die zur Verfügung gestellten Gelder entsprechend der Relevanz der eingereichten Projekte zuzusprechen. Präsentator*innen von Antragstellern tun daher besonders gut darin, diesen Aspekt explizit herauszuarbeiten.

Die Relevanz eines Forschungsprojekts kann in seiner Dringlichkeit liegen – wenn gerade jetzt diese speziellen Forschungsergebnisse akut gebraucht werden. Wer immer einem effektiven Wirkstoff gegen das Coronavirus auf der Spur ist, hat von vornherein einen Startvorteil gegenüber anderen Antragstellern.

Relevant kann ein Forschungsprojekt aber auch sein, wenn seine Erkenntnisse in Normalzeiten besonders vielen Menschen Nutzen bringen. Eine neue Faser, die in ungeahnter Weise die Vorteile von Baumwolle mit Nylon in sich vereinigt, umweltfreundlich hergestellt und entsorgt und auf der ganzen Welt eingesetzt werden kann, käme so gesehen sicher zum Zug.

Eine weitere Form der Relevanz für die Gesellschaft kann in der Kostensenkung liegen, die im Gesundheitswesen oder im Bereich der Infrastruktur durch eine neue Technologie erzielt werden kann. Psychologische Studien, die Kommunen helfen, ihre sozialen Angebote gezielter einzusetzen oder Themen, die auf der politischen Agenda der regierenden Partei stehen, können ebenfalls jene Relevanz haben, die der Fördermittelgeber braucht, um Ihnen entsprechende Mittel zuzuerkennen.

Und dann gibt es natürlich auch noch die fachliche Relevanz, wenn Sie mit Ihrem Projekt Forschungslücken schließen oder in einem Gebiet, das auch in der Scientific Community kontroversiell diskutiert wird, zusätzliche Klarheit schaffen könnten.

Auf jeden Fall: auch innerhalb der Wissenschaft gilt, dass die Forscher*innen in einem Satz zusammenfassen können: was forsche ich, was ist das Interesse, Risiko, die Relevanz für die Gesellschaft - und das in einfacher, klarer Sprache. Wenn man z. B. in den sogenannten High Impact-Journalen, in breitgelesenen Medien wie Science oder Nature einen Forschungsartikel publizieren will, dann muss man in ein bis zwei Sätzen sagen können: Das ist das Neue, das ist das Spannende, wozu ist das gut. Bei EU- und BMBF-Anträgen muss man sogar ein Feld zu Impact und Verwertung ausfüllen, also zur Frage: Was hat die Menschheit davon? (Antje Boetius, AWI Bremerhaven)

▶ Eine Empfehlung für Sie: Überlegen Sie doch einmal, wie ein Mitglied der Kommission die Relevanz Ihres Forschungsprojekts gegenüber den Medien erklären sollte. Wenn Sie hier eine Sprache und ein Argumentarium finden, das gegenüber Zeitungen überzeugend wirkt und flüssig kommunizierbar ist, dann haben Sie es schon fast geschafft.

Ganz häufig ist es so, dass der oder die Geldgeber einen gewissen Erfahrungshorizont und einen gewissen Wissensstand haben, aber natürlich nicht vertiefte Kenntnisse in allen Disziplinen haben. Wenn jetzt jemand mit einer neuen Idee oder einem neuen Ansatz kommt, dann muss er diese Personen dort abholen, wo sie stehen, ihnen die Idee allgemein verständlich erklären und präsentieren. Oft geht die Person, die Fördermittel und Unterstützung für eine neue Forschungsidee akquirieren möchte und die sich wochenlang vertieft mit dieser Thematik auseinandergesetzt hat, davon aus, dass sich alle anderen genauso gut auskennen. Aber das ist nicht so. (Manfred Curbach, TU Dresden)

Zeigen Sie fachliche Expertise

Bei Fördermittelgebern sitzen nur Experten da. Da kann ich eine andere Sprache wählen, vor Fördermittelgebern muss ich einen fachlich sehr hochgestochenen Vortrag halten. Dort kommt es gar nicht so gut, wenn man den Eindruck erweckt, dass man zu locker ist.

Es kommt noch ein zweiter Punkt dazu. Den hören vielleicht nicht alle gerne, aber ich sitze ja selbst mal in Fördermittelkommissionen auf der anderen Seite: Da kann es schon mal vorkommen, dass die Leute in der Kommission, die so einen Riesenstapel Papier vor sich haben, den sie durchlesen mussten, das einfach nicht gelesen haben. Und selbst wenn sie es gelesen haben, da kriegen sie 500 Seiten zu lesen – das habe ich auch schon gehabt – die liest man durch, ist tagelang damit beschäftigt, nur wenn Sie bei Seite 500 sind, erinnern Sie sich nicht unbedingt, was auf Seite 30 gestanden ist. Deswegen muss man da vielmehr Wert drauflegen, das Fachliche, das Inhaltliche sauber zu transportieren. Da wird einem auch jeder fachliche Fehler überhaupt nicht verziehen, während im Berufungsverfahren das Fachliche abgehakt ist, weil es ja die Papierunterlagen gibt, die sehr genau studiert worden sind. (Metin Tolan, TU Dortmund)

Von allen Präsentationstypen dieses Buchs ist die Drittmittelpräsentation meiner Meinung nach die, die dem wissenschaftlichen Fachvortrag am nächsten ist. Das heißt, Sie dürfen

3.2 Präsentationen vor Fördermittelgebern

und sollen dort, wo es nötig ist, um die Besonderheit Ihres Projekts herauszuarbeiten, spezifisch und detailliert sein. Das gilt durchaus auch für Ihre Charts. Verwenden Sie vor Fördermittelgebern nicht durchgehend, aber gezielt das eine oder andere Bild mit dem gewohnten wissenschaftlich hohen Detaillierungsgrad. Diese signifikanten Charts sind sozusagen visuelle Codes für die Wissenschaftlichkeit des Projekts und sollen sich gegenüber einer Kommission ganz bewusst von bunteren, plakativeren oder weniger komplexen Darstellungen, die Sie vor Nicht-Expert*innen verwenden würden, absetzen.

▸ Aber Achtung: Zwischen dieser Präsentation vor den Fördermittelgebern und dem Auftritt vor Fachkolleg*innen sind in punkto inhaltlicher Tiefe noch immer große Unterschiede!

> Was einem hilft, das ändert man, egal zu welchem Zeitpunkt. Es ist gut nicht zu detailreich zu sein. Das ist nicht förderlich bei solchen Präsentationen. Es geht um das große Ganze. Die seltsame Balance, die Gutachter ernst zu nehmen, und nicht zu banal und gleichzeitig nicht zu detailliert zu sein. (Sylvia Knapp, MedUniWien)

Was sich lohnt: Sie produzieren einige Back-up-Charts, die Sie während der auf die Präsentation folgende Fragerunde einsetzen können. Vielleicht brauchen Sie sie, vielleicht auch nicht – jedenfalls sind Sie auch für intensives Nachfragen durch ein Kommissionsmitglied gerüstet. Back-up-Charts sind per definitionem besonders detailreich und kosten daher oft im Rahmen der eigentlichen Präsentation zu viel Zeit.

Seien Sie penibel

> Ich empfehle als Erstes Ehrlichkeit. Bei Bewerbungen muss der Empfänger davon ausgehen dürfen, dass alles, was drinsteht, korrekt ist und der Wahrheit entspricht. Darüber gibt es stillschweigend Übereinstimmung. Wenn das nicht so ist, ist das gleich ein K.o. für den Bewerber oder die Bewerberin. (Manfred Curbach, TU Dresden)

Wo Gelder vergeben werden, müssen Sie zu 100 % exakt und korrekt sein.

Das, was Sie sagen, muss auf jeden Fall mit dem schriftlichen Antrag übereinstimmen. Auch wenn Sie natürlich in der Präsentation zusammenfassen müssen, darf es keine Abweichung oder einen völlig neuen Aspekt geben.

> Was mir aufstößt, sind Typen, die so aufwacheln, die sich so besonders gut darstellen. Ich hasse es. Das machen zu 99,9 % Männer: sich mehr Lorbeeren auf den Kopf zu setzen, als da ist. Z. B. dass man behauptet, regelmäßig in Nature zu publizieren und in Wahrheit war man nur Co-Autor. (Sylvia Knapp, MedUniWien)

Sind Sie bitte ehrlich und beschönigen Sie nichts, was nicht zu beschönigen ist. Wenn Ihnen die Kommission draufkommt, dass Sie Dinge für sich reklamiert haben, die Ihnen nicht zustehen, dann haben Sie sich einen manchmal dauerhaften Imageschaden zugefügt.

In einem persönlichen Bewerbungsverfahren darf man schon manches besonders Schönschreiben. Im Bereich von Drittmittelanträgen hingegen darf es keine Übertreibungen geben. Man erkennt das, wenn es vorkommt. Der Fokus liegt auf Sachlichkeit und durch Fakten belegte, fachliche Expertise. Wenn ein Projekt letztlich nur künstlich aufgeblasen wird, bekommt man keine zweite Chance. (Manfred Curbach, TU Dresden)

Das Positive muss in den Antworten auf die Fragen rüberkommen, aber man darf nicht überheblich sein. Wenn ich permanent rüberbringe, wie toll ich bin, dass ich nur mit den besten Leuten arbeite, dass mir alles gelingt, dass wir alles hinkriegen, statt reflektiert zu sagen: ja, wir müssen auch Probleme umschiffen oder wir sind auf dem besten Weg…. das ist nicht glaubwürdig. Der Wissenschaftler soll ja auch ein kritisch reflektierter Mensch sein. (Dieter Frey, LMU München)

▶ Und halten Sie unter allen Umständen die Zeitvorgabe ein.

Auch Zeit einhalten ist wichtig. Das ist sonst fehlender Respekt gegenüber der Kommission. (Sylvia Knapp, MedUniWien)

Nirgendwo sind meiner Erfahrung nach Kommissionen so penibel, wie bei der punktgenauen Einhaltung des bekannt gegebenen Zeitrahmens. Da werden im Zweifel auch schon mal Beamer abgedreht, egal an welcher Stelle Ihrer Präsentation Sie sich gerade befinden – selbst, wenn nur mehr ein Chart übrig ist. Und umgekehrt: wenn Sie deutlich früher als vorgesehen fertig sind, dann fragen sich die Kommissionsmitglieder, warum Sie nicht gesamte Zeit in Anspruch nehmen, um Ihr Projekt auszuloben.

Wir reden hier von 10 Minuten, 15 oder 20 Minuten. In seltenen Fällen sind es auch 30 Minuten.

Auch das ist z. B. ein Kriterium: kann die Person diese 30 Minuten füllen, nicht 25, nicht 35, sondern 30. (Metin Tolan, TU Dortmund)

Manche Wissenschaftler*innen versuchen angesichts dieses Zeitdrucks, möglichst schnell zu sprechen. Frei nach dem Motto: Auf diese Weise bringt man viel mehr unter und muss sich gleichzeitig nicht überlegen, wo man kürzt. Bitte nehmen Sie sich an diesen Kolleg*innen kein Beispiel! Nicht nur ist es seit Jahrzehnten evident, dass das schnelle Sprechen das Verständnis in keiner Form hebt und weniger präferiert wird als die normale Sprechgeschwindigkeit (Lass et al. 1974) – Sie wirken auch unangenehm gehetzt und getrieben.

Wenn Sie Ihre Präsentationen, die zeitlich punktgenau gehalten werden müssen, nicht vorher trainieren, dann verfehlen Sie Ihr Ziel. Ich empfehle an dieser Stelle immer jedenfalls zwei Probeläufe. Im ersten sind die meisten zu lang, im zweiten Trainingsdurchgang dafür gelingt die Punktlandung schon fast perfekt. Auch wenn das im normalen wissenschaftlichen Betrieb noch nicht Standard ist: Es macht sich gerade angesichts einer solchen Herausforderung bezahlt, Ihren Probelauf zu filmen, und die Aufnahme anschließend in kleinen Portionen gemeinsam zu analysieren.

Das Hilfreichste – weil oft ist man eine Gruppe – ist, es den anderen Kollegen zu präsentieren und sogar Kollegen bittet, kritisches Feedback zu geben. Wenn man das nicht gewöhnt ist, dann kann das am Anfang unangenehm sein, weil man sich geniert. Aber je kritischer dieses Feedback ist, desto besser. Man soll sich sogar die suchen, die man als kritische Kollegen kennt und nicht die nehmen, mit denen man gut ist, und die einem sowieso nur sagen, dass man alles richtig gemacht hat. (Sylvia Knapp, MedUniWien)

Ich rate immer, in den Proben eine halbe Minute bis maximal eine Minute kürzer zu sein als vorgegeben. Die meisten von uns sind nämlich unter Stress oftmals etliche Sekunden länger. Und damit gleicht sich die Gesamtdauer Ihrer Präsentation wieder aus. Bei einer Präsentation als Team ist es besonders wichtig, die Übergänge zwischen den einzelnen Referent*innen in die Gesamtzeit miteinzuberechnen. Drei- oder viermal ein oder zwei Handvoll Sekunden läppern sich sehr schnell zu einer halben Minute und mehr zusammen.

Bilden Sie ein starkes Team
Wenn Sie nicht allein, sondern als Team auftreten (müssen), ist eine präzise Abstimmung der Grundstein zu Ihrem gemeinsamen Erfolg. Schließlich tun sich überall dort, wo Sie mit anderen Kolleg*innen ein Projekt präsentieren, gleich mehrere Fallstricke auf:

a. gibt es manchmal unter den Partnern eines solchen gemeinsamen Antrags fachliche Meinungsunterschiede,
b. sind einander selten alle im gleichen Ausmaß sympathisch, was hinderlich sein kann – von der Vorbereitungsphase bis zur Präsentation und
c. dürfen Sie keinesfalls mit einem konformen hohen Niveau an Kommunikationsfertigkeiten im Team rechnen.

Wenn Sie also nicht explizit darauf achten, werden Sie mit hoher Wahrscheinlichkeit als inhomogener, unabgestimmter und womöglich auch noch gruppendynamisch dysfunktionaler Haufen wahrgenommen. Ich empfehle Ihnen daher dringend, das Prozedere von der Einladung zum Pitch bis zum Präsentationstermin besonders professionell und stringent zu managen. Meiner Erfahrung nach unterschätzen viele Wissenschaftler*innen diese Aufgabe, die gleichzeitig ein Lackmustest für die Kooperationsfähigkeit der einzelnen Projektteam-Player ist, immer wieder.

Die Player einzuschwören, ist nicht einfach. Ein gewisser Appell an die Vernunft aller Beteiligten – auch bei teilweise gegensätzlichen Standpunkten – kann hilfreich sein, denn eine gemeinsame Präsentation vermittelt dem Empfänger die Nachricht: man ist sich einig. Letztlich ist es aber Aufgabe des Sprechers, mit einer gewissen Persönlichkeit und Autorität den Vortrag zu gestalten und zu präsentieren. Das merken die Geldgeber auch „ob mandieGruppemimmGriff hat. (Manfred Curbach, TU Dresden)

Wie viele Personen auch immer insgesamt bei einem Projektantrag involviert sind: Die genaue Ausarbeitung der Präsentation soll nur in der Hand einer kleinen Gruppe von sechs Personen liegen – das sind der/die Präsentator*innen, eine administrative Kraft, die sich um das Protokoll, die Agenda, die Einladungen zu Sitzungen während der Vorbereitungsphase, die Charts und sonstige organisatorische Fragen aller Art kümmert, sowie eventuelle externe Berater*innen, Coaches oder Trainer*innen. Es ist unendlich mühsam und wahrhaft unproduktiv, wenn zu viele Leute ihre Meinung im Entwicklungsprozess einer Präsentation abgeben. Allein die Vorstellung, dass 10–15 Leute über das Layout einzelner Charts diskutieren oder aufwendige E-Mails mit Vorschlägen für die eine oder andere Formulierung innerhalb der Präsentation herumschicken, sollte Ihnen eine Gänsehaut bereiten und Sie davon abhalten! Zu viele Köche verderben den Brei, ist ein banales Sprichwort mit viel Wahrheit bis zum heutigen Tag – bitte argumentieren Sie das auch entsprechend, sollten hier Zweifel unter den Beteiligten auftauchen. Ganz abgesehen davon, dass Sie bei derart vielen Personen in der Vorbereitungsphase die Abstimmungstermine – egal ob analog oder online – rein organisatorisch kaum zustande bringen. Dennoch ist es wichtig, aus Gründen der Motivation, aber auch um nichts zu übersehen, alle Kolleg*innen und Mitarbeiter*innen, auch jene, die „nur" Teil-Inhalte zuliefern, im Prozess dabeizuhaben. Aber eben nicht immer, sondern gezielt: am Anfang und am Ende der Vorbereitungen. Dazwischen werden die Kolleg*innen schriftlich oder durch gezielte Einzelgespräche am Laufenden gehalten und bringt sich eventuell durch das Sammeln von „tricky questions" ein. Das Präsentationsteam arbeitet in dieser Phase besser allein.

Im Kick off-Meeting in der großen Runde findet daher eine Art moderiertes Brainstorming statt – alle Player bringen sich mit Ideen für die Präsentation oder mit Hintergrundinformationen zu den Mitbewerbern einbringen. Legen Sie hier gemeinsam einen Schlachtplan fest, der alle nötigen Termine bis zum eigentlichen Pitch bereits festhält. Die Präsentation selbst sollte bis zur Generalprobe zwei Tage vor dem Pitch fertigsein. Halten Sie sich prophylaktisch außerdem gemeinsam in den 14 Tagen vor dem Pitch einen Sicherheitstag als Reserve frei. Oft wird dieser Tag für vertiefende Trainings oder Adaptionen der Charts verwendet. Und sollten Sie diesen Puffer doch nicht benötigen, haben Sie alle miteinander unverhofft einen freien Tag gewonnen.

Legen Sie außerdem in diesem Kick off fest, wie und wie oft Sie im Rundlauf alle an der Präsentation Arbeitende schriftlich informieren wollen. Ab sofort sollten Sie auch laufend die Medien in Bezug auf Ihre Konkurrenten bzw. das Projektthema beobachten (lassen). Artikel in Fach- wie in Publikumsmedien bzw. online, die Sie in der Vorbereitungsphase identifizieren, stellen sicher, dass Sie nichts übersehen und geben vielleicht den einen oder anderen Hinweis, der Ihnen beim Präsentieren nützlich sein könnte.

Was soll nun das Präsentationsteam berücksichtigen?
Begeisterung vor Hierarchie

Ich empfehle Ihnen dringend, jene/n aus dem Team als Hauptpräsentator*innen auszuwählen, die/der die Kommission am besten begeistern kann/können. Hierarchie oder die

3.2 Präsentationen vor Fördermittelgebern

höchste fachliche Kompetenz sind dabei natürlich nicht bedeutungslos, aber in der kompetitiven Situation ist ein starker emotionaler Auftritt einfach unschlagbar.

> Wenn man jemandem einen Forschungsantrag vorstellt, muss man selbst begeistert von der Idee sein, dann kriegt man auch eine zustimmende Haltung. Die Begeisterung muss man selbst empfinden, das kann man weder vorspielen noch lernen. (Manfred Curbach, TU Dresden)

> Nur die wenigsten sind wirklich begeistert von dem, was sie tun. Natürlich haben auch Nicht-Begeisterte Erfolg, zum Beispiel beim Einwerben von Projektgeldern, einfach weil es nicht so viele Begeisterte gibt. Ohne Begeisterung kann man so manches erreichen, aber mit Begeisterung auf jeden Fall mehr. (Manfred Curbach, TU Dresden)

Ganz besonders wichtig ist ein/e solche/r begeisternde/r Hauptpräsentator*in vor allem dann, wenn Sie nicht die Ersten sind, die präsentieren. Übersehen Sie bitte nicht, dass jedes Kommissionsmitglied spätestens nach der dritten Präsentation zum selben Call nicht mehr mit derselben Konzentration folgen kann – Müdigkeit hat ja nichts mit fachlicher Kompetenz zu tun.

▶ Je später Sie in einem Wettbewerbsverfahren also dran sind, desto einfacher und plakativer sollte Ihre Präsentation sein: Fachvokabular ja, aber nicht mehr so intensiv, Folien ja, aber weniger – sowohl im Umfang als auch in Bezug auf die verwendeten Texte.

> Natürlich: eine Kommission, die dasitzt und den 10. Vortrag hört, will auch ein bisschen unterhalten werden, klar. Da ist vor Fördermittelgebern der Grat noch schmaler, dass man nicht ins Lächerliche abrutscht. Das ist eine ganz andere Hausnummer, weil da sitzt keiner, der nichts versteht. (Metin Tolan, TU Dortmund)

Ein gemischtes Team

> Ja, es gibt sie noch, die Chauvinisten, aber es werden immer weniger. (Manfred Curbach, TU Dresden)

In nahezu jeder Kommission sitzen Vertreter*innen – bitte gehen Sie daher davon aus, dass Sie bei jeder Form der geschlechtlichen Einseitigkeit in Ihrem Präsentationsteam einen erklecklichen Teil der Kommissionsmitglieder schon einmal irritieren. Auch mangelnde Diversität kann bei Projekten mit großem internationalen Bezug einen schalen Beigeschmack evozieren, kaum, dass Sie Ihre Präsentation noch begonnen haben. Und es geht vor allem bei Fördermitteln der öffentlichen Hand nicht nur vordergründig um die Erfüllung von gesetzlichen Vorgaben, von Vorgaben des Calls oder dem Entsprechen der Political Correctness. Jede Kommission weiß, dass Sie sich eines entscheidenden Vorteils entledigen, wenn Sie nicht unterschiedliche Kompetenzen in Ihrem Präsentationsteam bündeln. Man könnte Sie daher im mindesten für Leute halten, die glauben, Monokulturen lieferten bessere Ergebnisse als gemischte.

> Ich glaube, da ist sehr viel Potenzial über Trainings Frauen sowohl soziale Skills zu vermitteln wie auch Selbstvertrauen, aber auch Wissen und Handlungskompetenzen und Werte, die man braucht. (Dieter Frey, LMU München)

Vor diesem Hintergrund sage ich an dieser Stelle zu allen Männern, die entsprechende Projektanträge einreichen: Finden Sie bitte eine Kollegin, die Sie einladen, eine aktive Rolle vor der Kommission einzunehmen. Und an alle Wissenschaftlerinnen appelliere ich: Sie können mindestens genauso gut präsentieren wie Ihre männlichen Kollegen.

Zwei Aspekte erlauben Sie mir aber, Ihnen ganz besonders ans Herz zu legen:

Konzentrieren Sie sich darauf, Ihr Forschungsprojekt kurz gefasst und selbstbewusst anzupreisen. Die meisten Frauen verwenden nämlich im Schnitt tatsächlich weniger auslobende Begriffe wie „ausgezeichnet", „neuartig" oder „einzigartig", wenn sie ihre Studien präsentieren, als Männer (Lerchenmueller et al. 2019). Und verniedlichen Sie sich als Frau nicht selbst unnötigerweise durch abschwächende Füllworte wie „vielleicht", „eigentlich", „durchaus", „eventuell" o. Ä. oder durch Formulierungen wie „Ich glaube" statt „Ich weiß". Verzichten Sie auch bitte auf Rückgriffe auf Ihr „Kleines Mädchen"-Repertoire, indem Sie mit kleiner, hoher Stimme sprechen oder aufgesetzt unmotiviert die Männer in der Kommission ständig anlächeln. Freundlich und gewinnend sein ja, lieblich sein nein.

> Mir scheint, man muss alle Lieblichkeit vermeiden – in Extremform z. B. gefälliges Kichern, Augenklimpern, „süß sein" – das wird eher als Inkompetenz ausgelegt. (Sylvia Knapp, MedUniWien.)

Falls Sie noch nicht so viel Übung haben: trainieren Sie bitte entsprechend. Sie kriegen das jedenfalls hin.

> Ich sage dann oft zu den jungen Kolleginnen: Du kannst es, Du schaffst es, Du bist gescheit, man muss positiv „reinforcen" und sich nicht blenden lassen, durch einen überconfidenten Kollegen.
> Man muss sich das wie eine „shower of confidence" vorstellen, die die Männer jeden Tag in der Früh nehmen, und dann gehen sie ins Leben hinaus und tun so, als ob ihnen alles gehören würde. Allein den Frauen zu sagen, dass sie diese „shower of confidence" nehmen sollen, hilft schon. Dann sagen viele: Ach ja, richtig! (Sylvia Knapp, MedUniWien)

> Nehmen wir z. B. ein SFB-Projekt, wo man zu zehnt einreichen muss, dann müssen auch alle 10 vorsingen, und da gibt es natürliche verschiedene Qualitäten. Es ist nicht so, dass die schwächeren Projekte rausfliegen. Es fliegen immer die Frauen raus, weil sie unsicher sind. Man darf einfach nicht zu viele Angriffsflächen bieten.
> Es gehören auch mehr Frauen in die Kommissionen rein. Es ist bei uns nicht so schwer, weil wir eine Quote haben, aber die Deutschen haben das nicht. Und das ist sehr ungerecht. (Sylvia Knapp, MedUniWien)

Für die Zukunft dürfen wir jedenfalls hoffen, dass sich dieses Ungleichgewicht auflöst: Forscher*innen der Virginia Tech stellten im Rahmen einer Umfrage unter 48 Kindergartenkindern fest, dass bei den 3–6-Jährigen das Stereotyp des männlichen Wissenschaftlers nicht mehr vorzufinden ist (Diaz et al. 2020). Na dann!

Eine lebendige Dramaturgie

Wie viele und in welcher Dramaturgie Sie im Rahmen des Erlaubten präsentieren, ist eine wichtige Entscheidung. Dabei gilt: Je kürzer die vorgegebene Zeit, desto eher empfiehlt sich ein einziger Referent*in, um nicht zu viel Unruhe hervorzurufen, die jeder Referentenwechsel mit sich bringt. Als Daumenregel können Sie annehmen, dass ein/e Sprecher*in in einer solchen Präsentation jedenfalls fünf Minuten zu Wort kommen soll – alles andere wirkt fahriger, als es Ihnen lieb ist.

Ein/e einzige/r Präsentator*in birgt die geringsten Gefahren, das Risiko einer Verzettelung ist gering. Gleichzeitig trägt diese Person dann aber die komplette Last der Verantwortung allein auf ihren Schultern. Bei dieser Variante sehen Sie bitte auch eine Kurzvorstellung der wichtigsten Player innerhalb der Präsentation vor.

> Große Verbundanträge, die über 12 Jahre gehen, werden ausschließlich in einem mündlichen Verfahren vorgestellt. Da muss man vor einer großen Gutachterkommission präsentieren. Der Sprecher muss sich stärker präsentieren als jeder einzelne, aber es kommt auch auf jeden einzelnen an. (Metin Tolan, TU Dortmund)

Bei zwei Personen als Präsentator*innen ist meiner Erfahrung nach eine Inszenierung als Doppelkonferenz erfolgversprechend: Dabei kommen beide während der Präsentation jeweils zwei oder dreimal zur Sprache, die/der eine beginnt und die/der andere endet. Diese Form der gelebten Dualität ist lebendig. Aber Achtung: Übertreiben Sie nicht durch zu viele Wechsel! Wenn zwei Personen sich in einem solchen Setting öfter als zwei- oder dreimal abtauschen, kann das ebenfalls schon wieder zu unruhig wirken.

Bei einer höheren Anzahl an Präsentator*innen müssen Sie zwingend gewährleisten, der Kommission einen roten Faden zu vermitteln. Ein/e Hauptpräsentator*in, die/der den deutlich größten Anteil am Pitch hat oder ein/e Moderator*in sind hier oft die beste Lösung. Bei letzterer/m unterstützt meist ein/e besonders seniore/r Vertreter*in hier am Anfang, am Schluss und möglicherweise auch beim Anmoderieren der einzelnen Präsentator*innen.

Training & Zusammenführung der Präsentator*innen

Ich empfehle immer vorab Einzelcoachings mit jeder/m separat. Auf diese Weise können sehr persönliche, nicht hilfreiche rhetorische oder körpersprachliche oder präsentationstechnische Angewohnheiten vertraulich und zielgerichtet aufgelöst werden. Entscheidend ist hier natürlich, dass Sie und/oder Ihr/e externe/r Berater*in den Überblick über alle Präsentator*innen hat und Sie sich vorher ausgemacht haben, wie lang jeder einzelne Teil dauern soll. Sonst trainieren sich die Leute etwas ein, was dann in direkter Verbindung mit den anderen Präsentator*innen stört. Erst in einem zweiten Schritt kommt es zum gemeinsamen Training des gesamten Pitches. Alle involvierten Präsentator*innen kommen zusammen und üben mit Videoanalyse. Die gesammelten Fragen werden im Anschluss daran gestellt, und so trainieren alle Beteiligten auch noch, welche bestmöglichen Antworten gegeben werden können.

Machen Sie sich an dieser Stelle auch gleich aus, in welcher Form Sie einander „auf der Bühne" Zeichen geben wollen, für den Fall, dass wider Erwarten die Zeit doch aus dem Ruder läuft. Besprechen Sie bitte auch, in welchem Outfit Sie alle zur Präsentation kommen wollen – auch so können Sie mehr oder weniger Homogenität zum Ausdruck bringen. Unterschätzen Sie diesen Aspekt auf keinen Fall! Und vereinbaren Sie auch, wer von Ihnen in der anschließenden Fragerunde welche Frage übernimmt.

> Wir haben nicht geübt beim Vortrag, das ist früher als Schwäche ausgelegt worden, wir haben Angst gehabt vor Fragen. (Sylvia Knapp, MedUniWien)

Ein oder zwei Tage vor dem Pitch wird die große Runde, alle, die seinerzeit schon in den schriftlichen Antrag involviert war, zu einer Generalprobe eingeladen.

3.2.2 Struktur

Was soll sich die Kommission von Ihnen merken, um entscheiden zu können, dass Ihnen und nicht anderen Kolleg*innen die Fördermittel zugesprochen werden sollen (Tab. 3.1)?

Das ist mein Vorschlag für Ihren Präsentationsfokus, wie er im Wesentlichen in neun von zehn einschlägigen Coachings in den letzten zehn Jahren funktioniert hat. Bitte adaptieren Sie die Formulierungen entsprechend Ihrer konkreten Situation.

Nirgendwo ist das Fokussieren auf die drei Kernbotschaften wichtiger als in der Verbund- oder Team-Präsentation vor Fördermittelgebern. Denn je mehr unterschiedliche Präsentator*innen im Rahmen dieses Pitches auftreten werden, desto größer ist die Gefahr, dass Sie sich hier verzetteln. Weil doch jede/r Beteiligte, ihren/seinen Aspekt unterbringen möchte, ihr/sein Institut und dessen Leistungen qualitativ wie quantitativ über die Maßen hervorheben will. Das ist als solches legitim und erwartbar. Umso mehr zeigt meine Erfahrung, wie wesentlich es jetzt sofort aber ist, gegenzusteuern. Sie alle müssen gegenüber der Jury als einheitliches Team erscheinen. Ob Sie allein als Sprecher*in für die ganze Gruppe ins Rennen gehen, oder zu zweit, dritt, viert oder fünft präsentieren werden – Kommissionsmitglieder wollen Gelder aus verständlichen Gründen ungern an eine Gruppe vergeben, die nicht arbeitsfähig zu sein scheint. Und das erkennt das geschulte Auge auch an der mangelnden Stringenz oder Klarheit Ihrer Botschaften bzw. Ihrer Präsentationsstruktur.

Tab. 3.1 Die drei wichtigsten Botschaften (Präsentation allgemein)

Botschaft 1	Unser Forschungsprojekt hat Relevanz	Sie beschreiben in einem Satz, zu welchen wesentlichen Auswirkungen Ihre Forschung führt.
Botschaft 2	Wir wollen x y	Hier stellen Sie in einem Satz dar, was Sie im Zuge Ihres Forschungsprojekts untersuchen/analysieren/tun werden.
Botschaft 3	Unser Projekt ist gut aufgesetzt	Die Kommission erhält von Ihnen abschließend die Sicherheit, dass Sie das Projekt gut managen werden.

3.2.3 Praktische Durchführung

Sie warten allein oder gemeinsam mit Ihren Mit-Präsentator*innen vor der Tür zum Sitzungszimmer der Kommission, bis Sie hereingerufen werden. Bei sich haben Sie einen Ausdruck Ihrer Präsentation und einen USB-Stick für alle Fälle (wenn die Kommission einen zentralen Laptop für alle zur Verfügung gestellt) oder Ihren Laptop selbst, auf dem Ihre Präsentation abgespeichert ist. Anders als bei Aufsichtsratssitzungen, wo die Teilnehmer*innen die Präsentationscharts der Vorstände unbedingt vorab bekommen, ist bei der Fördermittelvergabe die Präsentation selbst der Kommission nicht bekannt.

Stellen Sie nach Eintreten in den Raum, in dem die Kommission tagt, eine positive emotionale Beziehung her, die auch den Höflichkeitsregeln unserer Kultur entspricht: durch Handshake mit jedem einzelnen Kommissionsmitglied (Schroeder und Gino 2019) oder – in Coronazeiten – mit einem kurzen, ein Winken andeutendes Handheben, zu dem Sie grüßen und z. B. sagen, dass Sie sehr viel lieber jetzt jeder/m im Raum die Hand geben würden, aber leider ginge es eben noch immer nicht. Sie gehen zu dem Ihnen zugewiesenen Platz, von wo Sie auch präsentieren werden – in der Regel haben Sie die Kommission frontal gegenübersitzen und die Projektionsfläche hinter sich. Sind Sie in einem Team unterwegs, so empfehle ich im Zweifel, dass alle miteinander während der gesamten Präsentation stehenbleiben, auch wenn natürlich nicht alle von Ihnen gleichzeitig sprechen werden. Eventuell setzen Sie sich alle zur anschließenden Fragerunde nieder – häufig ist es aber auch dann souveräner, im Stehen die Fragen der vor Ihnen sitzenden Kommission zu beantworten.

Sind Sie allein, positionieren Sie sich bitte links oder rechts des Laptops, wie es für Sie persönlich sympathischer ist und wo Sie die Projektion nicht durch den Schatten Ihres Körpers beeinträchtigen. Sind Sie in einem Team vor Ort, dann nehmen Sie bitte die Projektion Ihrer Präsentation im wahrsten Sinn des Wortes in die Mitte: Ein oder zwei von Ihnen stehen rechts, die anderen links, wobei die-/derjenige, die/der gerade spricht immer ein oder zwei Schritte näher beim Laptop steht. Dadurch erkennt die Kommission durch das Hinschauen allein, dass Sie alle zu Ihrem Projekt stehen und weiß dennoch gleichzeitig, wer gerade präsentiert. Sollen Sie – allein oder als Team – Ihre Charts mit einer Fernbedienung oder manuell mit dem Finger weiterklicken? Meiner Meinung nach gibt Ihnen die manuelle Bedienung mehr Sicherheit: a) ist die Taste am Laptop weniger sensibel als die Fernbedienung und Ihr Chart springt Ihnen nicht so oft gleich zwei oder drei Bilder nach vor, und b) entstehen ganz automatisch durch den einen Schritt, den Sie beim Klicken mit Finger zum Laptop hingehen müssen, immer wieder minimale Pausen. Sehr hilfreich im Interesse der besseren Verdaubarkeit Ihrer Informationen!

Die/der Vorsitzende wird Sie nun offiziell begrüßen und ersuchen, mit Ihren Ausführungen zu beginnen. Von dem Moment an läuft auch Ihre Uhr.

Ich empfehle Ihnen invers einzuleiten (siehe Abschn. 2.1.1), weil Sie damit gerade in einem kompetitiven Verfahren von Anfang an eine viel höhere Aufmerksamkeit bekommen werden.

> **Beispiel**
>
> „Sehr geehrte/r Frau/Herr Vorsitzende/r! Sehr geehrte Mitglieder der Kommission! Meine Damen und Herren!
>
> Wir kämpfen heute um 2,1 Mio. Euro. Mit diesem Geld wollen wir einen Quantensprung in der Erforschung der Künstlichen Intelligenz machen. Dabei haben wir ein Forschungsdesign entwickelt, das einzigartig im Feld der KI-Forschung ist. In den nächsten 15 Minuten wollen wir Ihnen vorstellen, welche Relevanz unser Projekt für uns alle in den nächsten fünf bis zehn Jahren hat, mit welcher Methodik wir hier genau arbeiten wollen und wie wir sicherstellen, dass das Projekt effizient aufgesetzt ist.
>
> Wer sind wir? Das ist zu meiner Rechten Fr. Professor x, Institut y, der z-Uni, sie wird bei uns die Forschungsteams leiten, zu meiner Linken, Hr. Professor x, Abteilung y, der Firma z, er ist unsere Schnittstelle zur Praxis und liefert Realdaten, ohne die wir das Projekt nur in einem weit kleineren Umfang durchführen könnten, und das bin ich, Fr. Professor x, Institut y, von der Hochschule für z. Mein Team und ich sind für Design und Methodik verantwortlich.
>
> Vielen Dank an dieser Stelle noch einmal für die Einladung hier präsentieren zu dürfen. Wir sind bereit und freuen uns über Ihr Interesse, Ihre Fragen und Kommentare im Anschluss." ◄

Ob es tatsächlich nötig ist, sich vor einer Kommission mit sämtlichen akademischen Titeln vorzustellen, diskutieren Sie bitte immer vorab. Wenn Sie mich fragen, können Sie sich das in einem Setting, in dem ausschließlich Akademiker*innen bzw. Wissenschaftler*innen eine Rolle spielen, ersparen. Abgesehen davon, dass es sowieso im kollegialen Umgang üblichen ist, einander nur mit „Hr. Kollege Maier" oder „Fr. Kollegin Huber" anzusprechen.

Was ich aber jedenfalls empfehle: beim Vorstellen der einzelnen Präsentator*innen deren jeweiligen Rollen in diesem speziellen Forschungsprojekt sofort zu adressieren. Das erleichtert der Kommission die Art und Logik Ihrer Zusammenarbeit zu verstehen.

Botschaft 1: Unser Forschungsprojekt hat Relevanz

> Es ist wichtig, dass man am Anfang reingeht und es schafft, die Leute auf eine Ebene zu bekommen. Das Essenzielle ist, dass man möglich einfach beginnt, die Transitionszone ist nicht am ersten Slide, aber innerhalb der ersten drei Slides. (Sylvia Knapp, MedUniWien)

Bitte vergessen Sie nicht: Es handelt sich um ein Verfahren im Wettbewerb – daher sollten Sie am Anfang besonders plakativ sein. Sagen Sie der Kommission so prägnant wie möglich, was es bedeutet, ob es Ihr Forschungsprojekt gibt oder nicht. Kontextualisieren Sie nach allen Regeln der Kunst. Ihre Sprache und Ihre Darstellungen sollten hier am Anfang jedenfalls leicht verständlich sein. Schildern Sie das Riesenpotenzial Ihres Projektes und machen Sie auf diese Weise, noch bevor die Kommission die Details zu Ihrem Forschungsprojekt kennt, klar, dass Ihnen Gelder zugesprochen werden sollten.

Streichen Sie das Innovative Ihres Ansatzes hervor und setzen Sie sich so ab von anderen Forscher*innen, die in der Vergangenheit oder in der Gegenwart (vielleicht sogar beim gleichen Verfahren) im selben Feld engagiert waren/sind.

3.2 Präsentationen vor Fördermittelgebern

> Am besten ist es, wenn man einen in seinem Alltag erreicht. Eine Illustration einer Patientin zum Beispiel, das ist dann keine abstrakte Erkrankung: Man sieht das Gesicht einer Patientin – gesund und krank. Das wirkt schon.
>
> Man muss davon ausgehen, dass die Leute abgelenkt sind, dass sie ihre E-Mails gerade geschrieben haben, da ist es gut, wenn man mit einem Boom reingeht. (Sylvia Knapp, MedUniWien)

Bei öffentlichen Fördermittelgebern können auch politische Gründe ausschlaggebend dafür sein, ob Sie Ihre Finanzierung bekommen oder nicht. Das kann der Fall sein, wenn das Thema Ihrer Forschung also entweder gerade gebraucht wird (z. B. einen Impfstoff oder ein Medikament für Covid 19 zu entwickeln) oder gerade zur politischen Agenda der jeweiligen Regierung passt (z. B. Klimaforschung, wenn die Grünen führend sind). Wenn Sie hier einen Zusammenhang herstellen können, dann artikulieren Sie diesen auch entsprechend. Dazu kommt, dass für Politiker*innen immer eine gute Presse wichtig ist. Sollten Sie daher positive Medienresonanz allein aufgrund Ihres Forschungsthemas und unabhängig von den Forschungsergebnissen in Aussicht stellen können, dann tun Sie das doch – gerade im ersten Abschnitt Ihrer Präsentation.

Botschaft 2: Wir wollen x y

Jetzt trumpfen Sie fachlich auf und stellen Ihr Projekt vor. Eine besondere Bedeutung bekommen hier Ihre Illustrationen – ein Schema des Projektablaufs, eine mikroskopische Vergrößerung, die Fragestellungen der Studie, Tabellen, um zu zeigen, wie und wo Sie Ihre Forschungsergebnisse eintragen werden – eine endlose Kette an Möglichkeiten.

> Die Präsentationsunterlagen müssen wirklich gut sein – die optische Aufbereitung ist wichtig. Am besten durch exemplarische Bilder oder Referenzen, sodass die eigene Kompetenz herauskommt. Man sieht die Präsentationsunterlagen nicht vorher. (Sylvia Knapp, MedUniWien)

Sind Sie alleinige/r Antragssteller*in, dann sollten Sie hier auch eine kurze rhetorische Verbindung zu Ihren bisherigen Arbeiten ziehen. Präsentieren Sie als Team, dann wäre ein guter Moment, die während des Vorstellens zu Beginn bereits adressierten Rollen sowie die damit verbundenen Expertisen im Detail darzulegen.

Wenn Sie in Sorge sind, dass Sie zu knapp und zu verkürzt präsentieren, dann machen Sie doch den Hinweis, dass Sie anschließend in der Diskussion noch mit Details aufwarten können.

> Man kann auch darauf hinweisen, dass man die Details noch in der Diskussion abhandeln kann. (Sylvia Knapp, MedUniWien)

Botschaft 3: Unser Projekt ist gut aufgestellt

> Eine Brücke zur Praxis muss schon sehr früh gebaut werden. Es wird mehr gemacht als vor 10–20 Jahren, aber da könnte man noch mehr machen. (Dieter Frey, LMU München)

> Wenn ich ein Projekt bei der DFG beantrage, werde ich von Kollegen begutachtet, die vor allem beurteilen, ob der Forschungsansatz und der Arbeitsplan realistisch sind. (Manfred Curbach, TU Dresden)

Ein guter Antragsteller muss aber auch plausibel machen, dass das Geld operativ in verantwortungsvollen Händen ist. Ein/e gute/r Wissenschaftler*in ist noch lange nicht ein/e gute/r Projektmanager*in. Überzeugen Sie daher im dritten Abschnitt die Kommission a) mit einem Zeitplan, der realistisch ist, b) mit einem Finanzierungsplan, der transparent ist, c) mit einem Kommunikationskonzept, das einerseits darstellt, wie Sie das Projekt nach außen präsentieren werden (Wissenschaftskommunikation) bzw. wenn Sie als Team im Projekt agieren, wie Sie den Informationsfluss untereinander sicherstellen. Vergessen Sie nicht: Wie gut Sie als Team aufgestellt sind, lässt sich ebenso anhand der Qualität Ihres Projektmanagements ablesen.

Zum Schluss adressieren Sie in der gleichen Art wie ganz zu Beginn Ihre Gäste erneut. Auf diese Weise läuten Sie das Ende, die letzte Minute Ihrer Präsentation ein. Weisen Sie noch einmal auf die Relevanz Ihres Projekts hin und vermitteln Sie Begeisterung und Einsatzbereitschaft. Mit einem abschließenden großflächigen Zukunftsbild als letztem Chart soll der Funken der Inspiration auf die Kommission überspringen.

▶ Achten Sie darauf, dass auch Ihre letzten Sätze genauso gut vorbereitet und formuliert sein sollten, wie jene in der Einleitung. Und enden Sie mit kurzen Worten des Dankes.

Beispiel

„Sehr geehrte/r Frau/Herr Vorsitzende/r! Sehr geehrte Mitglieder der Kommission! Meine Damen und Herren! KI gehört zu einem der am meisten beforschten Bereiche unserer Zeit. Woran es trotzdem bisher gemangelt hat, ist eine Möglichkeit, alle KI-Daten weltweit zu analysieren, zu verschränken und dadurch einen Quantensprung in der Beforschung der künstlichen Intelligenz zu machen. Mit den beantragten 2,1 Mio. Euro, unserem einzigartigen Forschungsdesign und einem Exzellenzteam können wir von Hamburg aus das Tor zu neuen Anwendungsmöglichkeiten aufstoßen. Wir sind bereit. Vielen Dank." ◀

Unmittelbar nach Ihrer Präsentation werden Sie in der Regel mit einer Handvoll Fragen konfrontiert. Diese beziehen sich teilweise auf Unklarheiten, die sich aus der Präsentation ergeben haben. Teilweise meinen Kommissionsmitglieder aber auch Ungereimtheiten im Vergleich zum schriftlichen Antrag entdeckt zu haben und hinterfragen das. Und wenn Sie nicht die erste Präsentation im Verfahren waren, stellt man Ihnen vielleicht auch eine Frage, durch die Sie indirekt mit einem Mitbewerber im Verfahren verglichen werden. Je besser Sie allein oder als Team in Ihrer Vorbereitung auch das Beantworten von Fragen trainiert haben, desto sicherer werden Sie wirken.

Wie Sie kommunikationstechnisch am besten Antworten geben, können Sie aus dem Kapitel „Umgang mit Journalist*innen", Abschn. 5.1, entnehmen. Was diesbezüglich für die Presse funktioniert, klappt auch immer für alle anderen Settings. Auf eine Frage sollten Sie sich unbedingt minutiös vorbereiten und die entsprechende Antwort ohne mit der

3.2 Präsentationen vor Fördermittelgebern

Wimper zu zucken und aus dem Brustton der Überzeugung geben: „In einem Satz: Warum sollen wir Ihnen Drittmittel zusprechen?"

Machen Sie jedenfalls, egal wie die Entscheidung der Kommission ausfällt, nach Abschluss des Verfahrens eine Manöverkritik. Waren Sie erfolgreich, dann reflektieren und dokumentieren Sie kurz die Faktoren, die entscheidend gewesen sind. Idealerweise bringen Sie all jene, die Sie unterstützt haben bzw. das Präsentationsteam zeitnah zu einer kleinen Feier zusammen und besprechen das. Waren Sie diesmal nicht erfolgreich, dann empfehle ich Ihnen, proaktiv auf die Fördermittelgeber zuzugehen und sich von dort Feedback zu holen. Viel zu Wenige machen, laut Klaus Pseiner, Geschäftsführer der FFG in Wien, Gebrauch davon. Eigentlich unverständlich, denn ein derartiges Gespräch, ob am Telefon oder persönlich, hat nur Vorteile: a) Sie erfahren, woran Sie tatsächlich gescheitert sind. Nicht immer ist man in der Lage, sich selbst richtig einzuschätzen und braucht daher die regelmäßige Evaluierung von außen. b) Sie bekommen vermutlich wertvolle Empfehlungen, worauf Sie bei einem nächsten Mal achten sollten. Und c) Sie hinterlassen beim Fördermittelgeber einen rundum positiven Eindruck. Denn Menschen, die so offensiv und professionell an Feedback lernen wollen, bleiben in sympathischer Erinnerung.

> Es ist im Grunde genommen sehr sehr ähnlich. Wahrscheinlich ist es gut, jeden Projektvortrag wie einen Berufungsvortrag zu sehen. Da gibt es unfassbar viele Parallelen. Das beste Projekt hilft nicht, wenn man nicht seine Persönlichkeit hineinwirft.
> Ich finde es immer gut, wenn man so authentisch wie möglich ist. Wenn man ein schüchterner Mensch ist, muss man aber da drübersteigen, sonst geht es gar nicht. (Sylvia Knapp, MedUniWien)

Checklist Präsentation vor Fördermittelgebern

Einen starken Anfang hinlegen	Mit der Tür ins Haus fallen. Das Potenzial der eigenen Forschung betonen.
Nach Zielgruppe kontextualisieren	Die Relevanz meiner Forschung für die Gesellschaft definieren.
Nächste Schritte	Projekt-, Finanzierungs- und Kommunikationsplan.
Fokussieren	Unser Forschungsprojekt hat Relevanz. Wir wollen x y. Unser Projekt ist gut aufgestellt.
Einfach formulieren	Mehr Fachliches erlaubt und erwünscht, aber trotzdem vor allem am Anfang und am Schluss wieder einfach formulieren.
In und mit Bildern sprechen	Unbedingt. Relevanz, Methodik, Betroffene bildlich auf den Charts darstellen.
Kleine Portionen	Zwischen 10 und 30 Minuten.
Interaktion	In der Präsentation nur rhetorisch, danach sehr wichtig in der Fragerunde.
Technologie	10–15 PowerPoint-Charts.
Die Besonderheiten beachten	Beweisen Sie die Relevanz Ihres Forschungsprojekts. Zeigen Sie fachliche Expertise. Seien Sie penibel. Bilden Sie ein starkes Team.

3.3 Präsentationen vor potenziellen Kooperationspartnern

> Das A und O ist, dass man wirklich ausgezeichnet vorbereitet sein muss. Die Präsentation muss gut geübt sein. Man kann schon vor Ort noch etwas dazugeben, aber im Wesentlichen muss alles fertig sein. Man darf nicht unterschätzen, wie viel man da üben muss. (Sylvia Knapp, MedUniWien)

Kooperationen im wissenschaftlichen Kontext können per definitionem aus zwei Richtungen entstehen: auf Initiative des Kooperationspartners, der auf Forscher*innen zugeht, weil man sich von dort eine Unterstützung bei der Weiterentwicklung von Produkten und/oder Dienstleistungen verspricht. Oder auf Initiative der Wissenschaftler*innen, die umgekehrt gezielt einen Partner zur Finanzierung oder Durchführung eines konkreten Anliegens suchen und ansprechen.

In jedem Fall sind die Gruppen, zu denen Sie als Forscher*in hier sprechen, klein und bestehen aus fünf bis zehn Personen. Termin, Ort und Dauer eines solchen Termins werden immer individuell organisiert. Im Gegensatz zu den Pitches vor Fördermittelgebern sind diese Termine nicht kompetitiv – das heißt, Sie haben keinen direkten Mitbewerber um die Gunst und das Geld des potenziellen Kooperationspartners. Dafür erwartet man sich mit Recht eine punktgenau zugeschnittene Kommunikation.

Ist die Initiative von Ihnen als Wissenschaftler*in ausgegangen, treffen Sie einander vielleicht beim allerersten Mal in den Räumlichkeiten des potenziellen Kooperationspartners – frei nach dem Motto: SIE wollen etwas von dieser Organisation oder diesem Unternehmen, und deshalb ist es an Ihnen, sich auf den Weg zu machen. Wurden Sie von außen angesprochen, laden Sie wohl viel häufiger die Wirtschaftsvertreter*innen gleich zu sich ans Institut oder an die Klinik ein.

3.3.1 Besonderheiten

Arbeiten Sie den Nutzen für den Kooperationspartner heraus

> Ich muss diese Denke beherrschen: Was brauchen die, um mir Geld geben zu können? (Robert Wegener, FHNW Olten)

Es ist ganz einfach: Kooperationen kommen dann zustande, wenn beide Teile daraus Vorteile ziehen. Manchmal liegen die Vorteile auf der Hand, meistens allerdings lohnt es sich, genauer hinzuschauen und sie exakt herauszuarbeiten. Will eine Organisation mit Ihnen als Wissenschaftler*in zusammenarbeiten, verspricht sie sich die Lösung technischer Fragestellungen und Probleme, die Analyse hochkomplexer Sachverhalte, den entscheidenden Hinweis auf neue Absatz-, Produktions- oder Vertriebsmöglichkeiten, Erkenntnisse zur Optimierung von Prozessen bzw. Strukturen oder innovative Ideen, mit denen ein Vorsprung auf dem Markt erzielt werden kann.

Wollen Sie als Forscher*in mit einer Organisation kooperieren, dann brauchen Sie finanzielle Mittel für den Ausbau einer vielversprechenden Studienreihe, zur Verfügung gestellte Infrastruktur zur Durchführung oder Erprobung Ihres Forschungsprojekts oder den Zugang zu Daten, um mit ihnen Hypothesen zu überprüfen oder analysieren zu können.

Wie auch immer: Partnerschaft entsteht schneller, wenn man das Gefühl von Gemeinsamkeit spürt. Vermitteln Sie also Ihrem potenziellen Kooperationspartner, dass Sie ihm Nutzen bringen können und wollen und dass das für Sie völlig normal ist, dass es an Ihnen liegt, durch Ihre Forschung Nutzen zu liefern. So wie Sie Exzellenz, Innovation und Erkenntnisse zur Prämisse Ihres Handelns gemacht haben und mit hoher Wahrscheinlichkeit allzeit gesprächsbereit sind, wenn Ihnen jemand diesbezüglich neue Möglichkeiten eröffnet, so sind Manager*innen permanent daran interessiert, größtmöglichen Nutzen für ihre Organisation zu ziehen. Kooperationen, die solches in Aussicht stellen, passen dadurch ins „Beuteschema" erfolgreichen unternehmerischen Vorgehens.

Sie können diesen Eindruck des gemeinsamen Zugangs noch verstärken, indem Sie während Ihrer Präsentation vor dem potenziellen Kooperationspartner bewusst einige Schlüsselbegriffe der Managementsprache verwenden: „Ziel" ist ein solcher, aber vor allem auch „Strategie" oder „Effizienz". Eine Zusammenfassung wird dann zum „Executive Summary" und wenn Sie erwähnen, dass es mittlerweile auch in der Wissenschaft „Bench Marks" gibt, werden Sie ein wohlwollendes Schmunzeln von Ihrem Gegenüber ernten.

Gehen Sie maßgeschneidert vor
Nachdem jeder Termin eigens für Sie bzw. den jeweiligen Kooperationspartner stattfindet, achten Sie bitte ganz besonders auf ein maßgeschneidertes Vorgehen. Nichts, aber auch gar nichts darf darauf hindeuten, dass es für Sie und Ihre Präsentation egal ist, wer vor Ihnen sitzt. Oder positiv ausgedrückt: Je individueller Sie mit potenziellen Kooperationspartner umgehen, desto besser.

Diese maßgeschneiderte Vorgangsweise beginnt bei Ihrer Vorbereitung. Egal, von wem die Initiative ausgegangen ist: Machen Sie sich im Vorfeld mit den wichtigsten Daten und Fakten zur Organisation und zu ihrem Management vertraut. Als Recherchequellen können Ihnen das Internet, Medienberichterstattung über die betreffende Firma oder Gespräche mit Kontaktpersonen aus dem Unternehmen selbst dienen.

Eine solche eingehende Auseinandersetzung hilft Ihnen, Ihre Präsentation entsprechend aufzusetzen.

Außerdem: Kontaktieren Sie ein bis zwei Wochen davor einen Meinungsführer auf Seiten des Unternehmens und klopfen das eine oder andere Detail Ihres Konzepts ab. In der Kreativbranche nennt man diesen Vorgang „Rebriefing".

> Da muss ich möglichst frühzeitig klären: Habe ich das richtig verstanden, Ihr Problem ist das und das? Die Passung muss stimmen. (Dieter Frey, LMU München)

Vor allem die Kompatibilität Ihrer Inhalte mit der Strategie der Firma bietet sich hier an. Es kann nichts passieren: Hören Sie, dass Sie mit Ihren Argumenten, mit dem Design

Ihrer Forschungsidee oder Ihrer Produktentwicklung noch nicht getroffen haben, dann ändern Sie das Konzept. Hören Sie, dass Sie relevant und plausibel unterwegs sind, eröffnen sich daraus zwei Vorteile: Zum einen präsentieren Sie und Ihr Team selbst zuversichtlicher, selbstbewusster und vermutlich auch überzeugender. Zum anderen wird Ihr Kooperationspartner sich schwertun, wesentliche Teile Ihrer Präsentation als unpassend abzutun, hat er doch selbst durch den Vorkontakt eine Art von Vorabzustimmung gegeben. In jedem Fall weiß das von Ihnen angesprochene Unternehmen, dass Sie hier keine austauschbare Präsentation vorlegen, sondern maßgeschneidert arbeiten.

Und dann gibt es noch zwei scheinbar unwichtige Kleinigkeiten, mit denen Sie während des Präsentationstermins in puncto Maßschneiderung auftrumpfen können: a) Geben Sie auf jedes Präsentationschart nicht nur das Logo Ihrer Universität bzw. Ihres Instituts, sondern platzieren Sie jeweils gegenüber – gleichwertig mit dem Ihren – das Logo des potenziellen Kooperationspartners. Das signalisiert schon einmal optisch die angestrebte Gemeinsamkeit. Und b): Bereiten Sie für derartige Meetings speziell zusammengestellte personalisierte Unterlagen vor. Gemeint ist damit, dass Sie auf die Vorderseite dieser Unterlagen den jeweiligen Namen von jedem Ihrer Gäste drucken lassen. Das kostet nichts und macht großen Eindruck. Persönlicher geht es nicht. Ich praktiziere diese kleine Aufmerksamkeit seit 22 Jahren und viele meiner Klient*innen heben sich vor allem deshalb die Unterlagen aus unserer Zusammenarbeit noch immer auf. Wo mein Name draufsteht, habe ich größere Hemmungen, das Ganze wegzuwerfen.

Teilen Sie diese Mappen aber auf jeden Fall erst nach Ihrer Präsentation aus! Tun Sie das schon vorher, werden die meisten Ihrer Zuhörer*innen schon rein aus Neugier darin zu blättern beginnen. Damit würden Sie selbst dafür sorgen, dass Ihnen nicht alle mit voller Konzentration zuhören. Und das wäre doch einigermaßen absurd, oder?

Integrieren Sie junge Forscher*innen in die Präsentation
Junge Talente zu identifizieren und zu fördern, ist ein wesentlicher unternehmerischer Erfolgsfaktor und solcherart Bestandteil der DNA jeder/s guten Managers/*in. Wenn Sie daher vor potenziellen Kooperationspartnern aus der Wirtschaft präsentieren, achten Sie darauf, Ihre jungen Forscher*innen auf die Bühne zu holen. Auch das ist ein weiteres Signal für eine gemeinsame Denkweise.

Natürlich braucht es eine/n arrivierte/n Wissenschafter*in, um dem Projekt einen erfahrenen Leitschutz zu geben. Potenzielle Investor*innen könnten sonst unabsichtlich verunsichert werden. Aber junge engagierte Wissenschaftler*innen, die noch unverbraucht vom Unibetrieb und sonstigen Herausforderungen des Lebens ansteckend begeistern, sind nun mal fast unschlagbare Asse in Ihrem Ärmel.

Ich sehe grundsätzlich zwei Möglichkeiten, Ihre jungen Wissenschaftler*innen in einen Termin mit potenziellen Kooperationspartnern zu integrieren:

1. Sie lassen Sie aktiv mit Ihnen präsentieren. Während Sie als Leiter*in des Projekts den großen Rahmen geben, können die Jungen vermutlich besonders ambitioniert und mit Passion aktuelle Beispiele erläutern. Auch können jene, die bei Ihrem Forschungs-

projekt von Anfang an dabei waren, im mittleren Abschnitt Ihrer Präsentation über die Hintergründe zum Projekt, über die Methodik oder die Zusammenarbeit im Team berichten. Der Ausblick, die Perspektive, die nächsten Schritte lägen abschließend dann wieder in der Hand der/s erfahrenen Senior-Wissenschaftlers/*in. Denn hier beweisen Sie operative Exzellenz und Expertise im Projektmanagement.
2. Sie laden den Kooperationspartner zu einem Instituts- oder Laborbesuch ein und lassen Ihre Jungen Poster präsentieren. Vermutlich ist Ihnen diese Form des Kontakts zu potenziellen Kooperationspartnern nicht unbekannt: eine Gruppe von Interessierten macht quasi eine kleine Exkursion durch Ihre Räumlichkeiten. Sie selbst sind dann eine Art von Fremdenführer*in, die/der die Route durch das Areal vorgibt und mit den Gästen durchgeht, Ihre Mitarbeiter*innen fungieren gleichsam als lebende Stationen, die zu vorbereiteten Postern Details zu ihrer jeweiligen Forschung präsentieren.

Bitte orientieren Sie sich im Ablauf und der Dramaturgie dieses Besuchs durchaus an einer Führung, wie Sie sie als Tourist*in kennen. Man muss nicht immer das Rad neu erfinden und Leute, die erfolgreich im Fremdenverkehr unterwegs sind, wissen jedenfalls besser als Sie, wie man andere kompakt durch Räumlichkeiten führt.

Jede Führung im touristischen Kontext startet nicht sofort bei einer Station, sondern versammelt alle Teilnehmer*innen zunächst in einem neutralen Raum und gibt dort eine Basiseinführung. Auf Sie heruntergebrochen gibt eine solche Basiseinführung Überblick zum gesamten Forschungsbereich und erklärt die bevorstehende Route der Besichtigung. Sie orientieren sich hier strukturell an einer herkömmlichen Präsentation, wie Sie sie auch ohne anschließende Besichtigung und Posterpräsentation gehalten hätten, sind allerdings wesentlich kürzer. Sie wollen ja nichts vorwegnehmen, was Ihre Gäste gleich danach im Zuge der Poster erfahren werden.

Sind Sie eine/r jener Kolleg*innen, die eine dieser Posterpräsentationen halten, dann sollten Sie von der Länge her fünf Minuten nicht gravierend überschreiten. Die vor Ihnen versammelten Menschen sind länger schwer ruhig und konzentriert zu halten. Es ist daher vorteilhaft, wenn Sie und Ihr Poster sich auf eine große Überschrift mit einer Handvoll Daten sowie ein oder zwei Abbildungen, die den Status und Ihre nächsten Schritte visualisieren, fokussieren. Diese Illustrationen sind quasi der Sukkus Ihrer Ausführungen und sollten daher auch so groß sein, dass Ihre Gäste sie mit freiem Auge gut erkennen können, ohne ihre Nasen auf das Papier pressen zu müssen. Ich empfehle Ihnen, nachdem Sie direkt neben dem Poster stehen, auch unbedingt mit der Hand immer wieder dorthin zu zeigen, worüber Sie gerade sprechen. So weiß man permanent, worüber Sie gerade sprechen, und realisiert im ureigensten Sinn die Verbindung zwischen Ihnen und Ihrer Forschung. Texte, die Sie zusätzlich noch rundherum auf dem Poster haben, helfen jenen, die noch stehenbleiben und sich vertiefen. Doch – ähnlich wie bei PowerPoint-Charts – überfrachten Sie bitte Ihr Poster nicht.

Ihre fünf Minuten sind gleichsam Appetizer für anschließende Fragen, die hoffentlich gleich danach auf Sie einprasseln und auf die Sie sich entsprechend vorbereitet haben. Im

Schnitt meiner Erfahrungen dauern diese interaktiven Momente 10–15 Minuten. Nach längstens 20 Minuten bei Ihrem Poster bewegt sich der Tross dann weiter.

Haben Sie jedenfalls etwas zum Notieren bei der Hand – es kann wichtig sein, vor den Augen der Gäste eine Frage, die Sie doch nicht ad hoc beantworten können, aufzuschreiben. Nur so machen Sie glaubhaft, dass Sie sich wirklich darum kümmern und noch einmal auf die/den Fragesteller*in zukommen werden.

Die Route mündet am Ende wiederum in den Versammlungsraum von zu Beginn. Bitte geben Sie Ihren Gästen die Möglichkeit, das Gesehene zu reflektieren und noch einmal ergänzend Fragen zu stellen.

Seien Sie ein/e perfekte/r Gastgeber*in
Egal, von wem die Initiative zum Präsentationstermin ausgegangen ist:

Bitte beeinflussen Sie, wenn das Ganze in der Universität stattfindet, die Rahmenbedingungen, soweit es geht.

Es beginnt mit der Frage, wer bei diesem Termin wo sitzt. Platzieren Sie dabei sich selbst und Ihr Team nie vis-a-vis von Ihren Besucher*innen, sondern immer ums Eck eines Tisches oder einer U-Tafel (oder Sie wählen überhaupt von vornherein einen runden Tisch, wenn das möglich ist).

Die konventionelle Sitzordnung in vielen Konferenz- und Meetingräumen sieht das leider selten vor – fast reflexartig setzen sich daher Gesprächspartner*innen einander gegenüber. Das erzeugt allerdings beinahe automatisch eine konfrontative Atmosphäre, denn wie die beiden Parteien bei Gericht oder wie zwei Sportmannschaften auf dem Spielfeld schauen Sie einander frontal in die Augen. Gemeinsamkeit lässt sich für einen stillen Beobachter daraus nicht ablesen, und tatsächlich fällt es auch schwer, aus dieser Sitzordnung heraus gemeinsam in ein Dokument oder einen Bildschirm zu schauen. Die Platzierung um die Ecke hingegen schafft von vornherein eine größere Vertraulichkeit und Verbundenheit – das sollten Sie sich gerade dort, wo Sie selbst Hausherr*in sind, nicht nehmen lassen.

Apropos: Persönliche Aufmerksamkeit beginnt bei derartigen Terminen damit, dass Sie Ihre Gäste vom Empfang bzw. Eingangsbereich Ihres Gebäudes oder Ihrer Universität abholen oder abholen lassen. Das ist immer sympathisch und verbindet, denn auf dem Weg zurück in den von Ihnen entsprechend gewählten und ausstaffierten Konferenzraum haben Sie oder eine/r Ihrer Mitarbeiter*innen eine hervorragende Gelegenheit, das Gelände vorzustellen und so Interesse und Bezug herzustellen. Denken Sie daran: Die meisten Leute finden es spannend, einen Blick hinter die Kulissen einer Universität zu machen – eine solche Mini-Führung gleich zu Beginn wirkt wie mehrere Fliegen auf einen Schlag.

In Ihren Räumlichkeiten werden Sie und Ihre Gäste dann bereits vom restlichen Team bzw. jenen, die Sie für diesen Termin verpflichtet haben, empfangen. Sie bieten Ihren Gästen die besten Plätze an, setzen sich im rechten Winkel dazu und servieren sie noch mit Getränken. Besonders positiv kommt es auch an, wenn Sie ein oder zwei Teller mit Knabbergebäck oder einzeln verpackten Süßigkeiten o. Ä. anbieten. Das kostet nicht viel und sollte angesichts einer möglichen finanziellen Unterstützung durch Ihre Gäste unbedingt auszahlen. Und Sie wissen ja: Liebe geht durch den Magen. Viele Manager*innen kommen während des Tages oft nicht dazu, eine ordentliche Mahlzeit einzunehmen und vergeben von daher gleich zu Beginn einen kleinen Pluspunkt zu Ihren Gunsten.

▶ Ganz wichtig: Ihr Meeting beginnt erst, wenn alle Anwesenden entsprechend versorgt sind und dadurch sichergestellt ist, dass niemand mehr in der nächsten halben Stunde Ihr Meeting unterbricht.

Bis dahin ist Small Talk angesagt, denn es kann Ihnen nicht recht sein, dass gerade der so wichtige Beginn Ihrer Ausführungen durch irgendeine nachgereichte Tasse Kaffee gestört wird. Der ganze Effekt wäre dahin, und de facto müssten Sie in so einem Fall noch einmal beginnen. Da, meine ich, können Sie gleich warten, bis es wirklich losgehen kann. Gerade Wirtschaftstreibende, die ja selbst ähnliche Präsentationssettings am laufenden Band erleben, finden das völlig normal.

Vielleicht noch ein letztes: Peilen Sie an, jeden Ihrer Gäste namentlich ansprechen zu können. Wenn Sie nicht sowieso schon vorab wussten, wer genau kommen würde, so notieren Sie sich am besten zu Beginn gleich die Namen derer, die für Sie neu sind, und zwar in der Reihenfolge, wie Sie vor bzw. neben Ihnen sitzen. Gerade bei größeren Delegationen in Richtung zehn Personen, geschweige denn mehr, können Sie mit dieser sehr einfachen Methode unglaublich schnell positiv punkten.

> Die Unternehmer sehen den wirtschaftlichen Hintergrund für ihre Industriegüter, ob sie mit unseren Projekten ihr Unternehmen voranbringen können. Das Hauptsächliche, was zählt, ist die Überzeugungskraft, die aus einer inneren Überzeugung resultiert.
> Das ist so ein Kitzel von dem Gegenüber, dass sie sehr skeptisch sind, aber sie haben gleichzeitig viel Freude an der neuen Entwicklung. Die meisten Unternehmer sind ja immer sehr innovativ und sehen in der Wissenschaft ein Werkzeug für ihren wirtschaftlichen Erfolg. (Gabriele Berg, TU Graz)

3.3.2 Präsentation auf Initiative von außen

3.3.2.1 Struktur

Kommt das Unternehmen auf Sie zu, weil man sich von Ihnen und Ihrem Team eine konkrete Unterstützung bei einem strategischen Ziel erwartet, dann zeigen Sie zunächst einmal, was Sie können. Das Interesse von Seiten des potenziellen Geldgebers ist ja sichtlich schon vorhanden. Die Struktur der drei Merksätze (Tab. 3.2) Ihrer Präsentation, die zwischen 15 und 30 Minuten dauern kann, kann daher in der Regel so aussehen:

3.3.2.2 Praktische Durchführung

> Wichtig ist, dass man seine Forschung in einen breiten Kontext einbettet und das Ganze nicht aus seinem kleinen Feld betrachtet, sondern im Großen und Ganzen, dass man mutig ist und auch zu seinen Ergebnissen steht. Das versuche ich auch unseren Studierenden beizubringen. (Gabriele Berg TU Graz)

Tab. 3.2 Die drei wichtigsten Botschaften (Präsentation bei Initiative von außen)

Botschaft 1	Da stehen wir.	Hier beschreiben Sie so plakativ wie möglich eine Momentaufnahme Ihrer aktuellen Forschungen, die für den jeweiligen potenziellen Kooperationspartner relevant sein könnte oder sollte.
Botschaft 2	Darum funktionieren Projekte mit uns.	Hier beleuchten Sie Ihre Erfahrungen mit Kooperationen und unterstreichen die Effektivität derartiger Partnerschaften an Ihrem Institut bzw. Ihrer Universität.
Botschaft 3	Es gibt x Möglichkeiten der Kooperation.	Sie zeigen x Optionen, wie Kooperationen mit Ihnen zustande kommen und abgewickelt werden können. Das Ganze ist noch vage – Sie wissen ja selbst noch nicht genau, was der potenzielle Kooperationspartner braucht.

Sie haben Ihre Gäste begrüßt und mit Getränken versorgt. Sitzen insgesamt mehr als fünf Personen am Tisch sollten Sie jedenfalls im Stehen präsentieren. Nur dann sieht Sie jede/r und Sie sehen jede/n und Sie wirken insgesamt viel dynamischer. Sind Sie nur zu dritt oder viert, kann man diskutieren, ob nicht auch das Präsentieren im Sitzen Vorteile hat, weil es sehr dialogisch wirkt.

Sie adressieren Ihre Gäste und beginnen bei der/beim Ranghöchsten. Dann geht es je nach Zusammensetzung weiter: bei maximal vier Gästen könnten Sie jeden einzelnen namentlich nennen oder Sie sagen verallgemeinernd „Meine Damen, meine Herren!" wenn von beiden Geschlechtern jeweils mehrere Vertreter im Raum sind. Sind sechs Männer und eine Frau im Raum, würde ich die Frau auch jedenfalls namentlich nennen, selbst wenn sie hierarchisch die niedrigste Person im Raum sein sollte. Das gleiche gilt natürlich umgekehrt: wenn eine Damenriege zu Ihnen käme und nur einen Mann in ihrer Mitte hat.

Als nächstes empfehle ich, sich ausnahmsweise doch gleich jetzt – ganz konventionell und ohne inverse Einleitung – für den Besuch zu bedanken und/oder Ihrer Freude über das entgegengebrachte Interesse zum Ausdruck zu bringen. Immerhin: Ohne die Initiative dieses Unternehmens säßen Sie ja jetzt nicht beisammen. Erwähnen Sie dann, wie lang und in welcher Form Sie und Kolleg*innen jetzt präsentieren werden, sagen Sie dazu, dass es anschließend Unterlagen gibt und legen Sie fest, ob Sie zwischendurch Fragen „zulassen" oder nicht.

Jetzt stellen Sie sich und Ihre Teammitglieder noch einmal offiziell vor. Eine zusätzliche Option, die flache Hierarchien und Augenhöhe im Team betont, wäre, jede/n sich selbst vorstellen zu lassen. Bitte üben Sie das vorher einmal, damit Sie auch diesbezüglich einen sympathischen, kompetenten und doch abgestimmten Eindruck hinterlassen. Aufschlussreich und anregend für Ihre Gäste ist es immer, wenn jede/r zu ihrer/seiner konkreten Kernkompetenz auch gleich die jeweils aktuell größte Herausforderung nennt (Abschn. 2.1.2, Die Struktur/Networking). Abschließend könnten Sie noch freundlich sagen, dass Sie sich selbst das Ziel gesteckt hätten, mit diesem Meeting neue Unterstützer oder Freunde für Ihr Forschungsprojekt zu gewinnen. Jeder im Raum weiß das zwar sowieso, aber es hat Charme, es in dieser Form anfänglich mit einem einnehmenden Lächeln gleich einmal zu adressieren.

3.3 Präsentationen vor potenziellen Kooperationspartnern

Botschaft 1: Da stehen wir
Beschreiben Sie die wesentlichen Parameter Ihres/r aktuellen Forschungsprojekts/e möglichst aus der Perspektive Ihrer Gäste: Passen Sie bitte Ihre Sprache, Detaillierungsgrad und Charts entsprechend an. Um Vertreter*innen der Firma ABC aus XYZ zu vermitteln, diese Präsentation wurde extra für sie zusammengestellt, sollten Sie den Firmennamen ABC das eine oder andere Mal fallen lassen, Sie sollten Dinge sagen wie „Bei Ihnen in XYZ ist das ja, glaube ich, ähnlich." oder einstreuen, dass Ihnen die strategischen Eckpfeiler der Firma ABC a) nach einem Abstimmungstelefonat in den letzten Tagen, b) durch einen Blick in den letzten Geschäftsbericht der Firma ABC und/oder c) durch ein Interview mit dem vor Ihnen sitzenden CEO, das Sie kürzlich gelesen haben, vertraut sind. Werfen Sie Ihre aktuellen Forschungsfragen bzw. -ansätze auf und stellen Sie eine Verbindung zu Ihren Gästen her.

Jede Art von 3D-Darstellung geschweige denn Animationen, Demos oder Videos sind in diesem Setting besonders attraktiv für das Auge des externen Betrachters. Wenn Sie nichts digitalisieren können, dann wirkt auch ein dreidimensionales Objekt selbst. Kleinere Gegenstände können Sie am Tisch durchgeben, größere schon vorweg zum Angreifen und Neugierig machen im Raum aufgestellt haben.

▶ Unterschätzen Sie nicht das haptische Bedürfnis der meisten Menschen: etwas berühren zu können, stellt Beziehung her. Das kann Ihnen nützen.

Botschaft 2: Darum funktionieren Projekte mit uns

> Ich finde das Arbeiten mit Kindern überhaupt sehr ähnlich zu Wirtschaftsvertretern. Die Unternehmer sind ja auch sehr neugierig und aufgeschlossen, das ist vielleicht das Kind in Ihnen.
> Ich gehe das persönlich ganz gleich an, überlege mir im Vorfeld einfache Beispiele mit einfachen Worten und guten Erklärungen zu präsentieren. (Gabriele Berg, TU Graz)

Alles, was Sie und Ihr Team in der jüngeren Vergangenheit an Preisen und Auszeichnungen erhalten bzw. welche sonstigen Kooperationen zu anderen Partnern entweder bestanden haben oder noch immer aktuell sind, erwähnen Sie jetzt. Und da Sie ja nicht wissen, ob die Firma ABC nicht auch bei einer anderen Universität anklopft und eine Partnerschaft sucht, arbeiten Sie bitte auch heraus, wie effektiv bei Ihnen am Campus ganz generell Kooperationen gemanagt werden. Vielleicht bietet sich auch der Leitspruch Ihrer Universität an, diese Behauptungen rhetorisch gekonnt zu untermauern?

Was immer Sie hier aber sonst noch anführen und herzeigen, um Kontext zu Ihrem/n Forschungsprojekte/n geben: Ich empfehle Ihnen bei dieser Art der Präsentation gleich danach – also bevor Sie noch zu Botschaft 3 und dem letzten Abschnitt kommen – von sich aus eine kleine Unterbrechung zu inszenieren und offensiv um Fragen zu bitten. Warum? Weil bis hierher Ihre Gäste schon sehr viele und sehr kompakte Informationen erhalten haben, und der Bedarf an Verständnis- oder Klärungsfragen mit ziemlicher Sicherheit groß ist. Und weil Sie gleichzeitig sicherstellen sollten, dass alle Zuhörer*innen wirklich verstanden haben, was das Besondere an Ihrem/n Forschungsprojekt/en ist. Vorher ist es streng genommen auch nicht sehr ergiebig, über die unterschiedlichen Möglichkeiten, mit Ihnen zu kooperieren, zu diskutieren. Die Grundlage dafür, das Basisverständnis, wäre noch nicht ausreichend. Das klingt dann – in Ihren Worten natürlich – in etwa so: „Und bevor ich nun einige Varianten für eine potenzielle Zusammenarbeit zwischen Ihnen als ABC und uns präsentiere und mit Ihnen klären will, was davon für Sie am interessantesten ist –, haben Sie bis hierher vielleicht schon die eine oder andere Verständnisfrage?"

Es kann nichts passieren: Meldet sich niemand oder winken Ihre Gäste ab, weil schon bis hierher alles klar ist, dann machen Sie einfach weiter. Die Aktion wird Ihnen trotzdem als Pluspunkt gewertet, denn Sie haben proaktiv die Geste zur Interaktion und damit zum Dialog gesetzt. Meldet sich aber doch jemand, so erläutern Sie, was man wissen möchte und gewährleisten so, dass niemand zurückbleibt. Ihr Ausblick auf die möglichen nächsten Schritte wird auf diese Weise noch einmal effektiver ankommen.

Diese Taktik hat aber noch einen großen Vorteil: Sie haben weit weniger Stress, in 15 oder 20 Minuten fertig sein zu müssen, weil Ihnen Ihre Gäste eventuell sonst nicht länger zuhören. Eine große Portion Inhalt auf ein etwas größeren und einen etwas kleineren Teil fraktioniert, verdaut sich so leichter und belebt jedes Meeting.

Botschaft 3: Es gibt x Möglichkeiten der Kooperation
Nun sind Ihre Gäste inhaltlich eingestimmt und wollen hören, in welcher Form sie mit Ihnen und Ihrem Team zusammenkommen könnten. Manchmal gibt es nur einen Weg, manchmal gibt es mehrere. Die eine Möglichkeit der Kooperation ist enger, die andere loser, mit mehr oder weniger persönlichem Austausch, mit mehr oder weniger Mitarbeiter*innen, die hier auf beiden Seiten involviert sind. Nachdem Manager*innen gerne auswählen und Entscheidungen treffen, möchte ich Ihnen ans Herz legen, grundsätzlich jedenfalls zwei Varianten zur Zusammenarbeit vorzustellen. Dann haben Ihre Gäste etwas zum Aussuchen und das Gefühl, nur ein einzelner, einziger Weg führe in eine gemeinsame erfolgreiche Zukunft, kann gar nicht erst entstehen.

Wenn Sie eine dieser zwei Varianten deutlich präferieren, so präsentieren Sie diese immer als erste. Wenn Ihnen die unterschiedlichen Varianten allesamt gleich lieb sind, dann lassen Sie doch Ihre Gäste aussuchen, in welcher Reihenfolge Sie sie nun vorstellen sollen. Diese sogenannte Regiefrage – „Mit welcher Variante soll ich beginnen? Welche von beiden interessiert Sie mehr?" – bringt Ihnen erneut viele Eintragungen auf dem Sympathiekonto. Ihre potenziellen Kooperationspartner fühlen sich direkt in Ihre Präsentation eingebunden und wissen spätestens jetzt, dass Sie in jede Richtung offen sind oder zumindest zu sein scheinen.

▶ Je konkreter Sie hier schon mit einer Zeitleiste oder Summen sein können, umso besser.

Wenn Sie an dieser Stelle aber vorerst nur vage Angaben machen können – auch kein Problem. Dann verlagert sich aber die Entscheidung, wie es konkret weitergehen kann, auf jeden Fall auf ein zusätzliches Meeting, bei dem Sie präzise Zahlen liefern.

Der Schluss dieser Präsentation ist vergleichbar mit jenem vor einem Fördermittelgeber: Sprechen Sie nochmals alle an, bringen Sie Ihr Interesse und Ihre Zuversicht für zukünftige gemeinsame Errungenschaften zum Ausdruck und schließen Sie bitte jedenfalls mit einem Chart, auf dem das Logo Ihres Instituts oder Ihre Universität und das Logo des potenziellen Kooperationspartners gleichwertig großflächig abgebildet ist. Wollen Sie das vor Ihnen stehende potenzielle Miteinander optisch darstellen, platzieren Sie das Et-Zeichen, ein Pluszeichen oder einen Pfeil mit Spitzen an beiden Enden zwischen die zwei Logos. Ihrer Fantasie sind hier keine Grenzen gesetzt.

Die Fragerunde, die jetzt folgt, kann sich nun ausschließlich auf die Kooperationsmöglichkeiten konzentrieren.

Checklist Präsentation auf Initiative von außen	
Einen starken Anfang hinlegen	Einen herzlichen Empfang bereiten.
Nach Zielgruppe kontextualisieren	Was ist der interessanteste Aspekt für eine Kooperation aus Sicht des potenziellen Partners? Was haben wir in petto, was zu den aktuellen Anforderungen und Erwartungen des Partners passt?
Nächste Schritte	Zwei Möglichkeiten der Kooperation darstellen.
Fokussieren	Da stehen wir. Darum funktionieren Projekte mit uns. Es gibt x Möglichkeiten der Kooperation.
Einfach formulieren	Ja! Management-Begriffe einbauen.
In und mit Bildern sprechen	Unbedingt. Mit allem, was visuell möglich ist, Ihre Forschung veranschaulichen.
Kleine Portionen	Zwischen 20 und 30 Minuten.
Interaktion	Nach den ersten beiden Abschnitten eine freiwillige Fragerunde proaktiv anbieten.
Technologie	10–15 PowerPoint-Charts.
Die Besonderheiten beachten	Arbeiten Sie den Nutzen für den Kooperationspartner heraus. Gehen Sie maßgeschneidert vor. Integrieren Sie junge Forscher*innen in die Präsentation. Seien Sie ein/e perfekte/r Gastgeber*in.

3.3.3 Präsentation auf Eigeninitiative

Das ist zweifellos die Drittmittel-Präsentationssituation, bei der am meisten verkäuferisches Talent nötig ist. Meiner Meinung nach ist hier auch das Wort „Akquisition" mehr als gerechtfertigt, während bei Präsentationen vor Fördermittelgebern eher Zeitwörter wie „Einwerben", „Einbringen", „Lukrieren" oder „Aufstellen" von Drittmitteln adäquat sind.

3.3.3.1 Struktur

> Wenn ich eine Firma überzeugen möchte, mir Geld für die Entwicklung eines bestimmten Produkts zu geben, dann ist die Firma an der Frage interessiert, ob sie mit diesem Produkt mehr Umsatz generieren kann oder sonstige Vorteile haben wird. Deshalb müssen hier ein Umsetzungskonzept zumindest rudimentär vorhanden sein und Vor- und Nachteile bzw. Risiken diskutiert werden: (Manfred Curbach, TU Dresden)

Gehen Sie von sich auf jenes Unternehmen zu, mit dem Sie sich aus verschiedenen Gründen eine Kooperation erhoffen, dann ist Ihre Aufgabe wesentlich stärker von Marketing-Aspekten geprägt (Tab. 3.3). Sie müssen schließlich bei den Vertreter*innen der ausgewählten Firma erst Interesse erwecken.

3.3.3.2 Praktische Durchführung

Nachdem Sie Ihre Gäste adressiert haben, kommen Sie bitte mit der inversen Einleitung sofort auf den Punkt: Sagen Sie frei heraus, dass es eine Win-Win-Möglichkeit gibt, die Sie gemeinsam mit der Firma ABC ergreifen möchten. Das kann so klingen: „Wir wollen Sie einladen, einen Schritt gemeinsam zu gehen." oder „Wir wollen Sie, die Firma ABC, als Kooperationspartner gewinnen." Oder eben „Wir haben eine Win-Win-Situation vor uns liegen. Die wollen wir ergreifen. Rasch. Und mit Ihnen als ABC." Aber auch das kann blendend funktionieren: „Lassen Sie es mich gleich direkt sagen: Wir stehen knapp vor dem Durchbruch und brauchen Ihre Unterstützung für die letzte Etappe."

Bei einer Akquisitionspräsentation sind viele Varianten, aufsehenerregend zu starten möglich. Hauptsache, Sie starten unmittelbar, mit Elan und mit Verve.

Informationen über den Ablauf, die Dauer, Sie und sonstige Mit-Präsentator*innen sowie Ihre Freude und Ihr Dank über den Besuch und dieses Meeting runden die Einleitung in diesem Setting ab.

Botschaft 1: Wir können beide profitieren

> Ganz wichtig ist hier, Klarheit zu haben im Sinne von: Was will das Unternehmen, was will ich, was wollen die, kann ich das liefern? Am Ende muss ein Win-Win herauskommen, denn

Tab. 3.3 Die drei wichtigsten Botschaften (Präsentation auf Eigeninitiative)

Botschaft 1	Wir können beide profitieren.	Sie beschreiben so plakativ wie möglich, was sich Ihr potenzieller Partner für sein Geschäft von Ihnen erwarten kann und dass eine Kooperation eine klassische Win-Win-Situation darstellte.
Botschaft 2	Das ist unser Projekt.	Hier präsentieren Sie Ihr Forschungsprojekt und zeigen, wo Sie wie und warum eine Kooperation suchen.
Botschaft 3	So könnte es weitergehen.	Sie schlagen vor, in welcher Form die Kooperation abwickelbar wäre. Beträge, Zeitpläne, handelnde Personen – je besser sich das Ihr Kooperationspartner vorstellen kann, umso besser

auf Dauer wird niemand eine Kooperation eingehen, wenn man keinen Vorteil davon hat. (Dieter Frey, LMU München)

Wie in jeder Form der Verkaufspräsentation empfiehlt es sich, zunächst über die emotionale Schiene zu gehen und mit den „hard facts" noch zuzuwarten. Das ist wichtig, denn es war IHRE Idee, bei diesen Leuten vorstellig zu werden. Nach diesem ersten Abschnitt muss für das Unternehmen bereits klar sein: Es hat sich ausgezahlt, den Termin mit Ihnen wahrgenommen und die Zeit dafür investiert zu haben. Je individualisierter Sie argumentieren, desto überzeugender: Warum sollen die vor Ihnen sitzenden Manager*innen gerade mit Ihnen diesen Weg beschreiten? Und umgekehrt: Wieso wollen Sie just mit diesem Unternehmen zusammenarbeiten? Was genau bieten Sie an? Den Kontext Ihrer Forschung im Alltag darzustellen, ist meiner Erfahrung nach weniger relevant und hieße eher Eulen nach Athen zu tragen. Die Manager*innen kennen ihre eigene Branche gut genug, und es ist meist nicht nötig, ihnen diese von Ihrer Warte auch noch extra zu erklären. Viel mehr interessieren sich Menschen, die ihr Denken und Streben darauf ausgerichtet haben, Vorteile zu identifizieren und entsprechende Entscheidungen zu fällen, ohne Umschweife für die Chancen, die sich durch Sie und Ihre Forschung ergeben.

Botschaft 2: Unser Projekt besteht aus x Stufen
Hier geht es konkret zur Sache. Wir gehen davon aus, Sie haben die emotionalen Schleusen bei Ihren Gesprächspartnern im ersten Abschnitt Ihrer Präsentation schon weitgehend öffnen können. Man ist jetzt bereit, neugierig, gespannt, angeregt, die Sachinformation von Ihnen zu erhalten. Jetzt geht es tatsächlich um Fakten: Was haben Sie vor, in welcher Form wollen Sie das bewerkstelligen, was passiert genau bei Ihrem und durch Ihr Projekt? Wer ist in welcher Form involviert? Sie punkten wieder mit dreidimensionalen Animationen oder einem Prototyp oder im mindesten mit exakten Grafiken. Ihre möglichen Kooperationspartner brauchen jetzt etwas Handfestes, etwas Greifbares, um sich zu vergegenwärtigen, was genau mit ihrem Geld passieren soll.

Strukturieren Sie Ihr Projekt in zwei oder drei Phasen oder Stufen. Das kennen Sie aus der Forschung. Gerade hier erfüllt diese Darstellungsweise aber noch einen Zusatznutzen: Wer strukturiert präsentiert, vermittelt Manager*innen den Eindruck, auch strukturiert zu handeln, und wer strukturiert handelt, scheint den Überblick und die Kontrolle zu haben. So ein Partner ist ein geringes Sicherheitsrisiko.

Jedes Projekt und jede Kooperation bringen aber auch Herausforderungen mit sich. Jetzt ist ein guter Zeitpunkt, sie zu beschreiben. Gegenüber den gleich anfangs dargelegten Vorteilen, der Win-Win-Situation und dem möglichst punktgenau auf Ihre Gäste zugeschnittenen Informationsteil zu Ihrem Forschungsprojekt sollten sich mögliche Risiken, Querschläge, Nachteile – wir nennen sie euphemistisch Herausforderungen – überschaubar gestalten. Es kommt sowieso jeder Kooperationspartner von sich aus auf potenzielle Gefahren einer Zusammenarbeit zu sprechen, da ist es mutig und erfolgversprechend und glaubwürdig, wenn Sie das gleich von selbst tun.

Diese Präsentation sehe ich etwas kürzer und kompakter als jene vor potenziellen Kooperationspartnern, die von sich aus auf Sie zugekommen sind. Und wenn Sie hier kompakte 10 und 15 Minuten Gesamtlänge anpeilen, dann brauchen Sie eine erste Fragerunde bereits innerhalb der Präsentation vermutlich gar nicht anbieten. Wenn Sie es trotzdem tun wollen: immerzu! Es passt immer.

Botschaft 3: Bis xy haben wir schon viel geschafft
„Zeit ist Geld" – das schrieb schon Benjamin Franklin 1748 in seinem Buch „Ratschläge für junge Kaufleute". Das gilt auch für Ihre Gäste und deshalb auch für Sie. Insofern rate ich Ihnen im letzten Abschnitt Ihrer Ausführungen, sehr transparent darzustellen, bis wann Sie was geschafft haben werden, auch wenn ein Forschungsprojekt – zugegeben – nicht im selben Maß prognostizierbar ist wie ein klassische Wirtschaftsprojekt. Nur: Wenn Sie keinen Zeitplan angeben, dann sind Sie für das vor Ihnen sitzende Management der Firma ABC von vornherein weniger attraktiv, weil Sie sichtlich kein/e gute/r Projektleiter*in sind. Geben Sie also zumindest im Groben an, was bis zu einem bestimmten Zeitpunkt erreicht sein soll. Das kann ein allgemeiner nächster Meilenstein im Kalender sein – Jahresende, Jahresmitte, Herbst oder Ostern. Das kann im Sinn eines maßgeschneiderten Vorgehens, aber auch der Termin sein, an dem die Firma ABC Jahresabschluss hat. Was immer bis dahin erreicht worden ist, kann in den Bilanzen dargestellt und bei deren entsprechende Gremien ausgeschlachtet werden.

Was Sie in diesem Abschnitt Ihrer „Verkaufs"-Präsentation brauchen, ähnelt der kompetitiven Situation vor Fördermittelgebern, nur empfehle ich Ihnen, das Ganze noch exakter und genauer darzustellen: Da haben wir nach dem Zeitplan einerseits den Finanzierungsplan, in dem Sie darstellen, was Sie wann wofür brauchen. Erkundigen Sie sich bitte vorab, ob und wenn ja, was Ihr Kooperationspartner wie steuerlich nützen könnte – einen solchen Fiskusvorteil zu erwähnen, lohnt sich auch immer.

Und dann haben wir andererseits noch den Kommunikationsplan. Schildern Sie bitte, in welcher Form Sie sich den gegenseitigen Informationsaustausch zwischen Ihrem Team und den Mitarbeiter*innen des potenziellen Kooperationspartners vorstellen. Soll es Jour Fixe geben? Mit wem, wie oft, wo? Und was soll im Protokoll drinstehen? Wer informiert wen in welcher Geschwindigkeit und nach welcher Systematik, wenn etwas anders verläuft als geplant? Manager*innen operieren in ihrer Welt mit Protokollen. Diese müssen kurz und prägnant und als Checklisten für das nächste Meeting verwendbar sein – Wer macht was bis wann? Ergebnisprotokolle eben. Wissenschaftler*innen tun das meiner Beobachtung nach viel seltener. Wenn Sie daher von sich aus anbieten, nach jedem Jour fix und nach jedem größeren Anlass bezogenen Arbeitsmeeting von Ihrem Institut aus binnen 24 Stunden ein derartiges Ergebnisprotokoll automatisch an den Kooperationspartner zu versenden, werden Sie schon während der Präsentation auf zustimmendes Nicken treffen. (Wenn die Kooperation dann einmal angelaufen ist, werden Sie im Zuge eines Kick-off-Workshops auch gemeinsam einen Krisen- und einen Krisenkommunikationsplan ausarbeiten. Das ist hier in der Akquisitionsphase auf jeden Fall noch zu früh.)

Sprechen Sie auch an, in welcher Form Ihr potenzieller Kooperationspartner diese Zusammenarbeit medial ausschlachten könnte. Vielleicht wollen Sie gleich zu Beginn schon Interviews oder eine gemeinsame Pressekonferenz geben? Oder mindestens dann, wenn erste Ergebnisse vorliegen? Oder sind Sie bereit, für die wichtigsten Geschäftspartner*innen der Firma ABC im exklusiven Rahmen einen hinreißenden Vortrag zu halten? Natürlich gibt es Kooperationsprojekte, die strengen Vertraulichkeitsvereinbarungen unterliegen und wo jede Form der offensiven Wissenschaftskommunikation kontraproduktiv ist. Aber in der Regel mögen es Organisationen aller Art, wenn sie durch Kooperationen zusätzliche Vorteile in ihrer eigenen Öffentlichkeitsarbeit rekrutieren.

Adressieren Sie abschließend wieder Ihre Gäste. Der Funke der Begeisterung sollte inzwischen längst übergesprungen sein. Lassen Sie Ihre Ausführungen in einem inspirierenden Chart mit einem visionären Bild der erfolgreichen Zukunft nach Abschluss des Kooperationsprojekts enden.

> Es ist wichtig, dass man man selbst ist, dass man für die Forschung brennt, dass man mit dem Herzen dabei ist. (Gabriele Berg, TU Graz).

Checklist Präsentation auf Eigeninitiative

Einen starken Anfang hinlegen	Win-Win-Situation betonen.
Nach Zielgruppe kontextualisieren	Wo profitiert der Kooperationspartner konkret? Inhaltlich, finanziell, strategisch, PR-mäßig.
Nächste Schritte	Möglichst praxisnaher Schlachtplan.
Fokussieren	Wir können beide profitieren. Unser Projekt besteht aus x Stufen. Bis xy haben wir schon viel geschafft.
Einfach formulieren	Ja! Management-Begriffe einbauen.
In und mit Bildern sprechen	Unbedingt: Mit allem, was optisch möglich ist, Ihre Forschung veranschaulichen.
Kleine Portionen	Zwischen 10 und 20 Minuten.
Interaktion	Eventuell nach den ersten beiden Abschnitten eine freiwillige Fragerunde proaktiv anbieten.
Technologie	10–15 PowerPoint-Charts.
Die Besonderheiten beachten	Arbeiten Sie den Nutzen für den Kooperationspartner heraus. Gehen Sie maßgeschneidert vor. Integrieren Sie junge Forscher*innen in die Präsentation. Seien Sie ein/e perfekte/r Gastgeber*in.

Literatur

Diaz, V., Runyon, K., & Kroehler, C. (2020). Are scientists smart? Kindergarteners' gendered understanding and use of descriptors about science and intelligence. *Science Communication, 42*(4), 538–554.

Huang, K., Yeomans, M., Brooks, A. W., Minson, J., & Gino, F. (2017). It doesn't hurt to ask: Question-asking increases liking. *Journal of Personality and Social Psychology, 113*(3), 430–452.

Lass, N. J., Foulke, E., Nestor, A. A., & Comerci, J. (1974). The effect of exposure to time-compressed speech on subjects' listening rate preferences and listening comprehension skills. *The Journal of Auditory Research, 14*(3), 179–186.

Lerchenmueller, M. J., Sorenson, O., & Jena, A. B. (2019). Gender differences in how scientists present the importance of their research: Observational study. *BMJ*, l6573. https://doi.org/10.1136/bmj.l6573.

Schroeder, R., & Gino, N. (2019). Handshaking promotes deal-making by signaling cooperative intent. *Journal of Personality and Social Psychology, 116*(5), 743–768.

Weiterführende Literatur

Connor, U., & Mauranen, A. (1999). Linguistic analysis of grant proposals: European Union research grants. *English for Specific Purposes, 18*(1), 47–62.

Galbraith, C., McKinney, B., DeNoble, A., & Ehrlich, S. (2014). The impact of presentation form, entrepreneurial passion and perceived preparedness on obtaining grant funding. *Journal of Business and Technical Communication, 28*(2), 222–248.

Muscanell, N. E., & Utz, S. (2017). Social networking for scientists: an analysis on how and why academics us ResearchGate. *Online Information Review, 41*(5), 744–759.

Präsentationen im Berufungsverfahren

4

Es geht hier aber nicht darum, sich darzustellen, dass man der Allergrößte ist, sondern es ist ein Ritt auf der Rasierklinge, einerseits sich positiv darzustellen, aber nicht arrogant aufzutreten, oder den anderen klarzumachen, dass sie keine Ahnung haben.
Dieter Frey, LMU München
Vorträge bei Berufungsverfahren sind etwas ganz Spezielles, weil man sich präsentieren muss und einen guten Eindruck machen will. Das gelingt Männern häufig leichter als Frauen.

Kerstin Krieglstein, Universität Konstanz

Inhaltsverzeichnis

4.1	Besonderheiten	92
	4.1.1 Loben Sie sich selbst	92
	4.1.2 Zeigen Sie Commitment	94
	4.1.3 Parieren Sie persönliche Fragen	95
4.2	Probevortrag für die Professur	100
	4.2.1 Struktur	101
	4.2.2 Praktische Durchführung	101
4.3	Präsentation für ein Rektorat	108
	4.3.1 Struktur	109
	4.3.2 Praktische Durchführung	110
Literatur		113

Berufungsverfahren sind an österreichischen, deutschen oder Schweizer Universitäten ähnlich. Der Zeitpunkt, wann die internationalen Reviewer eingeschalten werden, ist allerdings unterschiedlich: In Österreich werden alle formal gültigen Bewerbungen zur Professur oder zur/m Rektor*n einer wissenschaftlichen Einrichtung sofort an internationale Reviewer geschickt. Basierend auf deren Empfehlung werden die sechs bis acht Bestgereihten zur zweiten Runde eingeladen. Anschließend entscheidet die Kommission selbstständig über die drei Erstgereihten. In Deutschland und der Schweiz hingegen legt die Kommission nach Prüfung aller formal gültigen Bewerbungen alleine fest, wer von den Kandidat*innen weiterkommt. Erst nach dieser zweiten Runde kommen hier die Reviewer ins Spiel und geben gegenüber der Kommission eine Empfehlung über die drei Erstzureihenden ab (siehe Frey et al. 2020).

> Da wird jede einzelne Bewerbung extrem intensiv durchgesprochen, von einer Gruppe von etwa zehn Personen. Da können Sie sich vorstellen, dass da wirklich jeder Satz in einer solchen Berufungsunterlage seziert worden ist und deshalb kann man auch immer sagen, die Papierform muss absolut stimmen.
>
> Wenn da irgendwas drinsteht, was nicht stimmt, irgendwelche Lügen, Drittmittel, die gar nicht von einem selbst eingeworben wurden – das ist natürlich der absolute Killer. (Metin Tolan, TU Dortmund)

▶ Wichtig für Sie: Verlangt wird da wie dort, sich im Rahmen der zweiten Runde zu präsentieren.

Insgesamt drei verschiedene, miteinander kombinierbare Formate werden praktiziert, zwei davon – die Probevorlesung bzw. den Probevortrag – absolvieren Sie stehend und vor einem erweiterten Publikum und nicht nur vor den Kommissionsmitgliedern. Wie auch im akademischen Alltag dürfen an einer solchen Probevorlesung bzw. einem Probevortrag nicht nur Studierende, sondern tatsächlich auch Leute von der Straße teilnehmen und Sie erleben.

Beim dritten Format – der Fragerunde – sitzen Sie vis-a-vis der Kommission entweder an einem großen Tisch oder abgesetzt extra. Das hat ein wenig die Anmutung des Settings vor Gericht, wenn Sie als Zeuge aufgerufen werden und vor dem Richter Platz nehmen. Diese Fragerunde – das Kommissionsgespräch – findet nur in Gegenwart eben dieser und sonst unter Ausschluss der Öffentlichkeit statt.

Ob die Kommission von Ihnen und den anderen Kandidat*innen eine Probevorlesung oder einen Probevortrag verlangt, liegt ganz in deren Händen. Meist ist es so: Steht im Rahmen Ihrer zukünftigen Professur die Forschung im Mittelpunkt, gibt es innerhalb Ihres Fachgebiets einen wissenschaftlichen Diskurs zu einer bestimmten Strömung oder will sich die Kommission einfach einen Überblick über den Stand der aktuellen Forschung machen, dann wird die Kommission eher einen Probevortrag verlangen. So erhalten deren Mitglieder einen sehr plakativen Einblick in Ihre inhaltliche Ausrichtung und können Sie fachlich besser verorten.

4 Präsentationen im Berufungsverfahren

▶ Die anschließende Fragerunde gibt es in jedem Fall.

Auf die Probevorlesung, die ein klassisches wissenschaftliches Setting darstellt, gehe ich hier nur ganz kurz ein. Ich appelliere an Sie, Ihr Geschick im Umgang mit den Methoden moderner Didaktik zu zeigen. Völlig unabhängig von Ihrer Fachausrichtung können Sie hier mit viel Interaktion, dem souveränen Steuern bzw. Moderieren der Gruppe sowie der konzentrierten, aber gelassenen Handhabung von Fragen und Kritik sowie der gekonnten Verwendung von technischen Hilfsmitteln punkten. Vermeiden Sie unter allen Umständen jede Art von durchgängigem Frontalunterricht.

> Die Medien dürfen aber die inhaltlichen Komponenten nicht überdecken. Man kann ja PowerPoint so machen, dass alle abschalten. Ich habe das bei Ärztekongressen erlebt. Oder man macht umgekehrt ein Feuerwerk an Medien, dann kann das genauso eine Negativdynamik bekommen. Es sollte der Lehrende noch als Forschender und als Fragender erkennbar sein. (Hans Schelkshorn, Universität Wien)

Wir steigen in diesem Kapitel in jenem Moment ein, wo Sie eingeladen werden, persönlich vor der Kommission zu erscheinen und zu referieren. In der schriftlichen Einladung finden Sie die Angaben, unter denen diese zweite Runde im Verfahren abgewickelt wird – darunter auch, was man sich genau von Ihnen erwartet. Sie kennen also bereits die vorgeschriebene Dauer für Ihre Ausführungen und ob das Kommissionsgespräch gleich im Anschluss stattfinden wird oder erst einen Tag danach. Auch ob Sie mit PowerPoint präsentieren sollen oder nicht, wird nahezu immer explizit erwähnt. Tatsächlich findet letzteres – PowerPoint explizit zu verbieten – sehr selten statt. Ich hatte das erst einmal in den letzten 15 Jahren, es kommt aber vor. Und wenn zur Technik gar kein Wort verloren wird, dann steht es Ihnen natürlich auch frei, von sich aus ohne technische Hilfsmittel zu präsentieren.

> Ich habe ein Textblatt mit den wichtigsten Passagen ausgeteilt. Die meisten machen PowerPoint – ich möchte FacetoFace kommunizieren. (Hans Schelkshorn, Universität Wien)

Sie haben also bereits recherchiert, ob und wenn ja, welche Präferenzen die einzelnen Kommissionsmitglieder in Bezug auf Werte und Projekte haben und ob es Aspekte rund um die ausgeschriebene Stelle gibt, die man sich dort besonders von Ihnen als potenzieller/m neuen Kolleg*in erhofft oder erwartet und die nicht in Ausschreibungen stehen.

Sie haben bereits in Erfahrung bringen können, in welchen Räumlichkeiten Ihr Hearing stattfindet, wie beim Zusammentreffen der Kommission mit hoher Wahrscheinlichkeit die Sitzordnung angelegt sein und wo man die Kandidat*innen platzieren wird.

Sie haben bereits eruiert, wer so wie Sie zu dieser persönlichen zweiten Runde eingeladen worden ist und wer davon Ihr/e größter Konkurrent*in zu sein scheint. Das Abklären der Situation im Vorfeld erinnert an die Vorbereitungen zu einer Drittmittelpräsentation vor Fördermittelgebern.

Sie waren vielleicht auch schon selbst Mitglied in der einen oder anderen Berufungs- oder Findungskommission und kennen das Prozedere. Damit fiele ein Stress-Faktor – die subjektive Unsicherheit, was da konkret auf Sie zukäme – in einem gewissen Maße aus.

> Wichtig sind auch die Körperhaltung, die Stimme, das gesamte Auftreten. Auch hierzu kann man sich viel Feedback geben lassen. Deshalb ist meine nächste Empfehlung: Nachdem solche Verfahren in der Regel von Berufungskommissionen begleitet werden, sollte jede/r versuchen, einmal Mitglied von Berufungskommissionen zu werden. Ich kann jeder/m, die/der eine Professur anstrebt, nur empfehlen, in einer solchen Kommission mitzuwirken. Man sieht dann schnell: So ist es überzeugend, wie jemand argumentiert oder so ist es, wenn jemand es einfach vermasselt. Das wird einem kostenlos vorgeführt. Frauen können Z. B. gut über die Gleichstellungsvertreterin in eine Kommission kommen. Diese ist oft in vielen Kommissionen gleichzeitig Mitglied und freut sich, eine Vertreterin zu haben.
>
> Und dann muss man immer mitdenken. Was kann ich davon für mich übernehmen, was passt für mich, was kann ich daraus lernen. (Kerstin Krieglstein, Universität Konstanz)

Und jetzt beginnen Sie mit Ihren konkreten Vorbereitungen.

4.1 Besonderheiten

4.1.1 Loben Sie sich selbst

> Ich sehe das bei allen Berufungen. Beim sich selbst Präsentieren ist das richtige Mittelmaß zwischen Aufschneiden und Understatement zu finden, nicht einfach. Es trotzdem zu schaffen, auf jede Situation zu reagieren, ist schwierig, und ist tatsächlich auch etwas, was man üben kann, wenn man Vorträge hält vor einem Laienpublikum. Man macht sich nämlich nicht klar, dass eine Berufungskommission zum Großteil aus Laienpublikum besteht, aus Studierenden, aus Mitarbeitern. Keiner ist ein so großer Fachmann oder eine so große Fachfrau wie der- oder diejenige, der/die selbst in seinem/ihrem eigenen Thema steckt. (Metin Tolan, TU Dortmund)

Wer von uns hat schon gelernt, über sich selbst positiv zu sprechen? Und dann noch dazu vor teilweise fremden Leuten. Und dann noch im Wettbewerb gegen Kolleg*innen? Kaum jemand. Im Gegenteil: Die Sozialisierung, die doch die allermeisten von uns genossen haben, hat uns eher dazu angehalten, bescheiden zu sein und sich mit Selbstlob zurückzuhalten. Das ist zwar auch eine Generationsfrage – die ganz Jungen unter uns können das schon etwas besser als die Älteren. Aber insgesamt ist unter allen möglichen Präsentationsarten jene in Berufungsverfahren auch für routinierte Leute noch immer eine besondere Herausforderung. Für viele Wissenschaftler*innen, denen das Anpreisen, um nicht zu sagen das Verkaufen per se schon schwerfällt, ist das ein kleiner Albtraum.

Erschwerend kommt noch hinzu, dass Sie sich idealerweise auch so ausloben sollen, dass Sie unverkennbar besser dastehen als die anderen Kandidat*innen. Im Marketing spricht man vom USP, der unique selling proposition, dem einzigartigen Verkaufsversprechen – also jenen Alleinstellungsmerkmalen, die Sie für sich reklamieren können.

4.1 Besonderheiten

Zum unverkrampften Umgang mit dieser nötigen Eigenwerbung hier ein paar Empfehlungen aus der Praxis:

a) Belegen Sie Superlative mit Fakten. Auch wenn Superlative Ihrer Meinung nach einen unangenehm werblichen Charakter haben – die/der Beste, die/der Älteste, die/der Erfahrenste etc. – so möchte ich Sie ermutigen, sie unter einer Bedingung ganz bewusst zu verwenden: wenn Superlative mit Fakten darstellbar sind. Wenn Sie also tatsächlich die/der Erfahrenste an Jahren der Beschäftigung mit Ihrem Forschungsthema oder in der Führung sind, dann sagen Sie das bitte auch und belegen es in der Präsentation sofort mit den jeweiligen Daten. Frei nach dem Motto: Warum wollen Sie ein korrektes Faktum unterschlagen? Wenn Sie nicht genau wissen und auch nicht genau recherchieren können, ob eines Ihrer Assets im Vergleich zu den anderen Kandidat*innen einzigartig ist, dann sprechen Sie bitte im relativen Superlativ. Das klingt dann so: „Ich bin eine/r der Erfahrensten ...." Oder „Ich gehöre zu den fünf erfahrensten Genforschern weltweit." Eine solche Formulierung bleibt noch immer besser hängen, als wenn Sie sagen: „Ich bin sehr erfahren". Hören Sie das?

b) Quantifizieren Sie Ihre Erfolge. In jeder Bewerbung müssen Sie Ihren CV ins Treffen bringen. Das geht über zwei Wege:
   - konventionell, indem Sie Ihre **wichtigsten biografischen Daten** aufzählen, oder
   - viel wirkungsvoller, indem Sie Ihre **Erfolge**, Ihren Personal Impact der letzten Jahre, möglichst **quantifiziert einflechten**:
     – die Anzahl Ihrer Erstautorenschaften,
     – die Gesamtsumme Ihrer bisher eingeworbenen Drittmittel,
     – die Höchstsumme Ihres besten einzelnen Drittmittelprojekts, wenn es sich hier um eine außergewöhnlich hohe Summe handelt,
     – Größe und Wirkung der Kooperationen, die Sie aufgestellt und gemanagt haben,
     – die Anzahl an Veranstaltungen, die Sie bisher für die Community oder für ein externes Publikum organisiert haben, sowie an Vorträgen, die Sie gehalten haben,
     – die Anzahl der erfolgreichen Presseinterviews, wenn Sie in einem medienaffinen Thema Ihre Position auch in der Öffentlichkeit verteidigt haben,
     – der Output des Gremiums, bei dem Sie seit Jahren Mitglied sind,
     – die Anzahl der Mitarbeiter*innen, für die Sie verantwortlich sind oder waren, sowie der Kolleg*innen, mit denen Sie Projekte zusammen aufgestellt haben bzw. der Studierenden, vor denen Sie gelehrt haben,
     – die Zahl der Diplomand*innen, Dissertant*innen/Doktorant*innen oder Post-Docs, die Sie betreut haben oder betreuen.

Legen Sie eine kleine Statistik Ihrer Erfolge an und stellen Sie Ihr Licht nicht unter den Scheffel – die reinen Daten aus der schriftlichen Bewerbung ohne quantifizierte Erfolgsangaben wiederzukäuen, bringt der Kommission keinen Mehrwert.

c) Positionieren Sie sich situationsangemessen

> Wenn jemand in einer Berufungskommissionen sagt, sie/er könne sich dich nicht auf jede Universität, an der sie/er sich bewerbe, spezifisch vorbereiten, ist das für die Kommission natürlich ein K.O.-Kriterium. (Kerstin Krieglstein, Universität Konstanz)

Auch wenn die eine oder andere Eigenschaft oder Fähigkeit absolut für Sie zu sprechen scheint: Je nachdem, wie die kompetitiven Voraussetzungen sind, betonen Sie mehr das eine oder das andere (vgl. Framing, Abschn. 2.1.2) Ihrer Assets.

Wenn Sie eine interne Bewerbung abgegeben haben, dann arbeiten Sie bitte den Vorteil heraus, den Hausgebrauch und die handelnden Personen viel besser zu kennen und kulturell dazu zu passen. Die Kommission könnte sich diesbezüglich beruhigt zurücklehnen. Sie wären dem laufenden Forschungsschwerpunkt verbunden, hätten daher auch keinerlei Einarbeitungszeit nötig und könnten sofort loslegen. Das ist dann ein Pro-Argument, wenn eine rasche Weiterführung der Agenden essenziell wäre. Sind Sie ein/e externe/r Kandidat*in und treten gegen eine Hausbewerbung an, dann argumentieren Sie natürlich umgekehrt: Dass es nachweislich sehr schwierig sein kann, von der/vom Kolleg*in zur/m Chef*in zu werden, während Sie hier unbefangen auf alle Mitarbeiter*innen gleichwertig zugehen können. Außerdem könnten Sie mit einem neuen zukunftsträchtigen und Geld bringenden Forschungsschwerpunkt den notwendigen frischen Wind hereinbringen und inhaltlich wie kulturell befruchtend wirken.

Gibt es am Institut oder an der Universität Probleme wie aktuelle Beanstandungen durch ein Kontrollgremium à la Rechnungshof oder die interne Revision, aufgeflogenes Missmanagement, hohe Fluktuation beim Personal oder Stillstand in Forschung und Lehre dann werden Sie mehrheitlich als Problemlöser*in auftreten. Läuft das Institut oder die Uni mindestens zufriedenstellend, gilt es für Sie, sich glaubhaft als Wahrer*in der Kontinuität sowie Verfechter*in von Ausbau und Absicherung dessen, was gut ist, darzustellen.

4.1.2 Zeigen Sie Commitment

> Mein zweiter Tipp betrifft den Probevortrag. Man soll ein Thema nehmen, wo das eigene Herzblut drinsteckt, also etwas aus der eigenen Forschung und nichts Strategisches. Ich würde nicht um jeden Preis auf Nr. Sicher gehen, wo ich unantastbar bin. In der aktiven Forschung ist man ja immer noch auf dem Weg und da gibt es immer noch viele offene Fragen – aber das macht nichts, es hat sich bei mir bestätigt, da kommt die Leidenschaft an der Sache rüber. Mir hat das ein Kollege gespiegelt: Du hast gebrannt. (Hans Schelkshorn, Universität Wien)

Eine Eigenschaft, die immer mit Höchstnoten von Kommissionen beurteilt wird, ist das spürbare, sichtbare und hörbare Engagement von Kandidat*innen, neudeutsch Commitment.

Direktes Commitment zeigen Sie an den neuralgischen Punkten Ihres Auftritts vor der Kommission – am Anfang, wenn Sie Ihre Motivation darlegen und am Schluss, wenn Sie adressieren, dass Sie zum Wohle des Instituts bzw. der Uni beitragen wollen. Indirektes Commitment zeigen Sie aber durch die ganze Präsentation hindurch: Zum einen durch die Begeisterung, mit der Sie über Ihr Fach oder Ihr Konzept sprechen, dann, wenn Sie Ihre Erfolge und Werte beschreiben und zu guter Letzt, wenn Sie über Ihre Pläne, Ihre nächsten Schritte sprechen.

Extrovertierten Persönlichkeiten wird das leichter fallen als introvertierten, deshalb möchte ich hier gerade die Ruhigeren unter Ihnen ermutigen. Wenn Sie gern in Ihrem Fach unterwegs sind, wenn Sie an die Durchführbarkeit Ihres Konzepts glauben und daran, dass Sie dem jeweiligen Institut bzw. der Uni wirklich guttun werden, dann werden Sie ganz bestimmt automatisch strahlen. Sie müssen sich auf diese Aufgabe freuen – denn es ist unmöglich, diese Freude nicht gleichzeitig in Ihrem Gesicht, in Ihrer Mimik, in Ihren Augen und auch in Ihrer Stimme zu erkennen. Routinierte Kommissionsmitglieder erkennen an solchen nonverbalen Signalen zweifelsfrei, wer authentisch ist und wer sich emotional hineinsteigert bloß um der Dramaturgie willen, als Persönlichkeit aber letztlich nicht greifbar wird.

> Man muss auch der Kommission am besten gleich im Vortrag zeigen: Genau hierher passe ich. (Kerstin Krieglstein, Universität Konstanz)

> Bei Berufungsverfahren muss man zeigen, dass eine Entwicklung stattgefunden hat, um zu dokumentieren, dass man zum Beispiel Durchhaltevermögen besitzt. Manchmal braucht man ja auch in der Wissenschaft einen langen Atem. Es ist daher wichtig zu zeigen, dass man über einen langen Zeitraum bei der Sache bleiben und dabei auch Fehler machen kann. Denn es kann immer irgendetwas misslingen. (Manfred Curbach, TU Dresden)

4.1.3 Parieren Sie persönliche Fragen

> Kommissionen legen sich ein Frageraster zu, und diese Fragen werden allen Kandidaten vorgelegt. Vieles ist klar, die Bereiche Forschung, Lehre und Administration werden abgefragt. Man sollte sich zu jedem Bereich ein bis drei Points überlegen, wo man sagen kann: Das ist mir wichtig. Möglichst knapp, ein paar Punkte, die einem wichtig sind. Gut ist eine Kombination von Rekurs auf die eigene Erfahrung, das habe ich schon gemacht, und das am besten verbinden mit einer Zukunftsperspektive. Also z. B. „Ich habe diese Erfahrung, und das wäre auch eine Perspektive für hier.", oder „Diese Kooperationsmöglichkeiten würde ich mitbringen.". (Hans Schelkshorn, Universität Wien)

Nirgendwo sonst in den hier besprochenen Präsentationssettings werden Sie so erwartbar mit persönlichen Fragen konfrontiert wie im Zuge des Berufungsverfahrens. Niemand von uns ist das in dieser Form im normalen beruflichen Alltag gewohnt, und daher ist es unabdingbar, dass Sie sich präzise darauf vorbereiten

Zwei Punkte sind meiner Erfahrung nach nun in Ihrer Vorbereitung entscheidend:

a) Das Erstellen einer Liste möglicher Fragen, die Sie Punkt für Punkt und vor allem laut beantworten. Das ist wichtig, denn nur dann erkennen Sie sofort, ob Ihre Antworten brauchbar sind oder nicht. Idealerweise trainieren Sie mit einer/m Sparringpartner*in – auch hier lohnt sich eine Videoanalyse.

> Mir ist es im Laufe meines Lebens gelungen, dass nahezu alle meiner 15 Habilitandinnen Professorinnen wurden im In- und Ausland. Wir haben mit diesen Kandidatinnen immer Rollenspiele gemacht, die Vorträge und Bewerbergespräche simuliert, auf Video aufgenommen, kritisch analysiert usw. Da ist auf jeden Fall Potenzial nach oben. Interessanterweise bieten Universitäten da relativ wenig für die Postdocs und die Habilitierten an. (Dieter Frey, LMU München)

Die wichtigste Frage, auf die Sie fast wie aus der Pistole geschossen und mit innerer Überzeugung antworten können müssen, lautet:

Warum sollen wir uns für Sie entscheiden?
Diese Frage kommt vor allem dann, wenn Sie eine/n nahezu gleichwertige/n Konkurrent*in unter den anderen Kandidat*innen haben, und die Kommission selbst nicht sicher ist, wie sie reihen soll. Bitte beginnen Sie diese Frage unbedingt mit dem Wort „Weil …" und führen Sie dann zwei oder drei Ihrer schlagkräftigsten Argumente an.

Andere persönliche Fragen zielen darauf ab, Sie über Ihre tatsächlichen oder möglichen Defizite sprechen zu lassen. Man will sich vergewissern, wie Sie damit umgehen.

- Wo viel Licht ist, ist auch viel Schatten. Wo sind Ihre Schattenseiten?
- Fr./Hr. Kolleg*in X ist eine wesentliche Säule am Institut. Es gibt das Gerücht, dass Sie beide sich aus einer früheren Zusammenarbeit gar nicht grün sind. Stimmt das?
- Sie haben den Ruf, besonders streitbar zu sein. Was sagen Sie dazu?
- Sie haben großartig viele Publikationen. Aber wenn Sie so weiter verfahren: Wie wollen Sie sich dann noch um die Führungsaufgaben, die auf Sie zukämen, kümmern?
- Sie haben sehr wenige Publikationen. Wie wollen Sie da dem wissenschaftlichen Personal Vorbild sein?
- Ihr Forschungskonzept ist sehr ansprechend, aber scheint sehr kompliziert bzw. teuer zu sein. Was konkret können Sie weglassen oder vereinfachen?
- Wenn Sie berufen werden, müssten Sie pendeln. Wie können Sie das mit Ihrem Privatleben vereinbaren, ohne zu viel Kraft und Energie zu verlieren?
- Wir hören, Sie haben eine zweite Bewerbung laufen. Wie ernst sollen wir denn diese hier nehmen?

Nehmen Sie, wenn Sie sich auf die Beantwortung derartiger Fragen vorbereiten, am besten eine Anleihe bei Präsentationen vor Fördermittelgebern: Da wie dort ist es nicht zielführend, sich in zu grellem Licht darzustellen. Geben Sie sich immer konstruktiv und zuversichtlich, aber nie unbesiegbar. Nicht das Fehlen von, sondern das professionelle Managen mit Problemen macht den Unterschied und überzeugt Kommissionen. Dass diese Form der authentischen Kommunikation besonders bei Bewerbungen erfolgversprechend ist, ist vor wenigen Jahren in drei zusammenhängenden Studien zwischen Mailand, London und Hongkong festgestellt worden: Gerade als Top-Performer erzeugen Sie ganz besonders viel Vertrauen bei Recruitern, wenn Sie erzählen, was Sie aus schwierigen Situationen gelernt und dann bei zukünftigen Projekten erfolgreich eingesetzt haben. Gegenüber den häufig austauschbaren, überzogenen oder intransparenten Selbstdarstellungen anderer Kandidat*innen heben sich solche lebensnahen Einblicke wohltuend ab. Ihre Chancen auf den Job erhöhen sich bis ums Dreifache, wenn Sie vermitteln können, dass Sie reflektiert sind, über Ihre eigenen Stärken und Schwächen Bescheid wissen und ehrlich über Ihre Erfahrungen wie Ihre Pläne sprechen können. (Moore et al. 2017)

> Da kommt es extrem auf den persönlichen Eindruck an, weil ja schriftlich schon alles abgehakt ist. Da muss man auf dem Punkt fit sein, da wird extrem nach der Persönlichkeit beurteilt. Ist das jemand, der später Professor sein kann? Kann der reden? Die Forschung wird gar nicht mehr so beurteilt, aber kann diese Person andere Leute begeistern? Der soll ja eine Arbeitsgruppe aufbauen, der soll ja junge Menschen führen – das ist ein halbstündiger Vortrag und da versucht man, das alles raus zu destillieren, und da wird man dann auch relativ hart zu seinem Vortrag befragt. Aber letztlich dienen die Fragen eigentlich dazu, um etwas über die Persönlichkeit herauszubekommen. (Metin Tolan, TU Dortmund)

b) Die bewusste Wiederholung, Betonung oder Weiterführung Ihrer Botschaften aus der Präsentation noch einmal in Ihren Antworten. Idealerweise entwickeln Sie in Ihrer Vorbereitung mehrere Beispiele pro Botschaft bzw. pro Abschnitt. So fällt es Ihnen leicht, rhetorisch glaubhaft zu illustrieren. Die besten Beispiele bringen Sie in Ihrem Vortrag unter, die zweitbesten verwenden Sie im Zuge des Kommissionsgesprächs.

Damit wirken die beiden Teile Ihres persönlichen Auftritts vor der Kommission wie ein gesamtes stimmiges Bild und nicht völlig entkoppelt voneinander.

Verhalten Sie sich repräsentativ für später
Wofür auch immer Sie sich konkret bewerben: Gehen Sie bitte davon aus, dass die Kommission Ihren Auftritt beim Hearing mit Ihrem späteren Verhalten, sollten Sie die gewünschte Position erhalten, gleichsetzt. „Wollen wir diese Universität von dieser Person vertreten lassen?" lautet die unausgesprochene Frage. Sie sind also als Kandidat*in Role Model für sich selbst für die Zeit nach der Berufung.

a) Ihr Outfit: So wie Sie sich herrichten, so – nimmt die Kommission an – werden Sie sich auch als Professor*n oder als Rektor*n in der Öffentlichkeit zeigen. Kleiden Sie sich also im Zweifel eher konservativ bzw. der jeweiligen Tradition entsprechend. Die Damen erscheinen bitte nicht zu grell geschminkt, ohne baumelnde Accessoires wie Ohrgehänge, überdimensionierte Ketten oder vierreihige Armreifen und ohne hohe

Pumps. Die Herren erscheinen idealerweise im Anzug mit Krawatte, nicht zu grau und unscheinbar, aber natürlich farblich abgestimmt und mit dunklen Socken oder Kniestrümpfen. Vielleicht noch eine Anregung, wenn Sie sich nicht stilsicher fühlen: Kleiden Sie sich doch gleich so, als ob Sie ins TV-Studio eingeladen sind – siehe Abschn. 6.2. Damit sind Sie immer richtig unterwegs. Sollten Sie sich etwas Neues kaufen, dann probieren Sie bitte Ihr Outfit auf jeden Fall bereits ein paar Tage vor dem Hearing vor dem Spiegel daheim an. Spüren Sie in sich hinein, ob Sie sich wohl- und mit jeder Bewegung sicher fühlen, ohne dass die Bluse herausrutscht, ein Knopf aufspringt oder die Hose beim Niedersetzen spannt. Souveränität kommt nicht nur von innen.

b) Ihr Führungsverhalten. So wie Sie vor der Kommission agieren, so interpretieren deren Mitglieder Ihr Verhalten als spätere Führungskraft. Ich empfehle daher jeder/m Kandidat*in im Berufungsverfahren, sich nicht nur auf Fragen vorzubereiten, sondern auch selbst Fragen mitzunehmen. Als Professor*in oder Rektor*in sind Sie schließlich nicht Prüfling und nicht Verdächtige/r bei einem Verhör, wo Sie tatsächlich nur brav Antworten geben und dann hoffen, dass Sie auch die nächste Frage überleben werden. Führungskräfte agieren vor dieser Logik auf Augenhöhe mit Kommissionen – deshalb ist es unwahrscheinlich, dass Sie in einer derartigen Bewerbung überhaupt nichts zu fragen hätten. Wer fragt, führt – diesen abgedroschenen, aber noch immer stimmigen Leitspruch der Managementlehre sollten Sie als Kandidat*in beherzigen. Überlegen Sie sich bitte auch im Vorfeld, zu welchen Themen Sie eine prononcierte Meinung vertreten wollen und wo Sie aus taktischen Gründen eher vage bleiben möchten. Jegliches „Herumeiern" um den heißen Brei oder ein permanentes „Da muss ich erst darüber nachdenken.", weil Sie in Wirklichkeit keine Ahnung haben, was Sie sagen wollen, reduziert Ihre Wirkung detto. Die Kommission würde zu untertäniges und passives Verhalten Ihrerseits in der Fragerunde als Hinweis dafür sehen, wie Sie vermutlich auch in Verhandlungen im Namen des Instituts oder der Uni agieren würden. Kommissionsmitglieder könnten Ihnen dann (durchaus nachvollziehbar) zu wenig Durchsetzungsvermögen oder zu wenig Überzeugungskraft unterstellen. Selbst wenn Sie in Ihrer Präsentation noch so viel von Leadership sprächen – falls Sie in der Fragerunde nicht ein dazu passendes Verhalten an den Tag legen, wird Ihnen die Kommission das nicht abnehmen. Einen weiteren Anhaltspunkt auf Ihr wahrscheinliches Verhalten als Führungskraft erhält die Kommission durch die Art, wie Sie über Kolleg*innen und Mitarbeiter*innen sprechen. Sind Ihr Ton und Ihre Wortwahl dabei wertschätzend, ist Ihre Selbstdarstellung als integrativ wirkender Vorgesetzte/r oder Peer glaubwürdig. Sonst nicht.

c) Ihr Sitzungsverhalten. So, wie Sie vor der Kommission agieren, zeigt aber auch, wie Sie sich in externen Sitzungen generell verhalten würden. Es beginnt bei einer konstruktiven, offenen Körpersprache im Sitzen: Halten Sie den Blickkontakt, egal wie herausfordernd die jeweilige Frage für Sie sein mag. Bleiben Sie mit dem Oberkörper, wenn Sie sitzen, über weite Strecken vorn – wenn Ihr Bauch die Tischkante berührt, dann ist

4.1 Besonderheiten

es immer gut. Nur in dieser Sitzhaltung wirken Sie dynamisch, engagiert und zugewandt. Kandidat*innen, die das ganze Verfahren hindurch zurückgelehnt sitzen, wirken distanziert. Legen Sie Ihre Armbanduhr vor sich hin, um zu signalisieren, dass Sie die Zeit im wahrsten Sinne des Wortes im Auge haben. Auch so gestalten Sie Ihr Image pro Effizienz. Apropos: Lassen Sie bitte jedes Kommissionsmitglied ausreden und halten Sie selbst keine ausfernden Monologe, die letztlich dazu führen, dass nicht alle Kommissionsmitglieder alles fragen können, was sie vorbereitet haben. Erstaunlich ist – auch immer wieder für mich –, dass Kandidat*innen vor der Kommission wie der Prüfling vor Matura oder Abitur mit leeren Händen erscheinen. So banal es für Sie sein mag: Ohne Notizbuch – ich empfehle immer A4-Format, weil das mehr Platz pro Seite bietet – geben Sie entweder zu verstehen, sich nichts merken zu wollen, oder gewohnt zu sein, jemanden für Sie die niederen Dienste des Mitschreibens erledigen zu lassen. Wir wissen seit nahezu 20 Jahren, dass handschriftliche Notizen das Beste sind, um sich Inhalte zu merken (Marzano et al. 2001). Selbst wenn Sie also ein echtes Gedächtnisgenie sein sollten und sicher sind, dass Sie sich auch „ohne" alles einprägen können: Die Kommission weiß das nicht, und kein Notizbuch mitzubringen, kann Ihnen als mangelnder Respekt bzw. Überheblichkeit ausgelegt werden. Darüber hinaus wird dieses Notizbuch für Sie während der Fragerunde noch zweifach hilfreich sein:

- Erstens, damit Sie sich dort im Zuge Ihrer Vorbereitung jene Botschaften notieren, die Sie unbedingt kommunizieren wollen. Auch eventuelle Regieanweisungen an sich selbst finden dort gut Platz.
- Zweitens, damit Sie gleich auf der gegenüberliegenden Seite Platz für Vermerke zur präzisen Beantwortung der Kommissionsfragen haben: dort stehen dann die Fragen selbst und Stichworte für eine passende Antwort, die Ihnen bereits einfallen, während noch die Frage ausformuliert wird. Oder auch körpersprachliche Signale einzelner Kommissionsmitglieder, die Sie bemerken und mit denen Sie eventuell arbeiten wollen. Häufig gibt Ihnen die/der Kommissionsvorsitzende vor Abschluss der Fragerunde die Möglichkeit, noch zu ergänzen, was Ihnen wichtig wäre. Mit einem prüfenden Blick in Ihr Notizbuch sehen Sie sofort, ob und wenn ja was, von Ihren „To do's" noch offen ist.

Ihren Stift nehmen bitte Sie nur zur Hand, wenn Sie ihn konkret brauchen. Sind Sie selbst am Wort und schreiben nicht, legen Sie ihn wieder aus der Hand. Die Gefahr ist nämlich sonst groß, dass Sie unbewusst mit dem Stift zu spielen beginnen. Jede/r im Raum weiß, dass Sie aufgeregt sind, und das ist auch völlig normal. Aber Sie müssen diese Nervosität nicht am Serviertablett präsentieren.

> Im Vorzimmer müssen die Kandidaten für ein Vorstellungsgespräch bei mir leider immer noch ein bisschen warten. Da sind ein oder zwei Leute im Zimmer, oder eine andere Mitarbeiterin kommt dann rein, und hinterher frage ich die dann, wie waren die denn. (Manfred Curbach, TU Dresden)

4.2 Probevortrag für die Professur

„Academics are now asked to develop more skills that include management and communication skills, teamwork capacity, proficiency in foreign languages, networking, information technology competencies," fassen Fumasoli et al. 2014 die Veränderungen im Anforderungsprofil für Professor*innen zusammen. Oder anders gesagt: Kandidat*innen für Führungspositionen im Wissenschaftsbereich müssen heute ein deutlich breiteres Spektrum an Qualifikationen mitbringen als noch vor 15 oder 20 Jahren. Und die Entwicklung bleibt nicht stehen: Ganz aktuell dazugekommen ist ein Mindestmaß an Überblick über die Möglichkeiten der Online-Kommunikation für die Lehre und den laufenden Betrieb.

> Gerade jetzt für Corona gibt es Anforderungen, die über das Übliche hinausgehen. In der Lehrdidaktik gibt es sehr offensive Strategien. Ich bin da „old school", aber von den Jungen wird erwartet, dass sie die Klaviatur der Medien einsetzen können. (Hans Schelkshorn, Universität Wien)

Der Probevortrag im Hearing widmet sich zwar Ihrem Fach, ist aber nicht zu verwechseln mit dem klassischen Fachvortrag auf einer Konferenz oder einem wissenschaftlichen Workshop. Im Berufungsverfahren ist Ihr Ziel, eine Gruppe mit durchaus heterogenen beruflichen Hintergründen von sich zu überzeugen. In der Konferenz wollen Sie auf Ihre Forschungsergebnisse aufmerksam machen und in eine inhaltliche Diskussion kommen – das sind zwei völlig verschiedene Zielsetzungen.

Was ist aus Sicht der Kommission im Berufungsverfahren eine gute Wahl? Eine, die formal wie fachlich unangreifbar ist, die kulturell zum jeweiligen Haus passt und die Möglichkeiten für Weiterentwicklung und Kooperation gibt. Alles, was nachträglich die Entscheidung einer Kommission infrage stellen oder einzelnen Kommissionsmitgliedern Sorgen bereiten könnte, soll sich durch Ihre Ausführungen im Idealfall aufgelöst haben.

> Mein erster Tipp: Man soll sich ein möglichst genaues Bild von der Kommission machen, also: Wer sind die Mitglieder, was sind ihre Forschungsfelder oder Schwerpunkte und welche Interessen könnten sie haben in Zusammenhang mit diesem Lehrstuhl? Jedes Kommissionsmitglied hat bestimmte Vorstellungen, vielleicht auch für zukünftige Kooperationen mit diesem Institut. (Hans Schelkshorn, Universität Wien)

Ich empfehle immer, sich als Kandidat*in in alle Richtungen um Informationen zu den Kommissionsmitgliedern zu bemühen. Je besser Sie diese Personen einschätzen können, desto eher können Sie in Ihren Ausführungen durch die bewusste Verwendung von Themen oder positiv konnotierten Stichworten mit zumindest emotionaler Unterstützung rechnen. Bitte googeln Sie auch nach allen Regeln der Kunst – so bringen Sie womöglich auch in Erfahrung, ob und wenn ja, wie sich das eine oder andere Kommissionsmitglied in den Medien positioniert hat.

Direkt an einzelne Mitglieder der Kommission im Vorfeld heranzutreten, um sich bilateral vorzustellen, erachte ich persönlich für problematisch, auch wenn das immer wie-

4.2 Probevortrag für die Professur

der vorkommen soll. Erkundigen Sie sich bitte in Ihrem Umfeld, was dort, wo Sie antreten, diesbezüglich opportun und angemessen ist. Manchmal werden, so hört man, auch Mittelsleute eingeschaltet, um vorab Lobbying für einzelne Kandidat*innen zu machen oder um für diese zu erfahren, welche Aspekte dieser konkreten Kommission besonders wichtig wären.

4.2.1 Struktur

> Ein Tipp, den mir mein Vater mitgegeben hat: Du musst Deinen Vortrag in drei Teile gliedern. Da ist der erste Teil, den jede/r versteht, der zweite Teil, den jede/r versteht, die/der fachlich mehr bewandert ist, und den dritten Teil muß niemand verstehen. Der erste Teil holt jede/n ab, der zweite Teil nimmt die Fachleute mit, und im dritten Teil zeigt man den eigenen Führungsanspruch im Fach. Das ist eine gute Vorlage, damit die Leute sagen können: wow, wie toll derjenige ist. (Kerstin Krieglstein, Universität Konstanz)

> Es gibt auch Leute, die einen perfekten Vortrag machen, der ist wasserdicht abgeschlossen, aber eigentlich fad. Die Lebendigkeit bewahrt man sich, indem man riskiert, den Vortrag aus der eigenen Forschung zu bestreiten. (Hans Schelkshorn, Universität Wien)

Bevor Sie Ihren Probevortrag im Detail ausarbeiten, machen Sie sich bitte Gedanken über dessen Struktur. Das ist ein besonders erfolgversprechender Aufbau (Tab. 4.1):

4.2.2 Praktische Durchführung

Egal, wie gut Sie vorbereitet sind: Ihre Nerven könnten in den Stunden vor Ihrer Präsentation zu flattern beginnen. Das ist legitim und nichts zum Ärgern. Hier noch ein paar Gedanken, wie Sie sich selbst beruhigen können:

Beschließen Sie am Abend vor Ihrem Hearing sämtliche Vorbereitungen – unabhängig davon, ob Sie am nächsten Tag in der Früh oder am späten Nachmittag Ihren Termin haben. Über Nacht festigt sich Ihre Vorbereitung und alles, was Sie noch kurzfristig versuchen, an neuem Stoff dazu zu nehmen, kann erfahrungsgemäß das Bisherige gefährden.

Tab. 4.1 Vortragsstruktur

Botschaft 1	Mein Forschungsschwerpunkt ist hochaktuell.	Hier beschreiben Sie den Status quo Ihres Forschungsschwerpunkts und die aktuellen Chancen, die sich für das Institut und/oder die Universität durch Ihre Expertise auftun.
Botschaft 2	Ich bringe x, y und z (z. B. Erfahrung, Teamgeist und Kontakte) mit.	Im mittleren Abschnitt wird es wieder persönlich. Ihre persönlichen Karriere-Highlights, Ihre Werte und Ihre Netzwerke sind jetzt gefragt.
Botschaft 3	Am wichtigsten ist mir zu Beginn x.	Hier kündigen Sie Ihre ersten operativen Schritte an, wenn Sie den Ruf erhalten sollten.

Bemühen Sie sich um einen ausgiebigen Schlaf und achten Sie unbedingt darauf, dass Sie die Stunden vor Ihrem großen Auftritt in Slow Motion – also so bedächtig und gemächlich wie möglich – verbringen können. Ihre Nervosität kann dadurch bis zu einem gewissen Grad kontrolliert werden. Schneller Herzschlag **und** hastige Bewegungen oder Zeitnot sind das Letzte, was Sie an dieser Stelle brauchen.

Fahren Sie frühzeitig los oder lassen Sie sich mit dem Taxi hinbringen – im „schlimmsten" Fall sitzen Sie noch eine Zeit lang im Wagen und sammeln sich ein wenig. Oder Sie drehen noch eine Runde um den Häuserblock, bevor Sie spätestens eine halbe Stunde, bevor Sie offiziell an der Reihe sind, das Universitätsgebäude betreten. So haben Sie noch genug Zeit, auf die Toilette zu gehen, einen letzten kontrollierenden Blick in den Spiegel zu werfen und sich atmosphärisch zu akklimatisieren.

Der guten Ordnung halber möchte ich auch erwähnen, dass Sie natürlich – wenn Sie nicht der/die Erste sind – auch Ihre Konkurrent*innen bei deren Präsentation beobachten können. Für manche ist das sehr hilfreich, weil sie dann sehen, dass auch die anderen nur mit Wasser kochen. Manch andere wiederum finden das unerträglich stressig. Bitte überlegen Sie einfach, was für Sie mental besser wäre.

Jedenfalls kommt dann so oder so der Moment, in dem Sie aufgerufen werden. Sie treten ein, begrüßen die Kommission, gehen zu Ihrem zugewiesenen Platz und werden – sehr ähnlich zur Präsentation vor Fördermittelgebern – willkommen geheißen (siehe auch Abschn. 3.2.). Der große Unterschied: Sie agieren vor Publikum. Hinter Ihnen haben sich Schaulustige bereits in Stellung gebracht. Selbst wenn Ihr persönlicher Fanclub anwesend sein sollte, erlauben Sie zu empfehlen, sich gerade jetzt nicht ablenken zu lassen. Bleiben Sie konzentriert, von sich überzeugt und stehen Sie dann auf.

> Es kommt auf das Mindset an. Als Bewerberin muss ich der festen Überzeugung sein, dass diese Stelle, die ich haben möchte, genaudas ist, was ich machen möchte. Frauen tun sich da noch schwerer, weil sie eher an sich zweifeln und die eigene Qualifikstiondifferenziert sehen. Männer tun das nicht. Aber jede Art von Zweifel oder Unsicherheit spürt die Kommission im Vortrag. Frauen müssen sich sicher sein: Ja, ich schaffe das. Das ist Dreiviertel der Miete in Berufungsvorträgen und -Gesprächen. Indem Moment, in dem sich Bewerberinnen mit dieser Sicherheit hinstellen, haben sie eine Grundhaltung, die es ihnen sehr viel leichter macht. (Kerstin Krieglstein, Universität Konstanz)

Adressieren Sie nun die/den Kommissionsvorsitzende/n, dann die Mitglieder der Kommission und schließen Sie mit „Meine Damen und Herren!" oder – wenn Sie etwas weniger förmlich rüberkommen wollen – mit „Sehr geehrte Kolleg*innen!"

Die Einleitung ist idealerweise wieder invers: Mutige unter Ihnen artikulieren daher nun Ihr Ziel, das zwar jede/r im Raum kennt, das aber gleich jetzt ausgesprochen unglaublich souverän wirkt: „Ich möchte Sie heute davon überzeugen, dass ich die/der Richtige für die Professur xy hier in Z/am Institut Z bin." Sagen Sie diesen Satz freundlich, aber bestimmt, und Sie werden ziemlich sicher ein minimales Schmunzeln auf den Lippen einiger Kommissionsmitglieder bemerken. Und das ist schon sehr wertvoll: für Sie als auch für die Kommission selbst. „Good vibrations" könnte man das nennen.

4.2 Probevortrag für die Professur

Als nächstes thematisieren Sie gleich Ihre Motivation: Warum wollen gerade Sie diesen Job genau hier und genau jetzt? Die Motivation einer/s Kandidat*in ist in einem Bewerbungsverfahren hochinteressant und das Persönlichste, was Sie in dieser Anfangsphase über sich kommunizieren können. Ihre Motivation so unverblümt ins Treffen zu führen, sorgt innerhalb der ersten Minute für eine frühe Möglichkeit, emotional an Glaubwürdigkeit zu gewinnen. Argumentieren Sie daher hier so individuell und spezifisch wie möglich – Allgemeinplätze wie „… weil das ein spannender Job ist" sind austauschbar, trivial und enttäuschen daher unnötig.

Setzen Sie fort, über Dauer, Art und Ablauf vulgo Struktur Ihres Probevortrags zu sprechen und halten Sie sich dabei genau an den Wortlaut der Vorgaben aus der schriftlichen Einladung. Dadurch dokumentieren Sie, dass Sie mit Vorgaben umgehen können und vermitteln der Kommission prima vista schon ein erstes Gefühl von Präzision, Disziplin und Sicherheit.

Jetzt stellen Sie sich kurz vor, indem Sie in zwei oder drei Sätzen Ihre aktuelle Position und Ihre dortigen Herausforderungen beschreiben. Wenn es Ihnen gelingt, hier eine Information unterzubringen, die man so noch nicht weiß, umso besser.

Abschließend sprechen Sie aus, wie geehrt oder erfreut Sie über die Einladung zu diesem Probevortrag sind.

Beispiel

Sehr geehrte/r Frau/Herr Vorsitzender, sehr geehrte Mitglieder der Berufungskommission, liebe Kolleg*innen!

Ich möchte Sie heute davon überzeugen, dass ich die/der Richtige für die W4-Professur Public Health an der XX-Universität in AA bin. Hier in AA die Geschicke des Zentrums für Public Health leiten zu dürfen, wäre für mich aus zwei Gründen perfekt: 1. Als inhaltliche Herausforderung, weil ich mit meiner Kompetenz als Virolog*in dieses Institut nach 25 Jahren unter Prof. BB in eine neue erfolgreiche Phase führen will. Und 2. Vor meinem persönlichen Hintergrund: AA ist die Stadt mit der zweitgrößten Lebensqualität in unserem Land, und meine Kinder sollen hier in die Schule gehen und aufwachsen.

Ich werde Ihnen in den nächsten YY Minuten entsprechend Ihren Vorgaben in der Einladung zum heutigen Tag zeigen, was ich dem Zentrum für Public Health konkret anbieten kann, welche Prinzipien und Werte ich in der Zusammenarbeit im Haus für wichtig erachte und was ich konkret in den ersten 100 Tagen vorhätte, wenn Sie mich berufen.

Noch kurz zu mir: Mein Name ist BB und ich bin derzeit am Institut für Virologie in CC tätig. Ich leite dort seit 0000 die Abteilung für DD, führe 33 Mitarbeiter*innen, 11 Ärzte und 22 Personen in der Pflege. Die Details zu meiner Vita und meinen 444 Publikationen haben Sie ja schon in meiner Bewerbung gesehen.

Vielen Dank an dieser Stelle auch noch einmal für die Einladung, hier vor Ihnen sprechen zu dürfen! Es ist mir eine Ehre. ◄

Botschaft 1: Mein Forschungsschwerpunkt ist hochaktuell
Hier geben Sie einen Überblick über den Stand Ihrer Forschung und womit Sie sich gerade im Detail beschäftigen. Das Ganze muss unbedingt auch für Nicht-Expert*innen verständlich sein. Die Reviewer, die einzig und allein Ihre Expertise in der Granularität, mit der Sie bei Fachkonferenzen vortragen, beurteilen können, sitzen nicht in der Kommission!

Eine gute Idee ist dann, zunächst die aktuelle Situation und Bedeutung, die Ihr Forschungsschwerpunkt für die Gesellschaft generell hat, darzustellen. Dadurch schaffen Sie beim Publikum nicht nur ein erhöhtes Bewusstsein für die Wichtigkeit Ihres Fachs, sondern legen parallel dazu auch den Beweis für Ihre Fähigkeit, im „Big Picture" zu denken und zu kommunizieren, ab. Das ist ein nicht zu unterschätzender Aspekt innerhalb einer Leitungsaufgabe – auch oder gerade an einer Universität – und vor allem für weibliche Kandidaten wichtig. Die derzeitige Forschung hat nämlich erst vor kurzem nachgewiesen, dass Frauen ihre Kompetenz vor allem durch ihr Detailwissen unter Beweis stellen. Das Unangenehme ist: Detailwissen zu viel, zu früh, zu kompliziert kommuniziert, evoziert bei den Rezipient*innen das Gefühl, eine hervorragende Sachbearbeiterin vor sich zu haben, aber keine Führungskraft. Männer hingegen tendieren in vergleichbaren Situationen eher dazu, den Sachverhalt in großen Zügen zu schildern und scheinen damit, wenn es um „Big Picture" geht, von vornherein einen kleinen Vorteil zu haben. (Joshi et al. 2020)

Als nächstes gehen Sie bitte eine Ebene weiter und schildern, wie Sie ergo dessen Ihre Expertise am Institut, bei dem Sie sich bewerben, in Lehre und Forschung möglichst reputationsfördernd und attraktiv umsetzen wollen. Skizzieren Sie auch, was Sie persönlich (noch immer) an diesem Fach reizt und wo Sie persönlich die inhaltlichen Herausforderungen der nächsten Jahre sehen.

> Da kann ich nur raten: wenn man zu einem Vortrag eingeladen wird, um sich für eine Professur vorzustellen, dann wird durch diese Einladung bereits kundgetan, dass man wissenschaftlich top ist. Das braucht man nicht mehr zu beweisen. Der Vortrag dient ja dazu, die Person persönlich kennenlernen. Und das heißt, wenn ich da rede und einen Vortrag halte, dann sagen die ja nicht, poh, da habe ich nichts verstanden, das ist so ein Held, sondern die sagen, da habe ich nichts verstanden. Und deswegen muss man Gehirnschmalz reininvestieren und sich überlegen: Was muss ich tun, dass ein paar mehr Leute zumindest mit der Hälfte des Vortrags wirklich viel anfangen können. Vielleicht am Ende kann ich ein paar Sachen bringen, die man dann nicht mehr zur Gänze versteht, denn es gibt da ja noch das andere Extrem: Wenn alle dasitzen und sagen, poh, das haben wir alles verstanden, dann kriegen Sie natürlich sofort die Frage serviert: Ist denn das schwer, was Sie da machen? Das war bei mir zum Beispiel so.
> Sie müssen also möglichst viele mitnehmen. Umgekehrt dürfen aber die Experten im Raum auch nicht das Gefühl haben, dass Sie da nur Trivialitäten von sich geben. (Metin Tolan, TU Dortmund)

Botschaft 2: Ich bringe x, y und z (z. B. Erfahrung, Teamgeist und Kontakte) mit
Sehr brauchbar an dieser Stelle ist es jetzt, auf Sie persönlich näher einzugehen. Oder anders gesagt: Meiner Meinung nach ist der mittlere Abschnitt Ihres Probevortrags die ein-

zige wirklich adäquate Positionierung für diesen subtilen Moment der Selbstdarstellung. Würden Sie gleich zu Beginn ausführlich über sich sprechen, stellten Sie sich über das Fach und seine Bedeutung. Sprächen Sie erst im dritten Abschnitt über sich, nutzten Sie nicht die Dynamik, die der dort viel besser platzierte Ausblick auf die nächsten Schritte in Ihrem Interesse bewerkstelligen würde.

Sprechen Sie daher jetzt über die wichtigsten Stationen Ihrer Vita und präsentieren Sie jeweils dazu Ihre größten Erfolge – als Wissenschaftler*in wie als Führungskraft. Präsentieren Sie der Kommission außerdem explizit, welche Werte Ihnen wichtig sind. Führen Sie bitte auch mit plakativen Beispielen aus, was Sie genau damit meinen und was man in der Verfechtung dieser Werte von Ihnen erwarten darf. Was ich damit sagen will? Jede/r Forscher*in, die/der nicht völlig von der Realität abgeschnitten lebt, wird Exzellenz oder Teamgeist als wichtige Werte der Wissenschaft erwähnen. Doch ohne Konkretisierung dahinter sind beide Begriffe letztlich abgedroschene Worthülsen, die Ihnen allein im Zweifel nicht gegen starke Konkurrenz im Verfahren helfen. Nur durch derartige Beispiele kann klar werden, was Exzellenz, Teamgeist oder eben irgendein anderes Prinzip zur Qualitätssicherung oder -steigerung bei Ihnen ganz persönlich in der praktischen Umsetzung bedeutet.

„Experience in administrative work and the acquisition of external funding have become increasingly important criteria for judgement" (Hamann 2019) war eine wesentliche Schlussfolgerung eines Artikels, in dem die Voraussetzungen einer Professur gerade in Deutschland analysiert worden sind. Deshalb rate ich Ihnen auch, spätestens jetzt, als dritten Aspekt dieses mittleren Abschnitts, Ihre Wirtschaftskontakte bzw. eventuell bereits konkrete Kooperationszusagen, die Sie in der Tasche haben, vorzutragen. Gibt es Fotos, die Sie mit bekannten Industriellen zeigen, wäre jetzt ein guter Moment, eines oder zwei zu projizieren. Behalten Sie bitte die richtige Tonalität im Auge: Sie sollen nicht angeben, aber umgekehrt wird ein/e Forscher*in ohne Netzwerk eben in Zeiten wie diesen nur schwerlich bei Berufungsverfahren reüssieren.

> Berufen wird man, wenn man Drittmittel mitbringen kann. Denn das ist für den Rektor und sein Ranking besser. (Hans Schelkshorn, Universität Wien.)

Hier ein paar hilfreiche Fragen für Ihre Vorbereitung.

- Was hat die Organisation, bei der Sie sich bewerben, eigentlich davon, dass just Sie die Stelle anträten und nicht irgendjemand anderer?
- Haben Sie Zugang zu Behörden oder zum Gesetzgeber? Wie steht es um Ihre internationalen Verbindungen, ließe sich hier eine neue reputationsfördernde Zusammenarbeit auf mehreren Ebenen aufstellen?
- Sind Sie ein/e Meister*in der Mitarbeiterführung und würden endlich Zwist und Hader am Institut beseitigen? Würden Sie so gesehen, Fakultätsvertreter*innen etliche schlaflose Nächte ersparen oder zumindest deren Sorgen deutlich reduzieren helfen?

- Sind Sie erfahren im Umgang mit Medienvertreter*innen, sodass Ihr Fach entweder weiterhin oder auch von Stund an bestens in der Öffentlichkeit positioniert sein wird?
- Sind Sie kraft Ihrer wissenschaftlichen Kompetenz ein Zugpferd für das Institut, das dringend mehr Studierende braucht?
- Gehören Sie zu den meistzitierten Wissenschaftler*innen und tragen zur Aufwertung der Universität als solches bei?

Botschaft 3: Am wichtigsten ist mir zu Beginn x
Erläutern Sie, was Sie in den ersten 100 Tagen auf der neuen Stelle konkret vorhaben. Diese 100 Tage, also ca. drei Monate, sind ein in Politik und Wirtschaft gern verwendeter Zeitrahmen, innerhalb dessen man Newcomern im Amt Zeit gibt, sich zu orientieren, erste Schlüsse zu ziehen, erste Ziele zu setzen und zu beginnen, Kolleg*innen und Mitarbeiter*innen auf die neue Phase einzuschwören. Mit Kritik – so der Usus – halten sich die Beobachter*innen da noch weitestgehend zurück. Auch in der Wissenschaft sind meiner Erfahrung nach die drei Monate nach der Berufung eine akzeptierte Kategorie und für jede Kommission greifbar und gut vorstellbar.

Ein klein wenig ist die Zeitspanne, die Sie zur Beschreibung Ihrer nächsten Schritte wählen, aber auch eine Frage Ihres Antrittsdatums. Starten Sie am 1. August, würde ich den Ausblick gleich bis zum Ende des Jahres geben, starten Sie am 1. März entsprechend gleich bis zur Sommerpause, starten Sie am 1. Mai gleich bis zum Beginn des Wintersemesters.

> Je mehr sich eine Universität als Forscheruniversität definiert, wie das bei den Excellence Universitäten, einschließlich der LMU der Fall ist, umso mehr steht die fachliche und wissenschaftliche Qualifikation der Bewerber auf eine Stelle im Vordergrund. Management- und Leadership-Fähigkeiten sind nach wie vor in den deutschen Universitäten sekundär bei der Berufung. Das heißt schlicht, dass die meisten Führungskräfte, also Professoren an den Universitäten nicht gut vorbereitet sind auf das, was sie erwartet. Einerseits wird von ihnen sehr viel Management/Verwaltungskompetenz gefordert, z. B. in Forschungsprojekten, Lehrstühlen, Departments, Fakultäten. Andererseits sind auch Leadership-Qualität essenziell, weil Professoren sowohl mit wissenschaftlichen wie nicht-wissenschaftlichen Mitarbeitern im Team umgehen müssen. Hier sieht man schon in den ersten 100 Tagen, dass vieles schiefläuft, was anschließend oft nicht mehr zu reparieren ist. (Dieter Frey, LMU München)

Hier gilt es vor allem operative Maßnahmen nach innen wie außen abseits des Standards der Antrittsvorlesung anzukündigen: die Antrittsrede vor Ihrem zukünftigen Team, Antrittsbesuche bei den wichtigsten Kolleg*innen im Haus, Antrittsbesuche bei wichtigen Meinungsführern Ihres Fachs in der Region, die Einrichtung eines Jour fixes jedenfalls mit dem akademischen Personal, ein- bis zweistündige Einzelgespräche mit jeder/m leitenden Angestellten Ihres Instituts oder Ihrer Klinik, die Analyse der Situation vor Ort inklusive der Detailausarbeitung eines Konzepts für Forschung und Lehre bereits unter Einbindung Ihrer neuen Mitarbeiter*innen sowie einen Workshop für Ihren Stab – Kick off in die neue Ära.

4.2 Probevortrag für die Professur

Fast am Ende Ihres Probevortrags angelangt, stellen Sie diese geplanten Maßnahmen auch grafisch in Form eines querformatigen Zeitplans vor.

Wenn Sie zum Schluss kommen, sprechen Sie bitte wieder die Kommission an – wortgleich wie ganz zu Beginn.

Adressieren Sie expressis verbis Ihr Commitment für das Fach, für das Institut bzw. die Klinik und verbinden Sie es mit den Zielen der Hochschule. Herauskommen soll: Ihr Einsatz steht ganz im Dienst der gemeinsamen Ziele. Haben Sie im Rahmen des Vortrags durch Fakten und Ideen zu beweisen versucht, dass Sie fähig wären, Ihren Beitrag für eine glorreiche Zukunft der Organisation zu leisten, so bestätigen Sie jetzt, dass Sie auch gewillt dazu sind. Können und Wollen – das sind zwei verschiedene Paar Schuhe, die nicht automatisch Hand in Hand gehen.

Den letzten Satz Ihres Probevortrags vor der Berufungskommission sollten Sie im Übrigen auswendig lernen, damit Sie ihn überzeugend und einprägsam aussprechen können. Das abschließende Chart ist von besonderer Bedeutung. Es muss, um haarscharf zu Ihren Worten zu passen, die mit Ihnen bzw. durch Sie gebaute erfolgreiche Zukunft abbilden. Das kann das Gebäude des Instituts oder dessen Haupteingang sein, das kann eine visionäre Darstellung aus Ihrem Fach sein, das kann auch ein Foto von Ihnen neben dem Wahrzeichen der Stadt sein, wenn Ihr derzeitiger Arbeitsplatz weit entfernt liegt.

Der letzte Blick der Kommission auf die Projektion soll Lust und Zuversicht auf eine mögliche gemeinsame Zukunft machen.

> **Beispiel**
> „Sehr geehrte/r Frau/Herr Vorsitzende/r, sehr geehrte Mitglieder der Berufungskommission, liebe Kolleg*innen!
>
> Die Virologie ist durch ihren Stellenwert für die öffentliche Gesundheitspflege eines der bedeutendsten wissenschaftlichen Fächer. Sicher nicht erst seit Corona, aber seit Corona umso mehr. Vom Kleinkind bis zur Oma sind wir ausnahmslos von der Pandemie betroffen, und wir als Wissenschaftler*innen, die Studierenden genauso wie die erfahrenen Researcher, stehen vor gewaltigen Aufgaben. Ich bin bereit, meine gesamte Erfahrung, meine Neugier, meine Kraft, meine Zuversicht, dass wir diese Aufgaben lösen werden, in den Dienst dieses Hauses zu stellen.
>
> Die Voraussetzungen, dass wir hier einen Beitrag zur Entwicklung eines Impfstoffes leisten können, sind da. Lassen Sie mich gemeinsam mit dem großartigen Team hier vor Ort weitermachen.
>
> Es wäre mir eine Ehre und Freude, den Ruf für die Professur hier in AA am Zentrum für Public Health zu erhalten.
>
> Vielen Dank."

▶ Trainieren Sie Ihren Probevortrag zur Genüge. So schnell bekommen Sie diese Chance nicht wieder.

Ich empfehle auch dringend, den Probevortrag zu üben. Egal vor wem, irgendjemand, das muss auch niemand vom Fach sein. Jemand, der meinen Vortrag hört und mir dann sagen kannst, das hat mich überzeugt, oder da bin ich fast eingeschlafen, oder das habe ich überhaupt nicht verstanden. Das ist wichtig für einen erfolgreichen Probevortrag. (Kerstin Krieglstein, Universität Konstanz)

Ich habe den Vortrag geübt, drei oder viermal vollständig. Die Vorgabe waren 40 Minuten. Ich weiß es aus anderen Verfahren, wenn Du das überschreitest, wenn Du Dich in der freien Rede vergeist, dann ist das gleich ein Schlechtpunkt. (Hans Schelkshorn, Universität Wien)

Checklist Probevortrag

Einen starken Anfang hinlegen	Eine authentische und spezifische Motivation für Ihre Bewerbung anführen.
Nach Zielgruppe kontextualisieren	Was kann ich für dieses Institut/diese Klinik einbringen? Was will die Kommission insbesondere hören? Selbst Fragen mitbringen und Meinung haben!
Nächste Schritte	Operative erste Maßnahmen in den ersten 100 Tagen.
Fokussieren	Mein Forschungsschwerpunkt ist hochaktuell. Ich bringe x, y und z (z. B. Erfahrung, Teamgeist und Kontakte) mit. Am wichtigsten ist mir zu Beginn x.
Einfach formulieren	Ja, aber ein paar Fachausdrücke dürfen schon sein.
In und mit Bildern sprechen	Über ppt mit Fotos/Grafiken/Schemata/Kurzvideos zum Forschungsthema, Ausblick mit Zeitschiene, Schluss-Visual muss Lust auf Zusammenarbeit machen!
Kleine Portionen	Wie vorgegeben. Meistens 20–40 Minuten.
Interaktion	In der Präsentation nur rhetorisch, danach in der Fragerunde. Jedes Kommissionsmitglied soll sich angesprochen und abgeholt fühlen.
Technologie	10–15 PowerPoint-Charts.
Die Besonderheiten beachten	Loben Sie sich selbst Zeigen Sie Commitment. Parieren Sie persönliche Fragen. Verhalten Sie sich repräsentativ für später.

4.3 Präsentation für ein Rektorat

Als potenzielle/r Rektor*in oder Präsident*in einer Hochschule oder Universität werden Sie nur mehr in Ausnahmefällen Ihre fachliche oder didaktische Kompetenz beweisen müssen. Ihre zukünftige Rolle orientiert sich mehr an den Anforderungen des modernen

CEOs als am klassischen Bild der/s Wissenschaftlers/in. Insofern lautet die Aufgabenstellung, wenn Sie in die zweite Runde des Berufungsverfahrens eingeladen werden, zumeist eine „Präsentation" und nicht einen „Probevortrag" vorzubereiten.

Nicht dass Sie das missverstehen: Ihre wissenschaftliche Expertise und Ihre einschlägige Reputation sind natürlich nicht völlig egal, aber mehr als ein Zusatz-Goodie ist es auch nicht. Rektor*in zu sein, weist in jeder Hinsicht alle Facetten eines Topmanagementjobs auf, nur unter noch schwierigeren Umständen:

a. Ihre leitenden Angestellten sind nicht zuletzt in ihrem Selbstverständnis als freie Forscher*innen große Unabhängigkeiten gewohnt und zudem – vor allem die älteren Semester – arbeitsrechtlich für heutige Begriffe teilweise noch immer überdurchschnittlich gut abgesichert.
b. Sie haben seit knapp zwei Dekaden wirtschaftliche Anforderungen zu erfüllen, die zwar nicht annähernd mit der Gewinnorientierung von Coca-Cola zu vergleichen sind, aber einem Wissenschaftsbetrieb enorme Anstrengungen abverlangen. Und
c. man wird zukünftig stärker als bisher von Ihnen erwarten, Ihrem Universitätsbetrieb und Ihren Mitarbeiter*innen ein Rollenmodell für die Ziele und Werte der Wissenschaftskommunikation zu sein.

4.3.1 Struktur

> Auch in Deutschland ist das so, dass Rektor*innen für ihre Berufung eine Präsentation mit Konzept entwickeln müssen. Teil des Verfahrens ist ein Vortrag, in dem sie sich vorstellen und auf ihre grundsätzlichen Qualitäten eingehen, eine Stärken-Schwächenanalyse der Universität machen und aus dieser Stärken-Schwächenanalyse eine Vision für die Zukunft der Institution ableiten. (Kerstin Krieglstein, Universität Konstanz)

Die Struktur der Präsentation für das Rektorat unterscheidet sich meiner Erfahrung nach von einem Probevortrag, den Sie zur Erlangung einer Professur halten, primär in zwei Punkten: Im ersten Abschnitt schildern Sie hier Ihr Managementkonzept für die ganze Universität, wo Sie dort auf den aktuellen Status und Bedeutung Ihres Fachs bzw. Ihres Forschungsschwerpunkts eingehen. Und im zweiten Abschnitt präsentieren Sie als potenzielle/r zukünftige/r Rektor*in jene Personen, die mit Ihnen als Ihre Vizerektor*innen bzw. Prorektor*innen das Topmanagement bilden sollen. Ein vergleichbarer Part fehlt in Ihrem Probevortrag völlig.

Wieder gilt es, drei Merksätze (Tab. 4.2) am Anfang Ihrer Vorbereitungen zu definieren. Ich schlage Ihnen hier ein klassisches, erfolgversprechendes Grundmuster vor. Selbstverständlich müssen Sie Ihre Botschaften im Fall der Fälle dann noch exakt für die an Sie gestellten Forderungen anpassen.

Tab. 4.2 Struktur für ein Rektorat

Botschaft 1	Die Universität braucht xyz (z. B. „Aufbruch in die Exzellenz").	Hier beschreiben Sie in großen Zügen Ihr Konzept für die Zukunft der Universität und seine Vorteile.
Botschaft 2	Auf diesem Weg ist mir xyz wichtig.	An dieser Stelle erläutern Sie auf Basis Ihrer Werte: a) Ihre beruflichen Erfahrungen b) Ihr Team der Vizerektor*innen bzw. Prorektor*innen, und c) Ihre Netzwerke.
Botschaft 3	Wir haben in den nächsten vier Jahren viel zu tun.	Abschließend kündigen Sie Ihre ersten operativen Maßnahmen an, wenn Sie den Ruf erhalten sollten.

4.3.2 Praktische Durchführung

Die Minuten unmittelbar vor Ihrem großen Auftritt anlässlich Ihrer Bewerbung zur/m Rektor*in gleichen jenen beim Probevortrag zur Professur aufs Haar (siehe auch Abschn. 3.2.2).

▶ Sie leiten invers ein und artikulieren Ihre Motivation jetzt und hier.

Botschaft 1: Diese Universität braucht xyz (z. B. „Aufbruch in die Exzellenz")
Sie präsentieren ein Strategiekonzept, mit dem Sie reüssieren wollen – ein Konzept, in dessen Verwirklichung Sie die erfolgreiche Zukunft „Ihrer" Universität sehen.

Entscheidend ist dabei aus meiner Sicht, dass Sie sehr unmittelbar zu Beginn Ihrer Präsentation die Säulen des Konzepts und deren Vorteile darstellen. Die Kommission soll möglichst schon nach wenigen Minuten erkennen, dass Ihre Strategie angesichts der bestehenden Personal-, Infrastruktur- und Finanz-Ressourcen durchführbar ist. Lassen Sie mich das betonen: die Machbarkeit ist ausschlaggebend, ob Sie in diesem Moment bereits Punkte für sich sammeln können. Ob Ihr Konzept einem theoretischen Managementmodell folgt oder nicht, ist nebensächlich – auch wenn es für Sie als Wissenschaftler*in verständlicherweise verführerisch sein kann, Ihre Strategie noch zusätzlich mit einem akademischen Modell zu argumentieren bzw. aufzuputzen. Die Gefahr, dass Ihre Präsentation zu kompliziert und realitätsfern wird, ist einfach groß.

Widerstehen Sie aus demselben Grund auch der Versuchung, Ihre Ausführungen mit einer detaillierten Stärken-Schwächen-Analyse zu beginnen. Auch hier besteht erhebliches Risiko, sich gleich zu Beginn zu verheddern – denn einige in der Kommission werden Ihre Analyse brillant finden, andere sind hingegen nicht in jedem Punkt einer Meinung mit Ihnen und so haben Sie noch gar nicht Ihr eigentliches Konzept präsentiert und hätten doch bereits Widerstände aufgebaut. Bringen Sie sofort, und ohne Hintergrunderklärung Ihr Strategie-Konzept auf den Tisch – die Basis für Ihre Vorschläge, besagte Analyse, erwähnen Sie nachträglich.

4.3 Präsentation für ein Rektorat

Machen Sie so klar wie möglich, welche Nutzen die Betroffenen – die Lehrenden, die Forschenden, die Studierenden, die Universität als Einrichtung sowie die umliegende Region – von daher erwarten dürfen.

Folgende Fragen können hier für Ihre Vorbereitung und die Schärfung Ihrer Argumente hilfreich sein:

- Ist es einfach oder aufwendig, für Ihr Konzept interne wie externe Mitstreiter*innen zu gewinnen?
- Sind die Anreize, die Sie zur Steigerung der Exzellenz setzen würden, nachvollziehbar?
- Lässt sich Ihr Konzept plakativ gegenüber den Lokal- und Regionalmedien darstellen?
- Erfordert die Umsetzung Ihres Konzepts vermutlich mehr oder weniger finanziellen Aufwand gegenüber der bisherigen Strategie?
- Erlaubt Ihr Konzept eine Alleinstellung der Hochschule im näheren oder erweiterten Einzugsgebiet, im Bundesland, im ganzen Land und/oder auf internationaler Ebene?
- Wie schnell könnte man aufgrund Ihres Konzepts mit ersten greifbaren Ergebnissen rechnen?
- Können Sie und Ihr Konzept nach den negativen Schlagzeilen, mit denen die Universität bis vor kurzem konfrontiert war, das verlorene Vertrauen nach innen wie außen wiederherstellen?
- Steht ein Neubau des Hauptgebäudes oder gar eine Übersiedlung des Campus bevor, und einschlägige Managementerfahrungen sind noch einmal wichtiger als sonst?

Botschaft 2: Auf diesem Weg ist mir xyz wichtig

> Egal, ob es sich um eine Professur, Bewerbung um ein Rektorat oder auch um Drittmittel handelt, ist die Botschaft wichtig, für welche Werte man steht. Z. B. Excellence mit Menschenwürde verbinden. Die Person muss greifbar sein, ein Gesicht haben. (Dieter Frey, LMU München)

Auch hier bietet sich der mittlere Abschnitt für ein näheres Eingehen auf Ihre Person an. Sprechen Sie darüber, welche Werte und Prinzipien Ihnen Stütze und Richtlinien sind und flechten Sie berufliche Erfahrungen beispielhaft ein. Klar muss letztlich sein, dass Sie die vorhin präsentierte Strategie effektiv und effizient realisieren können. Im Vergleich zum Probevortrag für eine Professur sind in diesem Abschnitt aus meiner Sicht drei Schärfungen nötig:

a. Sie sollten viel stärker Ihre Managementerfolge als Ihre wissenschaftlichen Leuchtturmprojekte herausarbeiten und Ihre Führungserfahrung, Ihr Knowhow im strukturierten Arbeiten mit Teams und Ihre soziale Kompetenz im Umgang mit anspruchsvollen Persönlichkeiten unterstreichen.
b. Achten Sie bei Ihrer Selektion jener Damen und Herren, die mit Ihnen das Rektorat stellen sollen, auf die Kriterien, die dieser Tage für die Zusammenstellung auch anderer

professioneller Gremien gelten: Kompetenz, Diversität und Kommunikationsfähigkeit. In den meisten Fällen ist es taktisch nicht klug und operativ nicht sinnvoll, ein komplett neues Team zusammenzustellen – ein viel besserer Übergang ist gewährleistet, wenn Sie auch der/m einen oder anderen Kolleg*in aus dem bestehenden Rektorat Ihr Vertrauen schenken. Bringen Sie auf einem eigenen Chart von jeder/m einzelnen Ihrer Kandidat*innen ein professionelles Foto. Von den Neuen, die von Ihnen vorgeschlagen werden, präsentieren Sie zusätzlich eine Handvoll Fakten und Daten.

c. Wenn Sie über Ihre Netzwerke berichten, dann kehren Sie bitte vor allem konkrete Namen aus der Politik und aus den Medien heraus. Als Rektor*in werden Sie viel mit diesen beiden Zielgruppen zu tun haben – mit guten Kontakten zur Scientific Community bzw. zur Wirtschaft allein ist es noch nicht getan.

Botschaft 3: Wir haben in den nächsten vier Jahren viel zu tun.
Der Ausblick auf Ihre ersten operativen Maßnahmen, sollten Sie den Ruf erhalten, ist hier sehr vergleichbar mit dem korrespondierenden Abschnitt im Probevortrag. Ich empfehle hier nur einen längeren Zeitraum und nicht nur ein paar Monate ins Kalkül zu ziehen und zu beschreiben. Eine Top-Management-Funktion wie die der/s Rektor*in hat immer eine längerfristige Perspektive. Dem sollten Sie auch Rechnung tragen.

Trotzdem empfehle ich auch hier eine Art To-do-Liste und eine zeitliche Übersicht für Ihre Charts.

Wie schließen Sie?
Natürlich ebenso wie Kandidat*innen beim Probevortrag mit Ihrem expliziten Commitment. Aber vor allem mit einer inspirierenden Vision für die nächste Dekade. Gehen Sie in Ihrer Vision bewußt über Ihre Funktionsperiode als Rektor*in hinaus – zum einen, weil sich große Veränderungen selten in einer Handvoll Jahren bewerkstelligen lassen, und zum zweiten, weil Sie damit gleich zeigen, dass es Ihnen nicht nur darum geht, kurzfristig zu punkten. Die Kommission kann so auch noch einmal abschließend Ihr Interesse nach dauerhafter Zusammenarbeit erkennen. Demgemäß ist „Universität 2030" ein mögliches Schlagwort für Ihr allerletztes Chart. Als Visual bieten sich hier immer das Hauptgebäude der Universität an, eine Landkarte, die die zukünftige internationale Bedeutung der Hochschule plakativ macht oder ein Foto, das Studierende wie Wissenschaftler*innen zeigt.

Checklist Präsentation zur/m Rektor*in	
Einen starken Anfang hinlegen	Eine authentische und spezifische Motivation für Ihre Bewerbung anführen.
Nach Zielgruppe kontextualisieren	Was ist mein Nutzen für diese Universität? An welches Konzept glaube ich und was davon könnte der Kommission emotional wie von der Machbarkeit gefallen?

Nächste Schritte	Zeitplan für Ihre erste Funktionsperiode. Vision für die Universität ganz am Schluss.
Fokussieren	Die Uni braucht xyz (z. B. „Aufbruch in die Exzellenz"). Auf diesem Weg ist mir xyz wichtig. Wir haben in den nächsten vier Jahren viel zu tun.
Einfach formulieren	Ja. Managementbegriffe fallen hier positiv auf.
In und mit Bildern sprechen	Über ppt mit Fotos/Grafiken beim Uni-Konzept. Ausblick mit Zeitschiene, Schluss-Visual muss inspirieren!
Kleine Portionen	Wie vorgegeben. Meistens 20–40 Minuten.
Interaktion	Nur über die Rhetorik. Jedes Kommissionsmitglied soll sich angesprochen und abgeholt fühlen.
Technologie	10–15 PowerPoint Charts.
Die Besonderheiten beachten	Loben Sie sich selbst Zeiten Sie Commitment Parieren Sie persönliche Fragen Verhalten Sie sich repräsentativ für später

Literatur

Frey, D., Jauch, K.-W., & Stockkamp, M. T. (2020). *Mit Erfolg zur Professur oder Dozentur*. Berlin/Heidelberg: Springer.

Fumasoli, T., Goastellec, G., & Kehm, B. (2014). Academic careers and work in Europe: Trends, challenges, perspectives. In *Academic work and careers in Europe: Trends, challenges, perspectives* (S. 201–214). Cham: Springer.

Hamann, J. (2019). The making of professors: Assessment and recognition in academic recruitment. *Social Study of Science, 49*(6), 919–941.

Joshi, P., et al. (2020). Gender differences in communicative abstraction. *Journal of Personality and Social Psychology, 118*(3), 417–435.

Marzano, R., Pickering, D., & Pollock, J. (2001). *Classroom instructions that works: Research based strategies for increasing student achievement*. Alexandra: Association for Supervision and Curriculum Development.

Moore, C., Lee, S. Y., Kim, K., & Cable, D. M. (2017). The advantage of being oneself: The role of applicant self-verification in organizational hiring decisions. *Journal of Applied Psychology, 102*(11), 1493–1513.

Weiterführende Literatur

James, K. H., & Engelhardt, L. (2012). The effects of handwriting experience on functional brain development in pre-literate children. *Trends in Neuroscience and Education, 1*(1), 32–42.

Mueller, P. A., & Oppenheimer, D. M. (2014). The pen is mightier than the keyboard: Advantages of longhand over laptop note taking. *Psychological Science, 25*(6), 1159–1168.

Auf der Bühne: Vorträge und Diskussionsveranstaltungen

5

Inhaltsverzeichnis

5.1	Vorträge	117
	5.1.1 Besonderheiten	117
	5.1.2 Struktur	130
	5.1.3 Praktische Durchführung	130
5.2	Diskussionsveranstaltungen	135
	5.2.1 Besonderheiten	136
	5.2.2 Struktur	143
	5.2.3 Praktische Durchführung	143
Literatur		147

> Es geht nicht mehr, dass ich einen knochentrockenen Vortrag halte, das interessiert keinen mehr, wahrscheinlich nicht einmal mehr die Wissenschaftler*innen selbst. Es muss schon intellektuell anspruchsvoll sein, aber durchaus auch unterhaltsam. (Robert Wegener, FHNW Olten)

> Das habe ich noch nicht erlebt, dass selbst der verschrobenste Theoretische Physiker nicht auch besonders beeindruckend gewesen wäre, wenn er etwas Neues vorstellt. Das würde ich in den Vordergrund stellen. Das Größte ist, Neues zu denken und damit das Wissen der Menschheit, das Menschsein zu befördern.
>
> Denn da ist Wissenschaft als kulturelle Leistung des Menschen mit Kunst oder Kultur dafür verantwortlich, uns immer wieder mit neuen Perspektiven zu versorgen. (Antje Boetius, AWI Bremerhaven)

Mit diesem Kapitel wende ich mich fokussiert der Wissenschaftskommunikation zu, die ich im weitesten Sinn als Öffentlichkeitsarbeit für Wissenschaft verstehe. Die Zielgruppen befinden sich allesamt außerhalb der Scientific Community – teilweise gleiche, teilweise aber auch ganz andere Kriterien spielen für Sie als erfolgreiche Kommunikator*in nun eine Rolle.

Ihr Publikum besteht aus interessierten, aber fachlich nicht versierten Leuten, Ihr Ort der Handlung sind Bühnen – kleine oder größere. Bühnen, die nach allen Regeln der Kunst dekoriert sind und durch entsprechende Info-Aufsteller oder Logos im Hintergrund eindeutig den Veranstalter ausweisen. Bühnen mit Rednerpult, mit dazu gestelltem Stehtischchen und mit Sitzgruppe oder solche, die völlig unmöbliert sind. Bühnen, vor denen das Publikum mit einem Glas in der Hand steht, in Kinobestuhlung bzw. an festlich gedeckten Tischen sitzt oder sich auf Barhockern niedergelassen hat. Bühnen, die gar nicht als solche erkennbar sind, weil sie kein Podium haben und Sie als Redner*in auf gleicher Höhe mit den Anwesenden positioniert werden. Und in Coronazeiten müssen wir uns auch Bühnen vor leeren Sälen, wo das jeweilige Programm überhaupt nur virtuell übertragen wird, vergegenwärtigen.

Sie sind als einzige/r Referent*in eingeladen, womit das Gelingen der Veranstaltung primär auf Ihren Schultern ruht, oder Sie sind Teil eines Programms und bemühen sich wie etliche andere auf der Bühne auch um die Aufmerksamkeit des Publikums. Sie werden von einer/m Moderator*in vorgestellt oder sollen das selbst tun, Sie diskutieren mit anderen mehr oder weniger konfrontativ, Sie stehen vor Kommunikationsterminals oder sitzen am Hochstuhl, im gemeinen Bürosessel oder im Einzelsofa. Sie haben eine Riesenleinwand hinter sich, die gleichsam über Ihrem Kopf schwebt, oder zwei Flipcharts direkt links und rechts von Ihnen positioniert, oder Sie sprechen völlig ohne technische Hilfsmittel, weil der Rahmen so festlich oder so informell gehalten ist. Es gibt neben dem Vortrag bzw. der Diskussionsveranstaltung kaum eine andere Auftrittsmöglichkeit außerhalb des Hörsaals, bei der Sie als Wissenschaftler*in mit derart vielen, höchst unterschiedlichen Parametern konfrontiert sind. 15 unterschiedliche Settings, Formate und Anlässe der Präsentation wissenschaftlicher Inhalte haben die Mitglieder der KIT-Nachwuchsgruppe „Science in Presentations" definiert, und das sind nach Aussagen der Autoren noch immer bei weitem nicht alle (Schrögel et al. 2017).

Ein Stichwort vereinigt alle Settings in gewisser Weise: das Wort Infotainment. Und die Verbindung von Information und Entertainment zeigt allein schon, dass hier mehr als in den bisher besprochenen Formaten Unterhaltung eine gewichtige Rolle spielt. Niemand wird Infotainment bei Berufungsverfahren oder Präsentationen zur Drittmittelgewinnung als wichtigen Erfolgsfaktor definieren – nicht einmal ich. Trotzdem werden Ihre Präsentationen im wissenschaftlichen Kontext direkt und unmittelbar von Ihren Erfahrungen auf Bühnen aller Art profitieren.

> Ich würde z. B. Formate in der Wissenschaftskommunikation, unter anderem Science Slams, sehr empfehlen, dabei kann man sich in einem neutralen, wettbewerbsfreien Raum ausprobieren.
>
> Womit man in diesen Formaten erfolgreich ist, kann man auch in einem wissenschaftlichen Vortrag anwenden: Erstens die Begeisterung für die wissenschaftliche Arbeit ausdrücken. Zweitens muss man den Zuhörer dort abholen, wo er ist. Ich muss mir überlegen, wie ich in leicht verdaulicher, verständlicher Sprache kommuniziere und wenn ich das mit der vorhin genannten Begeisterung kombiniere, habe ich gute Chancen. (Kerstin Krieglstein, Universität Konstanz)

5.1 Vorträge

Vermutlich sind Vorträge auf Bühnen das häufigste Kommunikationssetting, das Sie als Wissenschaftler*in neben Ihren fachlichen Auftritten persönlich bespielen. Der Vortrag der/s Expert*in hatte bereits lang vor jeder Art von Massenmedien Tradition – schon in der Antike war es Teil der Alltagskultur, vor Menschen zu deklamieren.

Heute sind die Anforderungen an Vortragende meiner Meinung nach größer geworden. Allein in den über 20 Jahren, in denen ich mich ausschließlich mit der Unterstützung von Vortragsvorbereitung beschäftige, lässt sich diese Entwicklung darstellen:

a. Die Vielfalt des Angebots analog oder über das Internet machen direkte Vergleiche der kommunikativen Fähigkeiten unter Wissenschaftler*innen möglich und haben das Publikum kritischer werden lassen.
b. Das Bedürfnis der Zuhörer*innen mitzureden, ist größer geworden. Veranstaltungen, die keine Möglichkeit anbieten, Referent*innen Fragen zu stellen, sind selten und fallen mittlerweile richtiggehend auf.
c. Der uneingeschränkte Zugang zu Informationen der unterschiedlichsten Qualitäten über das Web, den Bürger*innen der freien Welt seit den 1990er-Jahren genießen, fördert dieses Bedürfnis noch mehr und stellt Sie als Wissenschaftler*innen vor neue Herausforderungen.
d. Riesige Leinwände und Monitore sorgen bei jedem Event mit über 100 Personen dafür, dass auch die letzte Reihe jede Ihrer Gesichtsregungen und auch, ob Sie sich gerade an die Nase greifen oder durchs Haar fahren, sehen kann – die nonverbale Ebene hat seither auch faktisch einen höheren Stellenwert für Referent*innen aller Bereiche.

Vorträge kommen zustande, weil Sie selbst bei der einen oder anderen Veranstaltung auftreten wollen und direkt oder über die Kolleg*innen von Ihrer Öffentlichkeitsarbeit Ihr Interesse lancieren. Oder weil man auf Sie zugeht. In manchen Fällen gibt es für Vorträge bekannter Wissenschaftler*innen sogar ein Honorar.

5.1.1 Besonderheiten

Klären Sie Ihre Ziele und Ihre Rolle

> Für die meisten meiner Vorträge geht es nicht mehr darum, mein Wissen zu transportieren, sondern das Wissen begreiflich zu machen. Das ist ja anders als bei einem Fachvortrag, wo man sich dann den Fragen und Anregungen der KollegInnen stellen muss. (Martin Korte, TU Braunschweig)

Zum einen gehören Standardvorträge, die Sie von A bis Z völlig gleichlautend halten, egal wer Ihnen zuhört, der Vergangenheit an. Und zum anderen sollten Sie sowieso einen

Vortrag nicht als reine Wissensvermittlung ansehen (vgl. Abschn. 2.1.3, Nächste Schritte kommunizieren), sondern als Gelegenheit, Handlungsoptionen zu kommunizieren.

Was ist also angesichts der mannigfaltigen Varianten, auf Bühnen Ihre Expertise einzubringen, dann Ihr jeweiliges Vortragsziel und was Ihre Rolle? Ich empfehle Ihnen dringend ein persönliches Gespräch oder längeres Telefonat mit dem Veranstalter.

> Es ist wichtig, sich nicht zu allem und jedem Thema einladen zu lassen, sondern nach Möglichkeit zu Themen, wo man aus dem eigenen Forschungsbereich eich etwas Substanzielles einbringen kann. Meine Erfahrung ist, je besser man wissenschaftlich in einer Sache drin ist, desto besser kann man es für eine breitere Öffentlichkeit aufbereiten. Themen, an denen man dran ist, an denen man den Teig oft geknetet hat, kann ich dann völlig neu kneten. Ich selbst war, bevor ich auf die Uni gekommen bin, viel in Erwachsenenbildungsszenen tätig, da habe ich viele Erfahrungen gesammelt – ein Seminar mit 18-jährigen ist nicht so viel anderes, wie wenn man so einen Vortrag hält.
>
> Wenn man nur abgeschirmt in der Wissenschaftsblase ist und bleibt, dann wird das ein unmöglicher Schritt sein. Es braucht viel Übung. (Hans Schelkshorn, Universität Wien)

Zunächst müssen Sie so viel wie möglich über das zu erwartende Publikum erfahren. Erkundigen Sie sich also nicht nur danach, wie viele kommen und geben Sie sich auch nicht nur mit oberflächlichen Auskünften wie „Unsere besten Kunden" oder „Vertreter*innen der Wirtschaft" zufrieden. Wird es ein mehrheitlich männliches oder weibliches Publikum sein? Älter oder jünger, ländlicher oder städtischer Provenienz, konservativer oder liberaler von der Geisteshaltung? Müssen Sie sich darauf einstellen, ob es vorgefasste Meinungen im Raum gibt, und wenn ja, welche sind das? Gibt es z. B. Ängste oder Abwehrhaltungen zu Aspekten Ihres Vortragsthemas? Laufen Sie Gefahr, wenn Sie ungeschminkt die Fakten auf den Tisch legen, zu polarisieren?

> Wichtig ist, nicht den Sachverhalt zu vereinfachen, sondern nur die Sprache. Denn die Leute sind nicht blöd, die kennen nur nicht Dein Vokabular. (Thora Schubert, FWTH Aachen)

Was ich immer besonders hilfreich finde, ist, in der Vorbereitung auf einen solchen Auftritt, gezielt die Medien, die das Gros Ihres Publikums, konsumiert, zu lesen, zu hören oder zu sehen. Sie erkennen so leichter, was in dieser Community gerade Talk of the town ist, was diese Leute bewegt, und damit welche Assoziationen sie vermutlich während Ihres Vortrags haben werden.

> Some people were rolling on the floor laughing – the very same slam in another city and only bored faces. Who is my audience and I try to visualize it. (Aniruddha Dutta, OCAS NV Gent)

> Das Zentrale ist, dass man die Fähigkeit entwickelt, seine eigene Position loszulassen und sich zu fragen, mit wem habe ich es eigentlich zu tun. Es geht darum, wirklich die Kommunikation so zu gestalten, dass die Zielgruppe, mit der ich im Austausch sein will, etwas davon hat. Das ist Stakeholder-Kommunikation, das ist adressatengerechte Kommunikation. Die setzt aber voraus, sich in die Zielgruppe hineinzudenken. Wie wollen die die Inhalte

vermittelt kriegen? Das heißt, dass man den eigenen komplexen Sprachgebrauch übersetzt. Bemüht Euch, in Eurer Kommunikation diese Perspektive einzunehmen! (Robert Wegener, FHNW Olten)

Als nächstes brauchen Sie konkrete Informationen zur Einbettung der Veranstaltung: Handelt es sich um eine einmalige außertourliche Veranstaltung wie z. B. eine Jubiläumsveranstaltung? Oder sprechen wir hier von einer Veranstaltungsserie wie z. B. einer jährlich stattfindenden Preisverleihung und Sie sind damit einer von vielen Referent*innen, denen das wiederkehrende Publikum begegnet? In einem solchen Fall erkundigen Sie sich bitte, wer die letzten drei Vortragenden waren, um die Erwartungen des Publikums besser einstufen zu können. Fragen Sie explizit, wann die/der letzte Wissenschaftskolleg*in in diesem Kreis gesprochen hat und wie die Resonanz auf sie/ihn war? So können Sie besser einstufen, wie Forschungs-Content vor diesen Leuten möglicherweise aufschlagen wird, was Sie voraussetzen dürfen und womit Sie sich wohltuend von den Damen und Herren vor Ihnen unterscheiden können. Es herrscht bei Veranstaltungen, die regelmäßig vor demselben Publikum stattfinden, ein indirekter Wettbewerb im internen Ranking des jeweils besten Vortragenden der Saison.

Bevor Sie endgültig zusagen, lassen Sie sich bitte das restliche Programm – vor und nach Ihnen – erklären. Vielleicht wollen Sie nicht im selben Programm wie manch anderer, den der Veranstalter schon eingeladen hat, stehen. Vielleicht behagt Ihnen aber auch der Zeitpunkt, an dem Sie laut Agenda vorgesehen sind, nicht, z. B. weil Sie so spät drankämen, dass kaum mehr mit großem Interesse eines bereits müden Publikums zu rechnen ist.

Erst jetzt haben Sie alle Informationen, die nötig sind, um Ihr Ziel und Ihre Rolle vor Ort abzuklären. Aus Ihrer Sicht wäre vor diesem Hintergrund etwa ein gutes Vortragsziel, die Lage in Ihrem Fach abseits von politischer Schönfärberei oder Schwarzmalerei zu beleuchten. Sie wollen die Rolle der/s Beruhigers/*in einnehmen. Oder umgekehrt: Sie wollen mit Ihrem Vortrag Ihr Publikum aufrütteln, mehr Bewegung zu machen. Oder etwas aktiv für den Klimaschutz zu tun. Oder öfter den Sternenhimmel zu beobachten. Oder für die Forschung generell bzw. ein Projekt Ihrer Doktoranden-Gruppe zu spenden. Oder sensibler zu Tieren und Pflanzen zu sein. Oder sich kraft der Faszination Ihrer Ausführungen mehr mit faktenbasierten Medien als mit Social Media auseinanderzusetzen. Dann wäre Ihre Rolle mehr die der/s Augenöffners/*in bzw. Antreibers/*in. Oder Sie wollen einfach zeigen, wie unterhaltsam Forschung auch sein kann und junge Zuhörer*innen im Saal motivieren, an Ihrer Universität zu inskribieren.

Die Organisation wiederum, die Sie zu einem Vortrag eingeladen hat, hat aber vielleicht andere Ziele als Sie und damit eine andere Rolle für Sie vorgesehen. Vielleicht hat man sich als Betrieb gewünscht, durch Sie seinen wichtigsten Kund*innen ein wissenschaftlich verbrämtes Update in einem geschäftlich relevanten Gebiet zu geben. Vielleicht sollen Sie Verbandsmitglieder bestätigen, sich nicht in der Richtigkeit ihres Engagements abbringen zu lassen. Vielleicht sollen Sie Mitarbeiter*innen am Ende des Jahres motivieren und statt des redescheuen Geschäftsführers auf die Herausforderungen des kommenden Jahres einstimmen. Vielleicht wäre Ihre Rolle aber auch „nur" die, als intellektueller Aufputz zu dienen, und der Veranstalter hat sich gar keine näheren Gedanken gemacht, Hauptsache, Sie haben zugesagt.

> Ich habe, als ich zuletzt für eine Keynote eingeladen war, viel Zeit investiert, rauszufinden, was denn die Zielgruppe dort eigentlich will. Und ich habe wieder erlebt, dass sich der Veranstalter selbst das noch gar nicht genau überlegt hatte. Ich kann tausend Dinge erzählen, aber wichtig ist doch zu erfahren, welchen Blickwinkel auf meine Inhalte die Zielgruppe wirklich interessiert? Was ist der Unterschied, wenn gerade ich komme? Was wissen die Leute schon? Das war dann sehr erhellend für beide, das zu besprechen. (Robert Wegener, FHNW Olten)

Abschließend: Bitte überprüfen Sie aber auch immer, ob Sie mit den Zielen der Veranstalter nicht nur beim Event, zu dem Sie eingeladen werden, sondern auch in deren normaler Geschäftsgebarung im weitesten Sinne klarkommen. Ihre Anwesenheit allein, Ihr Name auf der Einladung einer politisch oder ethisch umstrittenen Organisation bedeutet für Außenstehende automatisch Zustimmung zu deren Gebarungen. Heißt das, dass Sie nur dort reden sollen, wo Sie mit allen einer Meinung sind? Überhaupt nicht. Aber überall dort, wo Ihr Auftritt per se missverstanden werden kann, wägen Sie bitte genau Kosten und Nutzen ab. Wenn Sie sich trotzdem hinstellen wollen, dann kommunizieren Sie bitte proaktiv auf allen Ihnen zur Verfügung stehenden Kanälen. Erklären Sie offensiv, warum Sie da oder dort als Referent*in zugesagt haben – wenn es einen guten Grund gibt, dann teilen Sie diesen bitte auch mit. Gibt es keinen guten Grund, den Sie unter Kolleg*innen, übers Internet, auf Twitter oder Ihren Instagram-Account erzählen könnten, dann lassen Sie es vielleicht doch lieber bleiben. Bitte beraten Sie sich hier auch immer mit Ihren Kolleg*innen von der Öffentlichkeitsarbeit.

Wir haben in unserer Berufsausbildung als Kommunikationsberater*innen ein Mantra mitgegeben bekommen: wenn Du Deine Geschichte nicht ohne Imageverlust in der Zeitung lesen, Deiner Großmutter erzählen oder vor Gericht problemlos aussagen kannst, dann Finger weg!

> Für mich sind zwei Dinge wichtig:
>
> 1. Man muss sich sehr viele Gedanken machen und vor sich selbst Rechenschaft ablegen, wie man sich Menschen, die unterschiedlich geprägt sind, durch Erwartungen, durch ihren Beruf, durch die Ankündigung zu einer Veranstaltung, in einem Vortrag nähert und dann gezielt darauf eingehen, wenn man vor Eltern, Bankern oder Politikern, in Volkshochschulen oder in Einkaufszentren spricht.
> 2. Wie man sein Wissen aufbereitet, welche Metaphern man verwendet. Wie kann ich das, was ich lange vor den jeweiligen Menschen, zu denen ich sprechen werde, zusammengetragen und verinnerlicht habe, vor deren Hintergrund, vor deren Beruf, begreifbar machen. (Martin Korte, TU Braunschweig)

Beeinflussen Sie das Setting

▶ Ein ganz wichtiger Punkt: Verlassen Sie sich nie allein auf die Professionalität des Veranstalters und die Informationen, die Sie von dort vorab erhalten.

Und nehmen Sie nichts als fix an, wenn irgendein Parameter Ihre Chancen auf einen Auftrittserfolg reduziert. Achtung: Ich empfehle Ihnen natürlich nicht, kapriziös wie eine Diva unwesentliche Kleinigkeiten zu monieren und Aufhebens um des Aufhebens willen zu machen. Sie sollen als Wissenschaftler*in die Zugänge zu Ihnen und Ihrem Wissen erleichtern, und nicht verkomplizieren (vgl. Abschn. 2.2). Meine Intention ist jedoch, Sie für Ihren nicht unwesentlichen Mitgestaltungsspielraum zu sensibilisieren. Einen Spielraum, der Ihre Wirkung als Referent*in fördern oder reduzieren kann. Oder anders gesagt: Der Aufwand, den Sie im Vorfeld in der Recherche und im Abstimmen mit Veranstaltern auf sich nehmen sollten, hat sich bewährt.

a) Die Sitzordnung
Ein wesentliches Kriterium für den Erfolg Ihrer Ausführungen ist der Abstand zwischen Ihnen und jenen, die in der letzten Reihe sitzen. Dieser Abstand sollte so klein wie möglich sein.

Denn einerseits beantwortet dieser Abstand die Frage, wie groß die Buchstaben auf Ihren PowerPoint-Charts sein müssen, um von allen ohne Anstrengung gelesen werden zu können. Und andererseits können Sie angesichts von mehr Nähe oder mehr Distanz zwischen Ihnen und den Gästen besser entscheiden, ob Sie wohl ein Mikrofon brauchen oder nur mit der Kraft Ihrer Stimme auskommen. Aber ganz besonders wichtig: Je näher Ihnen die erste Reihe und die letzte Reihe sind, desto mehr Wirkung können Sie mit Ihren Worten rein atmosphärisch erzielen.

Wenn Sie also in den Vorgesprächen mit dem Veranstalter erfahren, dass „Ihr" Vortragssaal eher schmal und lang ist, also die Form eines länglichen Rechtecks hat und sich Leinwand wie Bühne auf der kurzen Schmalseite befinden, dann greifen Sie ein. Schlagen Sie doch in einem solchen Fall vor, dass der Veranstalter die Sitzordnung um 90 Grad dreht und Sie dann nicht von der Schmalseite, sondern von der breiten Längsseite referieren. Ganz automatisch verringert sich durch diesen Kniff der Abstand zwischen Ihnen als Vortragende/r und dem Publikum dramatisch, alle Zuhörer*innen in der nunmehr letzten Reihe sind Ihnen wesentlich näher als zuvor. Wenn Sie mit Charts referieren, müssen Sie bei dieser Version flexible Leinwände aufstellen lassen und/oder mit zusätzlichen Monitoren arbeiten. Oder Sie sprechen ohne PowerPoint.

Ich habe das schon oft so gehandhabt und immer wieder waren die zunächst irritierten oder widerspenstigen Veranstalter am Ende selbst ganz verblüfft, wie positiv sich dieser Dreh auf das ganze Klima im Saal ausgewirkt hat.

Lassen Sie das Setting, so wie es ist, dann brauchen Sie mehr an Interaktion, an Aktivierung des Publikums oder an Unterhaltungsmomenten, damit Ihre Wirkung nicht schon in der Mitte des Raumes erlischt.

Und noch ein zweiter Hinweis zum Thema: Wenn Sie unmittelbar vor Ihren ersten Worten auf der Bühne sehen, dass die ersten Reihen nur schütter besetzt sind – das Schulklassen-Syndrom nenne ich dieses Phänomen: Keine/r will ganz vorn bei Frau oder Herrn Lehrer*in sitzen –, dann laden Sie doch bitte Ihr Publikum ein, nach vorn zu kommen. Das ist weniger schwierig, als Sie sich vorstellen. Sie müssen nur freundlich und bestimmt sagen, dass Sie sich freuen, wenn auch ganz vorn Zuhörer*innen säßen. „Ich bin zwar Wissenschaftler*in, aber ich beiße nicht", wäre eine von mehreren sprachlichen Möglichkeiten. Diese kleine Initiative hilft allen: Ihnen, weil Sie eventuelle Nervosität gleich offensiv bekämpft haben, ohne schon im Inhaltlichen zu sein; dem Publikum, das Sie sofort sympathisch findet, und damit auch dem Veranstalter, der sich gleich einmal recht entspannt zurücklehnen kann.

b) Das Mikro
Bestehen Sie darauf, ein flexibles Mikrofon zu erhalten und weigern Sie sich bitte, mit einem Handmikrofon Ihre Vorträge absolvieren zu müssen (das fixe Mikrofon, das am Rednerpult montiert ist, ist für Sie – siehe Abschn. 2.3 – ohnehin keine Option mehr). Das kann ein Ansteckmikro sein, wie Sie es von den Fernsehmoderatoren kennen, das kann ein Headset sein, das nicht zuletzt durch Corona, die Home-Offices und Zoom & Co zusätzlich an Attraktivität gewonnen hat.

Das Ansteckmikrofon wird am Revers Ihres Sakkos montiert, das Headset aufgesetzt. In beiden Fällen wird das Kabel unterhalb am Rücken durchgezogen und der Taschensender oder Beltpack in den Gürtelbund gesteckt. Damit sind, meine Damen Forscherinnen, Kleider von vornherein als Outfit für die Bühne problematisch. Denn, wo wollen Sie sich da den Taschensender hinstecken?

Beide flexible Mikrofone haben den Riesenvorteil gegenüber jedem Handmikrofon, dass Sie völlig frei in Ihrer Gestik sind. Sie können alles mit Ihren Händen tun, Sie können sich in jede Richtung bewegen, ohne nur im Entferntesten an Ihr Mikro denken zu müssen. Außerdem brauchen Sie sich nicht mehr daran zu erinnern, dass Sie das Handmikro unbedingt ganz nahe an Ihre Lippen halten müssen, weil man Sie sonst zu wenig hört. Die meisten unroutinierten Referent*innen halten es viel zu tief zwischen der Brust und erzeugen so unfreiwillig Unmut, weil das Publikum schlicht und einfach schlecht hört. Mit Ansteckmikro oder Headset hingegen können sich alle – Sie und Ihre Zuhörer*innen – vollends auf Ihren Vortrag konzentrieren.

Profis sind im Übrigen auch schon frühzeitig vor der Veranstaltung da, um mit der Technik eine Tonprobe abzuhalten. Dabei stellen Sie sich auf die Bühne, spüren in den Raum hinein und sprechen die ersten Worte Ihres Vortrags. Wenn Ihr Auftritt in der Mitte des Programms stattfindet, dann kommen Sie bitte zumindest in der letzten Pause davor. Viele Wissenschaftler*innen unterschätzen die Wichtigkeit einer guten Tonqualität und müssen dann, weil sie erst kurz vor ihrem Auftritt in den Saal gehuscht sind, oft auf der Bühne vor dem Publikum mit einem nicht passend eingestellten Mikro arbeiten.

c) Interpretieren Sie die vorgesehene Redezeit um

▶ Es ist oft nicht so, wie es klingt.

5.1 Vorträge

Wenn Ihnen der Veranstalter vorab mitteilt, für Sie wäre eine Stunde Redezeit vorgesehen. Das heißt nicht zwingend, dass Sie eine Stunde reden sollen! Es heißt vielmehr in den allermeisten Fällen, dass der Veranstalter Sie eine Stunde auf der Bühne braucht.

Eine Stunde auf der Bühne zu sein, heißt für Sie meiner Erfahrung nach, im Umgang mit Nicht-Expert*innen maximal eine halbe Stunde davon zu referieren und die restliche Zeit für Fragen aus dem Publikum zu reservieren. Die Zeit der Frontalvorträge ist ein für alle Mal vorbei. Das weiß auch jede/r inzwischen, und dennoch handelt nicht jede/r Referent*in danach. Deshalb ersuche ich Sie in Ihrem eigenen Interesse: Lassen Sie ganz bewusst einen guten Teil Ihrer Bühnenpräsenz den Reaktionen aus dem Publikum vorbehalten sein. Ich meine das als Frohbotschaft in beide Richtungen: Für Sie, weil Sie weniger lang sprechen und den Spannungsbogen aufrechterhalten müssen, und für die Menschen im Saal, die tatsächlich eine Chance erhalten, mit Ihnen zu interagieren.

Viel zu oft ist diese Chance nämlich real nicht vorhanden, wie sie zu Beginn der Veranstaltung meist vollmundig und sicher auch gut gemeint angekündigt wurde. Da heißt es dann nach dem Ende des Vortrags von Seiten der/s Moderators/in bzw. der/s Vortragenden selbst: „Leider sind wir schon knapp in der Zeit, aber eine oder zwei Fragen gehen sich auf jeden Fall noch aus." Nicht weiter verwunderlich, dass es dann häufig trotz des gut gemeinten Angebots keine Fragen mehr gibt. Und warum ist das so? Weil „Leider sind wir schon knapp in der Zeit, aber eine oder zwei Fragen gehen sich auf jeden Fall noch aus." in keinster Weise glaubhaft macht, irgendwer auf der Bühne wäre tatsächlich an Fragen interessiert.

Wer wirklich Resonanz aus dem Publikum haben möchte, dehnt die Zeit, bevor es zum Buffet geht, einfach spontan noch etwas hinaus. Oder – noch besser – sorgt eben von vornherein dafür, dass die Dauer des Vortrags und die vorgesehene Zeit für Fragen und Kommentare nicht in einem so krassen Missverhältnis steht. Denn auch ein motiviertes und interessiertes Auditorium ist nach einem abendlichen Vortrag, der als Block deutlich über eine halbe Stunde hinausgeht, vielfach schon zu müde und zu matt, um noch Initiative zu zeigen.

Was aber tun, wenn noch genug Zeit für Fragen ist und dennoch niemand im Saal die Hand für eine Frage hebt? De facto ist es die Aufgabe der/des Moderators/in, diese Situation professionell zu managen. Für alle Fälle gebe ich Ihnen mit, wie ich es immer mache, wie ich es meinen Klient*innen empfehle und wie es bisher immer geklappt hat. Es ist ein dreistufiges Verfahren:

1. Als erstes formulieren Sie die Einladung, jetzt Fragen stellen zu können, in mehreren Sätzen und nicht nur mit der lapidaren Aufforderung: „Jetzt sind Sie dran, meine Damen und Herren." Sie überbrücken damit die Zeit, die die meisten Menschen brauchen, um sich zu entscheiden: Habe ich eine Frage? Wenn ja, ist das eine sinnvolle Frage oder blamiere ich mich damit? Würde ich diese Frage auch stellen, wenn ich gut aufgepasst hätte? Wie formuliere ich diese Frage am besten? Sapperlot: Bin ich die/der Einzige, der jetzt eine Frage stellen wird? Will ich das, mich so zu exponieren? Na gut, ich mache es.

2. Nach Ihrer mehrsätzigen Einladung schauen Sie ins Publikum, von links nach rechts und von hinten nach vorn, damit Sie einen guten Kontakt zu den Leuten herstellen. Wenn tatsächlich noch immer keine Frage da ist, setzen Sie fort: Erwähnen Sie noch einmal schlagzeilenartig, worüber Sie gesprochen haben – quasi, um in Erinnerung zu rufen, worüber und zu welchen Aspekten Ihres Vortrags man fragen oder einen Kommentar abgeben könnte. Dann warten Sie wieder. Bleiben Sie ruhig – es kann nichts passieren. Es ist nicht peinlich, wenn niemand fragt.
3. Und erst jetzt – es ist mindestens eine halbe Minute vergangen – schalten Sie in den nächsten Gang und fragen selbst: „Habe ich alles gesagt, was Sie erwartet haben? Habe ich etwas vergessen, womit Sie gerechnet haben?" Auf diese Weise geben Sie dem Publikum die Chance, zu kritisieren, dass etwas nicht gepasst hätte. Erfahrungsgemäß ist das spätestens der entscheidende Punkt, wo es vielen leichter fällt, sich aus der Anonymität der Masse heraus zu begeben und die Hand zu heben. Sie haben in diesem Moment die Verantwortung für Fragen oder Kommentare aus dem Auditorium übernommen. Und das ist der Eisbrecher.

Intensivieren Sie die Interaktion
Keiner der anderen in diesem Buch besprochenen Settings verlangt so zwingend nach Interaktion, wie der Vortrag. Hier haben Sie es mit der vergleichsweisen größten Zahl an Zuhörer*innen zu tun – die Herausforderung, jede/n im Saal emotional zu erreichen, wird dadurch auch deutlich größer. In Zeiten von Corona stehen Sie als Online-Vortragende/r vor der nicht minder großen Aufgabenstellung, ein virtuelles Publikum tatsächlich zu anzusprechen.

Interaktion ist das Gebot der Stunde – sowohl während des Sprechens, geschweige denn danach durch die soeben adressierte Phase der Fragerunde mit dem Publikum.

Ich liste Ihnen hier einige besonders wirkungsvolle rhetorische Möglichkeiten auf – bitte verwenden Sie sie nach eigenem Gutdünken und passend im Interesse Ihrer Authentizität, Ihres Themas und der jeweiligen Vortragssituation (siehe auch Abschn. 2.2.4, Gezielt Vertrauen aufbauen).

a) Meinungsumfragen oder Abstimmungen durchführen
Es ist gar nicht so schwer:

Sie sprechen zu Ihrer Forschung über oder anlässlich von Corona und wollen wissen, wie viele Anwesende in den letzten zwölf Monaten im Home Office waren oder wer im Saal jemanden kennt, der/die in der Lock-down-Phase positiv getestet wurde. Auf diese Weise wollen Sie die unmittelbare Betroffenheit der Leute im Saal abfragen – immerhin sind das Informationen, die Ihnen kein Veranstalter vorab sagen kann, die aber dennoch für Sie interessant sein können.

Wichtig ist zunächst einmal, dass Sie eine unmissverständliche geschlossene Frage, die durch Handheben beantwortbar ist, stellen. In unserem Beispiel: „Wer von Ihnen war in den letzten zwölf Monaten wegen Corona im Home Office?" Anschließend machen Sie noch die Gegenprobe, sodass letztlich jede/r im Saal durch Sie in den Aktiv-Modus „geschaltet" wurde. Ein Hinweis: Für Sie als Wissenschaftler*in wie als Referent*in muss es völlig egal sein, was bei Ihrer Umfrage oder Abstimmung herauskommt. Sie sollten nur jede Art von Ergebnis anschließend in Ihrem Vortrag verarbeiten.

Wenn also jene im Home Office in der Mehrheit waren, dann könnten Sie als Mediziner*in stärker auf das Ansteckungsrisiko außerhalb des Büros eingehen, als Volkswirt*in die finanziellen Auswirkungen von Home Office auf die Gesamtwirtschaft aufzeigen, als Psycholog*in Empfehlungen für konfliktfreies Zusammenleben auf engstem Raum abgeben oder als Statistiker*in die Repräsentativität oder Nicht-Repräsentativität der vor Ihnen sitzende Gruppe thematisieren.

Wenn jene in der Mehrheit waren, die niemals in den letzten zwölf Monaten im Home Office gewesen sind, dann drehen Sie alles um: Als Mediziner*in reden Sie etwas mehr als sonst vorgesehen über das Ansteckungsrisiko im Büro, als Volkswirt*in über die finanziellen Auswirkungen zwischen Büro, Home Office und Kurzarbeit auf die Gesamtwirtschaft, als Psycholog*in präsentieren Sie Empfehlungen für den Umgang mit weniger Teamfeeling in verwaisten Büroräumlichkeiten und als Statistiker*in konstatieren Sie erneut die Repräsentativität oder Nicht-Repräsentativität der vor Ihnen sitzende Gruppe. Geht Ihre Abstimmung zu gleichen Teilen aus, dann widmen Sie sich jeweils den Aspekten beider Gruppen in ähnlich langer Form.

Man muss hören und sehen, dass Sie auf Ihr Publikum eingehen. Das Handheben ist eine wunderbare Methode, die Bewegung in den Raum bringt und so jede/n einzelne/n im wahrsten Sinne des Wortes mobilisiert. Alle Online-Technologien arbeiten, wie Sie wissen, mit demselben Prinzip: Ein virtuelles Händchen kann per Klick aktiviert werden.

Fragen, die nicht mit Ja oder Nein beantwortbar sind, funktionieren selten. Um noch einmal unser Beispiel zu strapazieren: „Wie sind denn Ihre Erfahrungen mit Home Office wegen Corona?", wäre eine mögliche offene Frage dazu. Aber: Die Gefahr, sich durch eine unangemessene oder falsche Antwort vor den anderen zu decouvrieren, ist groß – oft ist unangenehme Stille im Saal die einzige Konsequenz in einem solchen Moment. Zu nahe ist die Anmutung dieser Situation außerdem der Schule, man dünkt sich wieder zurück in die Kindheit. Ihr Status als Wissenschaftler*in verstärkt die Sorge vor der möglichen Peinlichkeit nur noch mehr.

Ich würde daher offene Fragen erst dann aufwerfen, wenn Ihr Vortrag fortgeschritten ist und Sie und Ihr Publikum bereits lockerer miteinander umgehen. Manchmal ist es allerdings am besten, Sie stellen offene Fragen ans Publikum überhaupt erst im Zuge der Fragerunde. Zu diesem Zeitpunkt ist nämlich der Bann gebrochen und die Interaktion sowieso schon in vollem Gange.

b) Das Publikum sprachlich einbeziehen

Ein guter Vortrag ist oft jener, der jeder/m im Raum das Gefühl gibt, Sie als Referent*in sprächen nur zu ihr/ihm. Maßgeschneidert nicht nur für die ganze Gruppe vor Ihnen, sondern sogar für jeden einzelnen. De facto ist genau das aber natürlich außer in sehr kleinen Gruppen nicht möglich.

Sie können dennoch mehr tun, als Sie glauben: Einfach und zugleich wirkungsvoll ist es, wenn Sie darauf achten, nie wieder zu Ihrem Publikum in der dritten Person zu reden. Statt zu sagen „für die Leute aus Leipzig", wenn Leipziger*innen vor Ihnen sitzen bzw. stehen, sagen Sie viel besser „für Sie als Leipziger*innen". Oder wenn Sie zu Menschen fortgeschrittenen Alters sprechen, sagen Sie bitte nicht „Ältere Menschen sind davon besonders betroffen." Sagen Sie vielmehr „Sie als ältere Menschen sind besonders betroffen." Die Verwendung des persönlichen Fürworts macht mir als Zuhörer*in erst klar, dass Sie wissen, mit wem Sie es hier im Saal zu tun haben.

In eine ähnliche Kerbe, das Publikum sprachlich einzubeziehen, schlagen Sie, wenn Sie Beispiele bringen, die explizit für unterschiedliche Gruppen im Raum passend sind: für die Jüngeren, die Älteren oder die Männer, die Frauen. Oder wenn Sie gemeinsame Erlebnisse bzw. Vorstellungen abrufen oder aktivieren: „Denken Sie, als wir damals Mitte März 2020 alle im Lockdown zu Hause gesessen sind" – das zustimmende Nicken im Publikum zeigt Ihnen hier punktgenau, dass es Ihnen gelungen ist, auch im Kollektiv Emotionen zu evozieren. Auch das verbindet ungemein, und Ihre Zuhörer*innen werden Ihnen dieses rhetorische Brückenschlagen nie vergessen.

Eine andere sehr effektvolle sprachliche Möglichkeit, eine derartige Verbindung zum Publikum aufzubauen, ist das Sichtbarmachen Ihrer Empathie.

Überlegen Sie bitte in Ihrer Vorbereitung, an welcher Stelle Ihres Auftritts mit großer Wahrscheinlichkeit bei der Mehrheit im Raum ganz bestimmte Gedanken auftauchen. Das können Gedanken des Widerstands oder der Kritik sein oder ganz einfach Fragen zu dem, was Sie gerade sagen werden. Wenn Sie derartige Momente in Ihrem Vortrag identifizieren, sprechen Sie sie an: „Und jetzt werden viele von Ihnen denken: Nein, das stimmt doch so gar nicht." Oder auch: „An dieser Stelle fragen sich vermutlich die meisten unter Ihnen: Wie kann denn das sein?"

Warten Sie ein wenig, nachdem Sie diese Sätze ausgesprochen haben, um deren Wirkung zu spüren: Auch hier erleben Sie das wohlwollende Nicken der Menschen, vor denen Sie sprechen. Bitte beachten Sie, dass Sie diese Technik nicht zu oft, sondern nur dort, wo es Ihnen besonders wichtig ist, anwenden sollten. Und dass Sie nicht apodiktisch rüberkommen: Formulieren Sie diese Sätze immer relativ, nie absolut. Es sind nie alle, die so denken, immer nur „etliche", „einige", „manche", „viele". Ich garantiere Ihnen: Wenn Sie sagen „Und jetzt werden Sie alle denken: Nein, das stimmt nicht.", ruft Ihnen bestimmt ein Spaßvogel entgegen: „Ich nicht".

c) Spontan auf Ereignisse im Raum reagieren

> There was a funny situation: I was preparing for the German finals and I decided to talk about a new topic. I took a metaphor with a cake by squeezing the cake on stage. I really had to rethink it. But even though it was a disaster, it happened in the 4th or 5th minute, I realized it goes to dogs, then you pull up your socks and do not show that you have messed up on stage.
>
> Bring in humor because humor can kill a tense situation. (Aniruddha Dutta, OCAS NV Gent)

Vorbereiten kann sich jede/r, der/die sich Zeit und das Auditorium wichtig genug nimmt. Das zeugt von Respekt und von Professionalität. Die Souveränität einer/s Vortragenden lässt sich aber vor allem daran ermessen, wie sehr Sie spontan auf Dinge, die im Raum passieren, eingehen und mit diesen arbeiten können. Warum das so besonders Eindruck macht? Weil Sie Derartiges nur ansatzweise antizipieren können. Hier schlägt die Stunde der Wahrheit, wie sehr Sie nicht nur Ihr Thema beherrschen, sondern auch mit den Unplanbarkeiten des Lebens im Allgemeinen umgehen können.

Die Faustregel, die ich Ihnen hier ans Herz legen möchte, lautet: Greifen Sie alles auf, was die Mehrheit im Saal registriert. Wenn es im Raum viel zu heiß oder viel zu kalt ist, sprechen Sie das an. Wenn von draußen unüberhörbar Lärm in den Saal dringt, adressieren Sie das, auch wenn Sie weder dafür verantwortlich sind noch vermutlich etwas dagegen tun können. Wenn eine größere Gruppe an Nachzügler*innen – bitte achten Sie immer auf die Relation gegenüber der Gesamtgruppengröße – verspätet bei der Tür hereinkommt, begrüßen Sie sie mitten während Ihrer Ausführungen.

Zum einen ist durch derartige Ereignisse oder Erlebnisse die Konzentration der Zuhörer*innen sowieso gestört – würden Sie weiterreden, hätten Sie wenig davon. Und zum anderen beweisen Sie durch solches Verhalten, dass Wissenschaftler*innen zwar per definitionem fakten- und datengetrieben sind, aber das Klischee der/s zerstreuten Professors/in, die/der gar nichts rund um sich mitbekommt, nicht stimmt.

Auch wenn es während Ihrer Ausführungen zu einem gröberen Gemurmel, Gemurre oder zu einem hörbaren Gelächter kommt: bitte sprechen Sie das an. Sie können einfach nur eine Anmerkung machen: z. B. „Ich habe den Eindruck, das gefällt vielen von Ihnen nicht, aber doch ist es so." Oder Sie artikulieren Verständnis: z. B. „Ich verstehe, dass Sie lachen. So ging es mir am Anfang genauso. Sie sind damit in bester Gesellschaft." Oder wenn Sie die Regungen im Raum gar nicht interpretieren können, dann fragen Sie einfach: z. B. „Sie lachen. Das ist immer gut. Aber was habe ich übersehen?" Im kleinen Kreis, also bei 20 oder 30 Personen, können Sie Zwischenrufer*innen meist auch ganz klar identifizieren. Dann kann es sehr wirksam sein, diese Leute persönlich anzusprechen oder ad hoc in Ihre Ausführungen einzubeziehen. Wichtig ist, dass Sie immer freundlich bleiben. Nicht oberlehrerhaft, nicht pikiert oder negativ berührt.

Wenn es eine technische Panne gibt – das Mikrofon funktioniert nicht oder die geplante Einspielung eines Videos kommt nicht –, dann adressieren Sie auch das. Frei nach dem Motto: Es merkt sowieso jede/r, dass hier etwas nicht stimmt. Jeder Versuch, sich drüber hinweg zu schwindeln, wenn es nach fünf bis zehn Sekunden noch immer nicht klappt, ist zum Scheitern verurteilt. Wenden Sie sich explizit an die Regie – so machen das auch die Profis im Fernsehen.

Sie sagen in Ihren Worten so etwas Ähnliches wie „Frage an die Regie: Kommt das Video noch?" und Sie werden von irgendwoher aus dem Dunklen des hinteren Saalbereichs eine Stimme hören. Auch alle im Saal hören diese Stimme und deren Antwort, und so sitzen Sie wieder gemeinsam mit Ihrem Publikum in einem Boot.

Verzagen Sie nicht: Solange die Unterbrechung nicht länger als eine Minute dauert, ist alles im Lot. Die Kollegen von der Technik werden, während Sie auf der Bühne und die

Menschen im Saal warten, fieberhaft an der Behebung des Problems arbeiten und Ihnen rechtzeitig Bescheid geben, wenn alles wieder startklar ist. Ich empfehle Ihnen, sich an dieser Stelle explizit bei der Technik zu bedanken und einfach fortzufahren.

Im Falle eines kaputten Mikrofons geht der Spuk oft sehr schnell vorbei, weil Ihnen inzwischen ein anderes gebracht wurde. Im Falle einer fehlerhaften Einspielung könnte hingegen die Unterbrechung länger als eine Minute dauern. Dann haben Sie meiner Erfahrung nach zwei Möglichkeiten: Entweder, Sie entscheiden, dass Sie ohne Video weitermachen, oder Sie fragen das Publikum. Stellen Sie zwei Fragen, die jeweils mit Handheben beantwortet werden können: „Sollen wir noch fünf Minuten warten?" bzw. „Sollen wir weitermachen?" und handeln Sie dann entsprechend. Im Schnitt verträgt eine Veranstaltung maximal fünf Minuten einer solch unfreiwilligen Pause. Sie können das Publikum mit Augenzwinkern einladen, jetzt ihre e-Mails zu checken oder nachzusehen, ob Hollywood inzwischen angerufen hat. Die fünf Minuten gehen schnell vorbei. Und dann kann der Moment kommen, wo Sie trotz allem weitermachen müssen, auch wenn die Technik noch immer nicht funktioniert. Aber das Publikum wird Sie auf Händen tragen, denn Sie haben alles getan, um auf deren Bedürfnisse einzugehen.

> Meine Vorträge leben davon, dass ich Film und Physik verbinde. Und ich war eingeladen zu einem Geburtstagskolloqium eines Kollegen, da war ich der Festredner. Und leider ist komplett die Technik ausgefallen, es gab keinen Beamer und ich konnte die Filme nicht zeigen. Ich musste also dann eine ganze Stunde einfach durch Erzählungen überbrücken, ohne Hilfsmittel, einfach so Stand-up, weil es auch immer hieß, die Technik funktioniert gleich wieder, sie funktioniert gleich wieder. Mein hellblaues Hemd hat sich dann in ein dunkelblaues Hemd verwandelt.
>
> Ich habe es so gemacht, dass ich alles erzählt habe, was ich sonst in dem Vortrag nicht hätte erzählen können. Und dann habe ich alles mit Händen und Worten erklärt, was man hätte im Film sehen können. Einige haben gesagt, das war ja fast besser als der Vortrag. Vor 20 Jahren hätte ich das nicht so geschafft. (Metin Tolan, TU Dortmund)

Akzentuieren Sie mit der Stimme
Präsentationen vor Fördermittelgebern, vor Kooperationspartnern oder im Berufungsverfahren sind Angelegenheiten, bei denen Sie Begeisterung vermitteln und Interesse erzeugen sollten. Spannung ist in diesen Settings kein Thema für Sie. Im Vortrag hingegen dürfen Sie auf der Bühne diesbezüglich aus dem Vollen schöpfen.

Ich empfehle den gezielten Einsatz Ihrer Stimme, um emotionale Akzente zu setzen. Zum einen, weil nach einer neueren Experimenten-Reihe der Yale University die Stimme Emotionen besonders gut transportiert (Kraus 2017). Zum anderen, weil Sie das Akzentuieren mit der Stimme auch als Wissenschaftler*in ohne jeden Anflug von schauspielerischem oder dramatischem Talent bewerkstelligen und nutzen können.

Eine sehr einfache Methode ist es, Pausen an ungewohnten Stellen zu machen – also nicht nur immer am Ende eines Satzes parallel zum Punktzeichen. Besonders empfehle ich Ihnen, Pausen sehr bewusst vor und nach einem wichtigen Wort oder einer wichtigen Passage Ihrer Ausführungen zu machen. Auch drei, vier Sekunden vor und nach Ihren jeweiligen Kernbotschaften innezuhalten, lohnt sich sehr. Das Publikum wird durch diese Pausen nicht nur von neuem aufmerksam, weil es im ersten Reflex meint, es wäre schon vorbei oder es wäre etwas passiert. Ihre Zuhörer*innen erkennen dadurch auch, was sie sich ganz besonders einprägen sollen. Das Prinzip der Pause davor und danach hat, wenn Sie so wollen, einen klassischen Scheinwerfereffekt auf das, was Sie dazwischen sagen.

Eine weitere Möglichkeit sehe ich für Sie im textrelevanten Abwechseln des Sprechtempos. Bei den Fakten könnten Sie langsamer sprechen, bei Beispielen hingegen schneller. Dort, wo Sie inhaltlich Eile oder Hektik vermitteln wollen, steigern Sie wieder das Sprechtempo, um die nächsten Minuten wieder in der normalen Dialoggeschwindigkeit unterwegs zu sein. Speziell am Anfang Ihres Vortrags und am Ende ist es besonders effektvoll, wenn Sie langsam sprechen – am Anfang, um den Menschen das Hineinhören in Ihren Sprechductus zu vereinfachen, am Ende, damit Ihre letzten Worte auch ganz besonders gut haften und in Erinnerung bleiben. Ihre Botschaften wiederum böten sich für eine Art von Sprechzeitlupe an. Jedes einzelne Wort wird von Ihnen während Ihres Vortrags in den Saal gesetzt. Ich prophezeie Ihnen eine hohe Wirkung!

> When I am presenting at events where I am only one part of the program everybody is chatting and not as attentive. I learnt that I could get a lot more attention in the way I was presenting by changing the pace or speak maybe louder. When they hear modulation then they listen and want to know what is coming up. (Aniruddha Dutta, OCAS NV Gent)

Dasselbe gilt für die Veränderung Ihrer Lautstärke. „Leise" bereitet auf einen Höhepunkt vor und wirkt geheimnisvoll. Sie können mit einer plötzlich leisen Stimme jene, die aus welchen Gründen auch immer mit ihrer Konzentration doch nicht ganz bei Ihnen waren, auch sehr gut wieder zurückholen. Textrelevant leise zu sprechen, könnte bedeuten, Gerüchte, Vermutungen, angebliche oder tatsächliche Hintergrundinformationen im Flüsterton zu bringen. Umgekehrt setzt auch eine plötzlich laute Stimme starke Akzente – dann, wenn Sie besonderes Engagement, von Begeisterung, über Aufregung bis zu Ärger zeigen wollen. Appelle im Vortrag brauchen ebenso Kraft in der Stimme.

Vielleicht wollen Sie es sich so vorstellen: auch wenn ein/e Zuhörer*in der Sprache, die Sie im Vortrag verwenden, gar nicht mächtig ist, sollte sie/er doch anhand Ihrer stimmlichen Akzentuierung erkennen, wo es Ihnen wichtig ist.

Um authentisch zu sein und wirklich zu Ihnen zu passen, überlegen Sie sich bitte während Ihrer Vorbereitungen, welche Passagen Sie – würden Sie den Vortrag als Geschichte vor Kindern erzählen – bewusst leise oder eben bewusst laut aussprechen würden. Dann markieren Sie diese Stellen und probieren es einmal vor dem Handy aus. Mit diesem kleinen Trick überwinden viele meiner Klient*innen die Scheu vor dieser Form der Inszenierung. Niemand von uns empfindet Scheu davor, Kindern eine gute Geschichte zu erzählen – das ist die Idee dahinter. Wenn Sie sich nach der Handyprobe wohlfühlen, tun Sie es bitte. Wenn nicht, dann lassen Sie es. Oder warten auf einen nächsten Vortrag, diese wirklich gute Möglichkeit, zusätzlich Spannung im Auditorium zu erzeugen, einzusetzen.

5.1.2 Struktur

Beim Vortrag gegenüber externen Zielgruppen haben Sie als Wissenschaftler*in schon bei der Konzeption der drei Botschaften (Tab. 5.1) mehr Möglichkeiten als in jedem anderen Setting. Das hängt mit den vielfältigen Möglichkeiten Ihrer Zielsetzungen zusammen – und mit Ihrer Einschätzung, welche Dramaturgie am wirkungsvollsten sein könnte, um das Publikum über Ihren Vortrag hinaus mit Ihren Inhalten zu beschäftigen.

Und doch lässt sich ein kleinster gemeinsamer Nenner eines solchen Vortragskonzepts identifizieren:

5.1.3 Praktische Durchführung

> Für die Vorbereitung:
> Das ist ein 2-3-stufiger Prozess. Ich werde oft schon ein bis zwei Jahre im Vorhinein gebucht. Das heißt, ich beginne oft schon, mir sehr weit im Voraus Gedanken zu machen. Dann habe ich mittlerweile einen großen Fundus an Ideen, den ich gleich nutze, wenn ich die Einladung bekomme. Und dann lasse ich das ruhen.
> 2. Ich nehme die Dinge dann kurz vor dem Vortrag her, und bereite das sehr kurzfristig auf, manchmal im Zug, wenn ich da Zeit habe, mir sehr aktuell Gedanken zu machen. Der Vorteil ist, man merkt sich das dann auch besser.
> Manchmal bei Themen, die ich weniger oft vortrage, gibt es dann noch einen Schritt dazwischen. (Martin Korte, TU Braunschweig)

Sie sitzen entweder in der ersten Reihe oder stehen bereits seitlich der Bühne, wenn Sie aufgerufen werden. In den Applaus des Publikums hinein steigen Sie von der Seite kommend die Stufen hinauf und gehen nach vorn. Sie schütteln die Hand der Person, die Sie angesagt und vorgestellt hat – das kann ein/e klassische/r Moderator*in sein, das kann auch die/der Gastgeber*in selbst sein. Ihr Platz ist in der Mitte – sollten Sie Charts präsentieren, dann steht der Laptop entweder auf einem seitlich versetzten Tischchen bzw. Kommunikationsterminal. Sie klicken Ihre Charts per Fernbedienung oder manuell (vgl. Abschn. 3.2). Mit oder ohne Charts tun Sie gut daran, handgeschriebene Präsentationskarten zu verwenden. Die Scheinwerfer und aller Augen sind auf Sie gerichtet.

> Bei meinen ersten Vorträgen hat mich besonders der Zeitpunkt belastet, an dem ich an das Pult treten musste, um vor einem fremden Publikum zu reden. Dabei gibt es einen massiven

Tab. 5.1 Struktur bei Vorträgen

Botschaft 1	Die Situation ist x.	Hier gehen Sie sofort in die Interpretation und zeigen dazu Ihre Daten und Fakten.
Botschaft 2	Deshalb sind wir in dieser Situation.	Hier skizzieren Sie Hintergründe und stellen den Kontext her.
Botschaft 3	Tun Sie etwas!	Hier sagen Sie, in welcher Form man aktiv werden könnte oder sollte.

5.1 Vorträge

> Adrenalinschub, der das Gleichgewicht des Körpers beeinträchtigt. Das Hauptproblem ist die Psyche. Man kann dem aber gut begegnen. Wenn ich aufgerufen worden bin, dann ist das Adrenalin durch den Körper gerauscht, mir ist ganz heiß geworden und der Blutdruck ist abgesackt. Ich bin dann immer schon vorher aufgestanden. Ich habe mich nach der Pause gar nicht mehr auf den Platz gesetzt, damit ich das besser in den Griff bekomme. Und das 2. Problem ist der trockene Mund. Auch hier habe ich einen guten Tipp: Man nimmt ein paar Minuten vorher ein zuckerhaltiges Bonbon und lutscht, das bindet genug Wasser im Mund, und der Vortrag gelingt. (Kerstin Krieglstein, Universität Konstanz)

> Was mir hilft, ist eine Art von Einsingen. Ich bin in einem Chor und kenne von da ein paar Atemübungen oder Mundlockerungen. Die helfen mir auch gegen die Nervosität, auch wenn ich auf der Bühne dann nicht singe. (Thora Schubert, FWTH Aachen)

Bringen Sie sofort zum Ausdruck, dass Sie wissen, zu wem Sie sprechen. Gerade bei Wissenschaftler*innen, die bekannterweise öfters Vorträge halten, erzeugt das besondere Wirkung. „Meine Damen und Herren!" ist zwar nicht schlecht, aber das kann schließlich ein/e jede/r sagen. Diese Anrede beweist in keiner Form, dass Sie sich eigens auf diesen Termin vorbereitet haben. Beginnen Sie hingegen spezifisch wie „Sehr geehrte Vertreter*innen aus Gewerbe und Industrie" oder „Liebe Freund*innen der Aerodynamik", heimsen Sie schon die ersten Pluspunkte ein.

Was nun folgt, entscheiden Sie: Klassisch invers sprechen Sie Ihr Ziel für diesen Vortrag an, Sie können aber – noch klassischer – auch mit einem Zitat beginnen. Wichtig dabei ist nur, dass das Publikum zwingend mit der Quelle Ihres Zitats sofort etwas anfangen können muss. Zitieren Sie hier eine/n Wissenschaftskolleg*in, der in der Fach-Community eine Koryphäe ist, aber nicht notwendigerweise von Ihrem Laienpublikum gekannt wird, dann war das Zitat an diesem Ort de facto unbrauchbar. Sehr empfehlenswert sind Zeitungszitate aus der Welt der Zuhörer*innen – da können Sie kaum falsch liegen. Rhetorische Fragen unmittelbar nach dem Adressieren des Publikums sind ähnlich effektvoll, vor allem, wenn Sie genau jene Fragen aufwerfen, die Ihren Recherchen zufolge die meisten im Raum zu Ihrem Thema auch haben. Genauso gut können Sie aber auch mit einer persönlichen Geschichte einsteigen, die einen Bezug zum Veranstaltungs- bzw. Vortragsthema herstellt oder die Menschen im Saal hinter Ihre Kulissen blicken lässt: Dann geben Sie einen Einblick in Ihren gestrigen Forschungstag, erzählen, womit Sie unlängst Ihre Studierenden konfrontiert haben und schildern, was bei Ihnen am Institut/an der Klinik gerade die größten Herausforderungen oder die wichtigsten offenen Fragen sind. Auch eine Provokation in den Saal zu werfen, kaum, dass Sie zu sprechen begonnen haben, macht Aufsehen. Oder Sie erwähnen schlagwortartig, welche Gedanken zum Vortragsthema Sie erst kürzlich mit einem Prominenten – Ihrer/m Fachminister*in auf der politischen Ebene, einer/m bekannten Unternehmer*in, einer/m Sportler*in, einer/m Künstler*in – ausgetauscht hätten. Das imponiert fast immer.

Sie setzen fort mit dem Abriss dessen, was Sie jetzt vortragen werden und freuen sich, dass Sie da sind. Achten Sie in dieser Einleitung ganz besonders darauf, das Publikum im Saal anzusehen.

Auch ein Video kann ein überaus gelungener Einstieg in einen Vortrag sein – allerdings sollte es a) nicht länger als drei Minuten sein, sonst verschleppt es den Effekt eines knackigen Starts und b) jedenfalls vor Ihrem Erscheinen auf der Bühne abgespielt werden. Kaum ist das Video zu Ende, sieht man Sie hinaufgehen oder schon obenstehen.

Botschaft 1: Die Situation ist x

> Was ich am häufigsten von Freunden und Bekannten höre, aber auch bei öffentlichen Vorträgen: Ach, das wusste ich ja gar nicht! (Tobias Brügmann, Thünen-Institut, Großhansdorf)

Auch vor diesen Zuhörer*innen ist der erste Abschnitt Ihres Auftritts entscheidend, wenngleich aus anderen Gründen. Vergessen Sie nicht, dass jede Person, zu der Sie soeben sprechen, freiwillig gekommen ist. Das ist eine völlig andere Ausgangssituation als bei den Damen und Herren in den unterschiedlichen Kommissionen, deren berufliche Verpflichtung es ist, auch Sie anzuhören. Die Erwartungen an Sie und Ihr Infotainment sind deshalb besonders hoch.

Vor diesem Hintergrund empfehle ich auch grundsätzlich gerade in den ersten Minuten zu versuchen, sich einer besonders einfachen Sprache zu bedienen und vor allem als Person zu überzeugen.

Das tun Sie einerseits, indem Sie mit einer Interpretation Ihrer Forschungsergebnisse starten und die Fakten dazu erst nachreichen. Interpretationen sind aus Sicht von Nicht-Expert*innen immer interessanter, und sie sind unverwechselbar und leichter merkbar. Fakten kann man sich behalten oder auch nicht – Ihre Interpretation als Botschaft 1 sorgt außerdem dafür, dass sie viel stärker hinkünftig mit Ihrem Namen konnotiert werden wird. Ob Ihre Interpretation die Gegenwart betrifft oder ob Sie sie in Form einer Prognose kommunizieren, bleibt Ihnen in Einschätzung der jeweiligen Situation überlassen.

Und andererseits sollten Sie, gerade zu Beginn, Text-Charts nur sehr behutsam einsetzen, Fotos oder Animationen sind für Ihre Zwecke zu diesem Zeitpunkt viel hilfreicher.

▶ Zu viel Text auf zu vielen PowerPoint-Charts verdeckt den Blick auf Sie direkt und indirekt.

Direkt, weil ich als Teil des Publikums meine Aufmerksamkeit ständig zwischen Ihnen und dem Chart pendeln lasse. Und indirekt, weil viele Charts von der ersten Minute an suggerieren, ohne sie wären Sie trotz all Ihres Wissens hilflos.

Botschaft 2: Deshalb sind wir in dieser Situation

Erst im mittleren Teil sollten Sie meiner Meinung nach ein klein wenig die/den Wissenschaftler*in in Ihnen hervorkehren. Das darf vor Nicht-Expert*innen trotzdem nicht Fachsprache oder Tabellen mit 12-Punkt-Schrift bedeuten. Aber Grafiken oder vereinfachte Formeln, die auch in einer populärwissenschaftlichen Fernsehsendung Verwendung finden könnten, haben hier allemal ihre Berechtigung.

Ein Aspekt erscheint mir hier noch wichtig: Bitte beachten Sie besonders die emotionale Befindlichkeit Ihrer Zuhörer*innen – zumindest, soweit Sie das von außen und angesichts eines natürlich nie gänzlich konformen Publikums beurteilen können.

Wir wissen doch, dass nach dem Vermeidungsprinzip viele Menschen wissenschaftliche Fakten ignorieren, wenn sie ihnen zu sehr Schmerzen oder Unbehagen bereiten (Ho et al. 2020). Als Forscher*in mag Ihnen das persönlich zutiefst missfallen, aber im Moment des Vortrags wäre es für alle Beteiligte viel konstruktiver, wenn Sie diesbezüglich Einfühlvermögen zeigen könnten. Vielleicht gelingt es Ihnen in Ihrer Vorbereitung, vorhandene Sorgen und Ängste, die die Zugänglichkeit zu Ihren Daten und Fakten erschweren, zu antizipieren und sie dann mit einem Mindestmaß an Verständnis anzusprechen. Wertschätzung ist hier oberstes Gebot, wenn Sie in Ihren Worten z. B. in diese Richtung formulieren: „Ich kann mir vorstellen, dass einige von Ihnen sich hier große Sorgen machen. Das ist auch verständlich. Ich kann diese Sorgen nicht einfach wegzaubern, selbst wenn ich das wollte. Erlauben Sie mir trotzdem, Ihnen zu zeigen, was diese Zahlen für Sie tatsächlich bedeuten. Und dass es für Sie ein Leben mit viel weniger Sorgen als vielleicht heute noch geben kann."

> Es ist ein Problem, wenn man nicht versteht, dass dort wo Emotionen im Spiel sind, Menschen ihre eigenen Prozesse durchmachen. Diese Ängste darf man nicht kleinreden. Die Logik der „Laien" folgt einer anderen Logik, da muss man viel sanfter vorgehen. Da haben wir immer wieder Positionskämpfe zwischen Wissenschaftlern gesehen – die denken nicht daran. Auch wenn Du die Wahrheit kennst oder Dir sicher bist, dass Du der Wahrheit nahe bist, wenn Du dann in eine Krisensituation kommst im Sinne der sachlichen Analyse und vergisst, dass Leute Angst haben …. Es geht darum, Beziehung aufzunehmen, weil das signalisiert, dass man am gegenseitigen Verstehen interessiert ist. Da sagt man dann als Profi, dass man Verständnis hat und nicht: „Alle Ängste sind nicht gerechtfertigt, die Wahrheit ist vielmehr …" (Robert Wegener, FHNW Olten)

> Was er sagt, stimmt, aber es nützt nichts, wenn die Welt nicht bereit ist für diese Wahrheit. Es geht wieder um den Perspektivenwechsel und damit den zentralen Unterschied zum Tier: Die Fähigkeit in die Position des anderen zu schlüpfen und aus dessen Perspektive zu erkennen, worum es dem Gegenüber geht. (Robert Wegener, FHNW Olten)

Botschaft 3: Tun Sie etwas!
Wozu auch immer Sie Ihre Zuhörer*innen motivieren, mobilisieren, aufrufen, einladen, hinführen oder anhalten wollen: eine sehr gute rhetorische Methode ist es, Ihre Handlungsoptionen abgestuft nach Zielgruppen darzulegen. Das passt wunderbar zu Ihnen als differenziert denkende/r und arbeitende/r Wissenschaftler*in, und zusätzlich fühlt sich jede/r im Saal angesprochen.

Wenn es Ihnen als Sozialwissenschaftler*in also z. B. darum geht, die unglaubliche Zirkulation von Fake News einzuschränken, dann könnten Sie die Jüngeren vor Ihnen ansprechen, vor jedem Forwarden einer Information in den Social Media zunächst einen kurzen Gegencheck auf der Onlineseite eines Quality Papers zu machen. Den Älteren im Saal könnten Sie vorschlagen, den Mittagstisch am Sonntag oder einen frei gewählten

Abend während der Woche für eine Diskussion zu besagter Information in der Familie oder im Freundeskreis zu nutzen, bevor mögliche Fake News unbedacht weitergeleitet werden. Für die Aktivist*innen haben Sie die Empfehlung mitgebracht, Sie selbst, jemandem aus Ihrem Team oder eine andere wissenschaftliche oder behördliche Einrichtung zum Thema Ihres Vortrags per E-Mail mit ein paar Fragen zu konfrontieren. Dem Veranstalter geben Sie konkrete Tipps, welche Expert*innen außer Ihnen noch willig und fähig wären, einen interessanten ähnlich gerichteten Vortrag zu halten und allen Menschen im Saal machen Sie schmackhaft, immer und ausschließlich vor jeglichem Posten marktschreierischer Informationen mit jedenfalls drei Google-Search-Versuchen die Quelle und deren Seriosität abzuklopfen.

Für den Schluss empfehle ich Ihnen für Ihre Vorträge vor interessierten Nicht-Expert*innen dieselbe Abrundung wie bereits bei der Drittmittelpräsentation bzw. dem Hearing erwähnt. Für das finale Chart sehe ich zwei Varianten: die inspirierende Vision oder die sogenannte Rahmenhandlung. Das heißt, nach der erneuten Anrede des Publikums in derselben Manier wie zu Beginn, kommen Sie nun auf dasselbe Element zurück, mit dem Sie eröffnet haben: Ihr Ziel, Ihr Zitat, Ihre rhetorischen Fragen, Ihrer persönlichen Geschichte, Ihrer Provokation oder Ihren mit einer/m Prominenten ausgetauschten Gedanken. Dem Publikum gefällt das immer – es schließt sich der Kreis, und das ist gut so.

> Ich hatte immer schon etwas Missionarisches, aber viel wichtiger ist, bei einem minispezifischen Thema in der Doktorarbeit oder der wissenschaftlichen Publikation sich auf einer breiten, sehr allgemeinen Ebene mit dem Thema auseinandersetzen zu müssen. Und mehr und mehr merkt man, wie wichtig das ist. (Martin Korte, TU Braunschweig)

Checklist Vortrag

Einen starken Anfang hinlegen	Mit einem Aufhänger starten.
Nach Zielgruppe kontextualisieren	Präzise sämtliche Gegebenheiten recherchieren, Ziel und Rolle für das jeweilige Publikum festlegen.
Nächste Schritte	Handlungsoptionen aufzeigen.
Fokussieren	Die Situation ist x. Deshalb sind wir in dieser Situation. Tun Sie etwas!
Einfach formulieren	Ja.
In und mit Bildern sprechen	Metaphern und Beispiele. Illustrationen vor allem Im ersten Abschnitt.
Kleine Portionen	10–30 Minuten.
Interaktion	Alles Mögliche. Umfragen, Abstimmungen, rhetorische Einbindungen.
Technologie	Von gar nichts bis zu zehn PowerPoint Charts.
Die Besonderheiten beachten	Klären Sie Ziel und Rolle. Beeinflussen Sie das Setting. Forcieren Sie Interaktion. Akzentuieren Sie mit der Stimme.

5.2 Diskussionsveranstaltungen

> Es hängt vor allem von der persönlichen Konstitution ab. Talkshows empfinde ich sowohl als Teilnehmer als auch als Zuschauer, aus jeder Position als extrem unbefriedigend. Solche Diskussionsformate machen auch nur 10 % meiner Buchungen aus. (Martin Korte, TU Braunschweig)

Diskussionen vor Publikum sind beliebt. Weil sie nicht auf die Beredtheit und Präsentationskompetenz einer/s einzelnen angewiesen sind, sondern tendenziell mehr Möglichkeiten für Kurzweiligkeit aufweisen. Da ist einmal das jeweilige Thema der Diskussion, das kontrovers abgehandelt werden soll. Unterschiedliche Meinungen sorgen fast immer für Interesse – ein Podium, bei dem alle mehr oder weniger in dieselbe Kerbe stoßen, hat allein von daher weit weniger Potenzial, nicht nur die Unterhaltung, sondern auch den Erkenntnisgewinn betreffend.

Dann sind da zwei, drei, vier oder mehr Diskutant*innen, unter denen wohl mindestens eine/r ist, der/die kraft ihrer Persönlichkeit für Lebendigkeit sorgen kann. Und wenn das noch immer nicht ausreicht, dann gibt es auch noch die/den Moderator*in. Aus Veranstaltersicht kann daher bei einer Podiumsdiskussion Infotainment-mäßig weit weniger schiefgehen als bei einem Einzelvortrag.

Für Sie als Diskutant*in liegt die Sache anders: Im großen Unterschied zum Vortrag haben Sie bei diesem Format viel weniger Zeit, Ihre Punkte zu machen. Sie kommen zwar mehrmals dran, müssen aber Ihre Argumente sehr kompakt darstellen und sich zusätzlich gegenüber anderen Meinungen positionieren. Sie haben auch viel weniger dramaturgische Möglichkeiten, Ihre Ausführungen zu unterstützen. Ihre Vorbereitung muss daher meiner Erfahrung noch einmal viel kürzer sein als beim Vortrag.

Seien Sie sich jedenfalls darüber im Klaren, dass eine Diskussionsveranstaltung außerhalb der Scientific Community nicht primär an Erkenntnisgewinn interessiert ist. Sich gemeinsam der Wahrheit zu nähern, Expertise und Erfahrung vor Publikum miteinander auszutauschen kann zwar stattfinden. Viel wichtiger aus Veranstaltersicht ist aber eben der Unterhaltungsaspekt. Goebel hat also recht, wenn er in einem Essay über mangelnde Expertise in Polittalks schreibt, „so geht es nicht um die Suche nach Lösungen, sondern um den Versuch, die eigene Wirklichkeit anderen nahezulegen" (Goebel 2018). Nicht umsonst verwenden viele Veranstalter den altmodischen Begriff der Podiumsdiskussion gar nicht mehr, sondern greifen auf das Neudeutsche „Talk" zurück. Daher erscheint es mir wesentlich, dass Sie vor der Zusage zu einem solchen Talk mit sich selbst vereinbaren: Ja, es ist ok und vielleicht sogar nötig, dort auch andere Themen als Ihren Forschungsschwerpunkt zu besprechen. (vgl. Abschn. 2.2)

> Aber junge Forscher*innen haben oft noch viel Respekt vor Übertretungen des eigenen Gebiets. Wenn man jenseits der eigenen Forschung zu anderen Themen Stellung nehmen soll, dann stresst das viele. Da könnte man also viel mehr tun, um das transdisziplinäre Denken wieder zu fördern. Das ist in den Bachelorstudiengängen größtenteils verschwunden. (Antje Boetius, AWI Bremerhaven)

Diskussionsveranstaltungen sind die einzigen der hier besprochenen Settings, die von den klassischen Medien adaptiert worden sind. Allen voran das Fernsehen hat sie beginnend mit Debatten zwischen politischen Spitzenkandidaten in den 1960er-Jahren zum fixen Bestandteil seines Programms erkoren. Fernsehdiskussionen in öffentlich-rechtlichen Sendern sind im Vergleich zu jenen bei privaten Fernsehanbietern im Schnitt mehr informations- als entertainmentlastig – weniger Routinierte unter Ihnen werden sich daher im Falle des Falles als Diskutant*in bei ARD, ZDF, ORF oder SRF vermutlich wohler fühlen.

Als Überleitung auf den folgenden Abschnitt danach finden Sie Erfahrungen aus Fernsehtalks schon hier.

5.2.1 Besonderheiten

Fühlen Sie sich immer beobachtet
Bei keinem anderen Format sind Sie ständig im Bild, auch wenn Sie gar nicht am Wort sind. Das klingt banaler, als es ist. Denn viele unterschätzen die teilweise desaströse Wirkung ihres Verhaltens, wenn sie glauben, niemand würde sie beachten – schließlich ist gerade jemand anderer dran. Dabei hat jedes Publikum immer alle Diskutant*innen im Blickfeld, diese beobachten wiederum einander, und auch die/der Moderator*in sieht gern immer in die Runde. Fazit: Sie sind nie unbeobachtet, ein Close-Up ist immer möglich. Diskutieren Sie im TV, dann wird es noch intensiver: Eine der eingesetzten Kameras ist ganz sicher dabei, wenn Sie etwas anderes tun, als interessiert in die Diskussionsrunde zu schauen oder sich Notizen zu machen.

Die Situation ist aber auch ohne elektronische Medien und Übertragung virulent. Bitte holen Sie daher nicht Ihr Handy aus der Tasche, blicken gelangweilt ins Leere oder gähnen von Herzen. Bitte schwätzen Sie nicht mit Ihrem Sitznachbarn (auch nicht im Flüsterton!), winken Sie niemandem aus dem Publikum zu oder nesteln aufwendig an Ihrer Kleidung herum. Auch spontane Gestik oder Mimik der Abwertung gegenüber einer/m Ihrer Mitdiskutant*innen – sich etwa mit dem Finger an den Kopf zu tippen oder die Augen zu verdrehen – ersuche ich Sie zu vermeiden. Irgendjemandem fällt es auf und Ihr Verhalten wird als Zeichen mangelnden Respekts und mangelnder Beherrschtheit gegen Sie verwendet werden. Donald Trump ist hier sicher kein Vorbild, abgesehen davon, dass die meisten unter uns zu Recht oder zu Unrecht von Ihnen als Wissenschaftler*innen sowieso Contenance in Permanenz erwarten.

> Bei Panels hängt es vor allem davon ab, wie gut der Moderator ist. Ich selbst habe eine recht kurze Aufmerksamkeitsspanne. Das sieht man mir leider an, dass ich dann manchmal nicht auf Zack bin. (Antje Boetius, AWI Bremerhaven)

Auch wenn Sie während der gesamten Veranstaltung konzentriert bei der Sache sind, können Sie unabsichtlich durch Ihre Körpersprache ins Fettnäpfchen treten:

5.2 Diskussionsveranstaltungen

Wenn Sofas als Sitzmöbel auf der Bühne vorgesehen sind, dann sollten Sie z. B. darauf achten – egal wie bequem es sein mag – nicht im Möbelstück zu versinken. Sonst wirken Sie sehr leger und sehr distanziert gleichzeitig, weil ja Ihr Oberkörper ziemlich weit nach hinten rutscht. Sonderliches Engagement nimmt Ihnen in dieser Haltung keine/r ab. Die Assoziation zum Lehnstuhl oder zum Thron drängt sich hier der/m Betrachter*in zu schnell auf. Bitte rutschen Sie also mit dem Gesäß Richtung Sofakante, wenn Sie am Wort sind. Dasselbe tun Sie, wenn Sie zeigen wollen, dass die Diskussionsinhalte Sie gerade in diesem Moment besonders betreffen. Ähnliches gilt auch für herkömmliche Stühle. Sie können sich vorstellen, dass deshalb bei Coachingsitzungen in der Vorbereitung auf Podiumsdiskussionen sogar das richtige Sitzen auf der Bühne thematisiert und ausprobiert wird.

▶ Bei den in Mode gekommenen stehenden Podiumsdiskussionen gibt es aber noch eine andere Versuchung: schlampig zu stehen, fast zu lümmeln, weil es anstrengend ist, in den typischen 90 Minuten einer solchen Veranstaltung immer kerzengerade zu postieren.

Übrigens: Auch die Sitzordnung insgesamt ist Botschaft als solches. Ob die/der Moderator*in in der Mitte einer Diskussionsrunde sitzt oder seitlich ganz am Rand, ist Geschmackssache. Für Sie gilt aber unbedingt: Als Angehörige/r einer ethnischen bzw. religiösen Minderheit dürfen Sie niemals am Rand sitzen – weder in der einen noch in der anderen Konstellation. Nicht inmitten des Geschehens platziert zu sein, würde Ihre Sonderrolle noch zusätzlich betonen, was rein aus politischen Gründen nicht im Sinne einer demokratischen weltoffenen Veranstaltung sein kann. Ein derartiger Fauxpas passiert auch aus mangelnder Aufmerksamkeit: Ich selbst war einmal Zeugin einer Diskussion zum Thema Integration, als selbst der sehr liberale Moderator übersah, dass er den einzigen Nicht-Europäer in der Runde, einen seit langem in Wien lebenden Schwarzafrikaner, ganz außen hingesetzt hatte.

> Ich werde viel weniger angesprochen. Da kam einmal ein Kollege daher und erzählt, wir planen eine Diskussion und wir haben leider keine Frau gefunden, und da denke ich mir, was denkt der, was ich bin? Frauen werden weniger oft angesprochen, da muss man sich selbst ins Spiel bringen. (Gudrun Thäter, KIT Karlsruhe)

In analogen Diskussionsveranstaltungen, wo Wissenschaftlerinnen noch immer seltener am Podium zu sehen sind als ihre männlichen Pendants, gilt diese Regel auch für Frauen. Als Diskutantin sollten Sie bitte direkt neben der/m Moderator*in oder vom Publikum aus gesehen jedenfalls in der Mitte der Runde sitzen. TV-Redaktionen sind hier schon sensibilisiert – dort weiß man zumindest, dass Talkrunden ohne Frauen oder mit Teilnehmerinnen, die ungünstig platziert und von daher von der/dem Moderator*in wie den Kameraleuten leichter übersehen werden, schlechte Presse bringt.

> Es sind sich die deutschen Medien bewusst, dass sie Diversität zeigen sollten, also z. B. nicht nur ältere Männer als Wissenschaftler. Ich ärgere mich da manchmal, dass von der Wissenschaft ein falsches Bild entsteht, weil das noch immer so schlecht gelingt. Aber wenn man als Frau einmal sichtbar wird, kann man sich nicht mehr retten vor Angeboten. (Antje Boetius, AWI Bremerhaven)

Ein Letztes zum Thema Beobachtung: Damen sollten auf der Bühne keine Röcke tragen, die beim Sitzen über die Knie rutschen. Hosen oder lange Röcke sind kleidsamer und lenken weniger von den Inhalten ab. Herren sollten Kniestrümpfe statt Socken wählen, wenn sie im Scheinwerferlicht diskutieren. Nacktes Bein hat da wie dort nichts verloren.

Stimmen Sie sich mit der/m Moderator*in ab
De facto gehört es zum Job jeder/s professionellen Moderators/in, sich im Vorfeld nicht nur mit dem Veranstalter, sondern auch mit den einzelnen Diskutant*innen abzustimmen. Dabei heißt sich abzustimmen nicht, alles bis ins letzte Detail zu fixieren und jegliche Spontaneität auszuschließen. Das wären wohl sonst dröge Diskussionen, wo jede/r schon im Vorfeld weiß, was jetzt kommt. Sich abzustimmen heißt auch nicht, dass Sie sicher sein können, keine herausfordernden Fragen mehr zu bekommen. Gerade das ist doch das Salz in der Suppe jeder Podiumsdiskussion! Sich abzustimmen heißt hier schlicht und einfach, mit Ihnen als Diskutant*in zu besprechen, welche Spielregeln gelten werden. Die kann nämlich der Moderator festlegen:

> Wenn ich ein Podium mache, braucht es eine Dramaturgie und eine klare Vorstellung davon, welche Rolle die Diskutanten haben. Ich muss klare Aufträge geben, auch wenn es Profis sind und ich muss klar sagen, was der Rahmen ist. Die schlechten Podiumsdiskussionen waren immer die schlecht vorbereiteten.
> Was ist das Ziel der Diskussion? Das ist ganz wichtig. (Robert Wegener, FHNW Olten)

- Wie wird gestartet? Mit einem Anfangsstatement von allen – das dauert dann in der Regel maximal fünf Minuten pro Person – oder mit einer direkten Frage an jede/n am Podium?
- Gibt es eine bestimmte inhaltliche Reihenfolge, die von oben nach unten abgearbeitet wird? Eine sehr häufige Form der Dramaturgie ist es, als erstes die aktuelle Situation des Themas aus den unterschiedlichen Perspektiven der Diskutant*innen zu beleuchten. Im zweiten Durchgang diskutiert die Runde dann gern darauf aufbauend die speziellen Problemstellungen, Motive und Einflussfaktoren zur jeweiligen Fragestellung. Im letzten Teil werden Lösungsansätze und vor allem die Wege dorthin besprochen. Aber natürlich kann der Ablauf am Podium auch ganz anders sein.
- Ist es erwünscht, dass Sie auf der Bühne auch ad hoc auf Ihre Mitstreiter*innen reagieren oder sollen Sie immer nur warten, bis Ihnen das Wort erteilt wird? In neun von zehn Fällen werden Sie auf diese Frage zu hören bekommen, dass Sie natürlich spontan sein

sollen. Bitte nehmen Sie das dann aber auch als offizielle Erlaubnis für Sie höchstpersönlich, sich energisch einzubringen, wenn es so weit ist.
- Wie lang ist die Diskussionszeit auf der Bühne vorgesehen und zu welchem Zeitpunkt kommt das Publikum dran?
- Werden die Fragen des Publikums gesammelt, bevor die Diskutant*innen darauf reagieren sollen, oder darf jede Frage sofort beantwortet werden? Letzteres empfiehlt sich übrigens viel eher – ad hoc zu replizieren ist immer viel dynamischer, die andere Methode hingegen trennt Frage und Antwort, und man verliert zu leicht den Überblick.
- Was ist für den Schluss geplant? Manche Moderator*innen lieben es, mit abschließenden überraschenden Fragen und der damit einhergehenden Bitte um eine kurze Antwort Diskutant*innen noch aus der Reserve zu holen. Checken Sie das bitte im Vorfeld.

Ich empfehle Ihnen, in diesem Abstimmungsgespräch oder -telefonat zu deponieren, welche Botschaften oder Fragestellungen Ihnen besonders wichtig wären. Nutzen Sie Ihre Chance, umgekehrt auch die/den Moderator*in zu briefen. Wenn Sie etwa vorhaben, auf der Bühne etwas herzuzeigen, dann muss die/der Moderator*in das vorweg wissen. Sie/er wird Ihnen dann sagen, ob es möglich ist, ein Chart zum gegebenen Zeitpunkt an die Wand projizieren zu lassen oder ob es klüger für Sie ist, eine A4- bis A3-formatige Schautafel mitzubringen und hochzuhalten. Bei kleinen Sälen oder im TV-Studio ist das nach wie vor eine legitime und wirkungsvolle Möglichkeit.

▶ Vergessen Sie bitte nicht, der/m Moderator*in genau zu sagen, wie sie/er Sie vorstellen soll. Am besten Sie schicken zusätzlich ein entsprechendes E-Mail – das geht im Trubel weniger leicht unter als die Mitschrift aus einem Telefonat mit Ihnen.

Und noch etwas: Falls die/der Moderator*in bis eine Woche vor der Veranstaltung nicht mit Ihnen in Kontakt tritt, tun Sie es bitte. Vor TV-Diskussionen kann die Abstimmungsphase sogar nur zwei oder drei Tage ausmachen – so kurzfristig werden Sie oft erst eingeladen. Und wenn sich aktuell etwas so verändert, dass die Redaktion meint, es gäbe Diskutant*innen, die noch passender und vielleicht auch für die Einschaltquoten noch erfolgversprechender wären, dann werden Sie auch wieder ausgeladen.

> In letzter Minute bin ich ausgetauscht worden gegen eine Person, die mehr Zuschauerzahlen bringt. Immerhin wurde mir das anständig und wahrheitsgemäß genauso vermittelt. (Antje Boetius, AWI Bremerhaven)

Bereiten Sie sich auf Angriffe aus drei Richtungen vor

> Ich versuche immer zum Thema Klimawandel, die aktuellen Gutachten zu lesen, eine Medienanalyse zu machen, ich checke im Internet und in der Zeitung, was habe ich verpasst, was muß ich wissen. (Antje Boetius, AWI Bremerhaven)

Anders als nach jeder Drittmittel-Präsentation, Ihrem Auftritt im Berufungsverfahren oder bei einem herkömmlichen Vortrag, wo Sie nur mit einer Art von Gegenüber kommunizieren, kriegen Sie hier angriffige Fragen und Kommentare gleich aus drei Richtungen.

Da ist einmal die/der Moderator*in, mit der/dem Sie zumindest vorab schon Kontakt hatten. Antizipieren Sie im Vorfeld so gut wie möglich, was er/sie fragen könnte – es lohnt sich, auf YouTube nach Videos Ihrer/s Moderators/in bei anderen Panels zu suchen oder Fakten zu googlen: über die Person selbst, ihre letzten Beiträge oder Aktivitäten, ihre eventuelle politische Ausrichtung und natürlich was gerade – siehe Abschn. 5.1 beim Vortrag – „talk of the town" ist.

Gute Moderator*innen konfrontieren Sie gern auf der Bühne mit Aussagen anderer Wissenschaftler*innen oder versuchen einen Widerspruch zwischen Ihnen und einer/m anderen Diskutant*in herauszuarbeiten – man will dem Publikum hier einerseits einen Diskurs unter Intellektuellen oder einen Clash mit Nicht-Expert*innen bieten. Insofern sollten Sie wissen, was auf Sie zukommen kann. Ansonsten fragen Sie bitte zurück, wenn Sie weder mit den Namen noch mit den Fakten, die man Ihnen zuwirft, etwas anfangen können. Auch sehr beliebt ist es für Moderator*innen, sich als Stellvertreter*innen des Publikums Ihnen gegenüber betont laienhaft und unwissend zu geben, um Sie aus der Reserve zu locken, aber auch um Ihnen zu signalisieren, dass jetzt eine deutlich einfachere Sprache unbedingt nötig wäre. Reizvoll ist es außerdem aus Moderator*innen-Sicht abzuklären, ob und wenn ja, welche Konsequenzen Sie selbst aufgrund Ihrer eigenen Forschungsergebnisse privat gezogen haben.

Dann sind da Ihre Mitdiskutant*innen. Mit einer gewissen Wahrscheinlichkeit werden Sie die meisten kennen, weil sie Kolleg*innen sind oder Expert*innen aus sonstigen dem Thema bzw. Ihrer Forschung nahestehenden Bereichen. Vermutlich werden Sie auch ohne Internetrecherche voraussehen, mit welchen Wortmeldungen Sie sich hier auf der Bühne auseinandersetzen sollen. Nehmen Sie sich am besten für jede/n Ihrer Mitdiskutant*innen zwei oder drei Fragen mit. Sie werden sie brauchen.

Unterschätzen Sie auch nicht, dass Zuhörer*innen nicht nur Ihre individuelle Darstellung beurteilen, sondern auch darauf reagieren, wie konstruktiv Sie sich gruppendynamisch einbringen. Und wenn manchmal Diskutant*innen einander coram publico sogar explizit Lob und Anerkennung aussprechen, dann weiß man nie, ob aus purer Ehrlichkeit oder um die/den jeweils andere/n besser in Schach halten zu können. Immer ein Vorteil ist es jedenfalls, freundlich, aber klar zu argumentieren – aggressive oder herablassende Sprache mag das Publikum definitiv nicht (König und Jucks 2019). Die größte Herausforderung für die meisten weniger routinierten Wissenschaftler*innen ist es aber, sich gegenüber undisziplinierten Diskutant*innen zu behaupten. Nicht alle Moderator*innen können und wollen eingreifen, wenn es zu kleinen sprachlichen Tumulten auf der Bühne kommt. Gehen Sie daher bitte davon aus, dass Sie sich immer wieder selbst Ihr Wort erkämpfen müssen. Ich spreche hier einerseits die introvertierten ruhigen Männer, vor allem aber die Frauen an.

5.2 Diskussionsveranstaltungen

Meine Erfahrung ist, dass es für Frauen etwas schwieriger ist, bei Fernsehdiskussionen mit der latenten Aggressivität umzugehen. Je nachdem wo man sitzt, wie man von der Moderation gesehen wird, kann es wichtig sein, sich selbst einzubringen. Manchmal muss man sich aber auch einfach reinquetschen, wenn man übersehen wird - oder aufpassen, dass man langweilige Fragen nicht nur brav beantwortet. Ich nehme mir auch Redezeit, damit ich durchdringe, als jemand, die was zu sagen hat. (Antje Boetius, AWI Bremerhaven)

Was interessant ist - und viele Kolleginnen auch so wahrnehmen: wenn eine Frau etwas als erste sagt, und dann ein Mann dasselbe noch einmal sagt, beziehen sich alle nachher auf den Mann. Eine Psychologin hat mir einmal erklärt, dass hängt an der Stimme und ist ein Reflex.

Manchmal stelle ich das in Runden dann in Frage und sage dann: „Habe ich chinesisch gesprochen? Das habe ich doch gerade gesagt!" (Antje Boetius, AWI Bremerhaven)
Wenn ich dasselbe sage wie ein Mann, wird das nicht so empfunden.
Ein Beispiel: In Frankreich übernimmt der Staat viel an Kinderbetreuung, da haben wir bzgl. der Vereinbarung von Beruf und Familie ein anderes Niveau und trotzdem ist es jetzt passiert: An der Grand Ecole wurden die Aufnahmsprüfungen gegenwärtig wegen Corona nur schriftlich abgenommen und anonymisiert und 80 % der Zugelassenen waren Frauen. Normalerweise, wenn die Aufnahmsprüfungen mündlich sind, gab es nur 40 % Frauen. (Gudrun Thäter, KIT Karlsruhe)

Forscherinnen erleben es in einer unangenehmen Regelmäßigkeit, sich stärker als männliche Kollegen in Szene setzen zu müssen, als es Ihnen lieb ist (McDonald et al. 2020), und ich verstehe das Unbehagen. Bitte versuchen Sie trotzdem, jede Situation in einer Diskussionsveranstaltung als neue Chance zu sehen, Ihre Punkte zu machen. Ich bin ganz sicher: Als Frau sitzen Sie mittelfristig auf dem längeren Ast.

Wenn Sie jemand gezielt unterbricht, ohne sich dafür zu entschuldigen (es mag ja in Ausnahmefällen tatsächlich einmal eine spontane Wortmeldung während Ihres Parts geben), wählen Sie aus diesen Möglichkeiten:

a. Weisen Sie dieses Verhalten sofort zurück z. B. so: „Gelbe Karte für Sie, Hr. xyz, das ist unter Ihrem Niveau. Ich habe Sie nicht unterbrochen, unterbrechen Sie mich bitte auch nicht."
b. Sprechen Sie die/den Moderator*in laut und deutlich direkt namentlich an und fordern sie/ihn auf, etwas zu unternehmen. Das sei schließlich ihr/sein Job.
c. Warten Sie auf die nächste Atempause Ihres Gegenübers und preschen dann selbst vor.
d. Tun Sie etwas, um die Aufmerksamkeit der Kameras zu bekommen. Haben Sie Bilder oder Fotos zum Diskussionsthema mit? Halten Sie sie hoch. Oder stehen Sie auf und sagen Sie dann, Sie möchten sehr gern weiterdiskutieren, aber nur, wenn man Sie aussprechen lässt. Oder wenden Sie sich ans Publikum und holen sich von dort Unterstützung. Fragen Sie die Leute im Saal, wie sie es finden, dass man Sie dauern unterbricht. Das Publikum hält immer zum Schwächeren und wird durch Klatschen oder Ähnliches sein Votum für Sie zum Ausdruck bringen.

Sich mit Diskutant*innen regelrecht ums Wort zu balgen, ist die letzte, nicht empfehlenswerte Reaktionsmöglichkeit. Es ist für Zuseher*innen schlicht unerträglich, wenn zwei oder mehrere bei einer Diskussionsveranstaltung gleichzeitig sprechen.

Wenn Sie unsauber angegriffen werden, bleiben Sie cool und sagen klar Stopp: „So nicht, Hr. xyz. Wir können uns über alles unterhalten, und es macht auch gar nichts, dass wir anderer Meinung sind, aber so nicht." Oder Sie verlassen die Sach- und gehen auf die Meta-Ebene. Dann thematisieren Sie laut, was jetzt gerade passiert: „Warum tun Sie das, Hr. xyz? Warum unterbrechen Sie mich?" ist die Basis und kann bei beständigem Unfair-Play auf der Bühne noch extemporiert werden: „Geht es Ihnen nicht gut? Was für ein Problem haben Sie?" Werden Sie als Frau von einer Frau attackiert, dann bewahren Sie ganz besonders einen kühlen Kopf und bleiben sehr höflich. Stutenbissigkeit ist eine Konnotation, die Sie nicht brauchen, die Ihrer Forschung nicht weiterhilft und nur dem Klischee, Frauen könnten nicht sachlich bleiben, neue Nahrung gibt.

Die Technik der Metaebene hat Guido Westerwelle im September 2005 am Wahlabend der Bundestagswahl mit großem medialen Echo angewandt. Als er laufend von einem völlig aufgezwirbelt, um nicht zu sagen angeheitert wirkenden Noch-Bundeskanzler Gerhard Schröder unterbrochen worden war, sagte er staubtrocken: „Herr Kollege Schröder, ich weiß nicht, was Sie hier vor der Sendung gemacht haben"… Schröder replizierte darauf sogar noch mit „Das sage ich Ihnen gerne.", bevor Westerwelle in sehr distinguierten Worten, aber dennoch unmissverständlich nachsetzte: „Ich bin mir nicht ganz sicher, was da noch alles vorher gewesen ist."

Eine Analyse aller 42 bundes- oder landesweit ausgestrahlten politischen TV-Duelle amerikanischen Stils zwischen 1997 und 2016 hat festgestellt: Männer attackieren Männer fast doppelt so oft wie Frauen – 19,9 % zu 11,8 % (Maier und Renner 2018). Das bedeutet, nicht nur aufgrund der Political Correctness, sondern einfach um eine höheres Kommunikationsniveau und mehr Höflichkeit bei einschlägigen Debatten zu bekommen, sollten mehr Frauen auf Podien sitzen. Ist eine Diskussion dann langweilig? Mitnichten. Eine klare Botschaft ist eine klare Botschaft, eine gute Headline ist eine gute Headline, ein Super-Beispiel ist ein Super-Beispiel, Meinung, Engagement, Persönlichkeit und lebendige gesprochene Sprache – das ist bestes Infotainment, und Frauen können das genauso gut wie Männer.

Und zu guter Letzt haben wir noch das Publikum, das Sie – wie auch in der Vortragssituation – nur graduell einschätzen können. Deren Fragen bzw. Kommentare kommen mit hoher Wahrscheinlichkeit aus einer ähnlichen Ecke wie jene der/s Moderators/in und betreffen entweder den „Talk of the town" oder persönliche Befindlichkeiten: das, was „Talk of the town" ist oder was einen persönlich betrifft. Bitte lassen Sie sich nicht irritieren, wenn da und dort auch weniger qualifizierte Beiträge eingebracht werden. Regelmäßig beteiligen sich an öffentlichen Diskussionen Leute, die als Aktivist*innen besonders im Thema sind und ein überdurchschnittliches Engagement, oft gepaart mit einer beeindruckenden Eloquenz, an den Tag legen. Diese Damen und Herren sind meiner Erfahrung nach für Sie mindestens so wichtige Diskutant*innen wie jene, die neben Ihnen auf dem Podium versammelt sind. Das Publikum, das gern David gegen Goliath (das sind Sie) gewinnen sieht, verhält sich bei derartigen Wortmeldungen anfangs meist zurückhalten bis wohlwollend auf der Seite der/s Aktivist*in. Bleiben Sie höflich und respektvoll, dann kippt meistens nach der dritten einschlägigen Wortmeldung die Sympathie der Mehrheit, die der Profilierung eines der ihren schon wieder überdrüssig ist, auf Ihre Seite. Oder anders gesagt: Solange Sie ruhig und nett bleiben, haben Sie fast immer die besseren Karten.

Versäumen Sie nicht, sich wie beim Berufungsverfahren (Kap. 3.), ein Notizbuch mitzunehmen. Wenn Sie im Fernsehen diskutieren, kaufen Sie sich vielleicht ein neues und klären vorher die Möglichkeit eines Abstelltisches.

5.2.2 Struktur

Auch wenn der Ablauf einer Diskussionsveranstaltung anders ist als der eines Programms mit Vortrag, empfehle ich Ihnen ganz genau dieselbe Form der Vorbereitung: Bitte legen Sie für sich fest, was sich das Publikum am Ende idealerweise von Ihnen merken soll. Sie brauchen diese Klarheit, um (a) das Anfangsstatement bzw. die Antwort auf die erste Frage bestmöglich zu nutzen, (b) um in weiterer Folge immer wieder auf diesen Ihren roten Faden zurückzukommen und (c) um abschließend den Fokus nicht zu verlieren (Tab. 5.2).

> Bei Podiumsdiskussionen muss man extrem flexibel und spontan reagieren. Es ist eine größere Herausforderung als ein Vortrag – man kommt auch nur drei- oder viermal dran. Es macht daher Sinn, sich vorher zu überlegen, welche Punkte möchte ich unterbringen, aber ich würde mich nicht dogmatisch daranhalten – sonst bin ich ja wie ein Politiker, der seine Punkte macht, egal was gefragt wird. (Hans Schelkshorn, Universität Wien)

▶ Auch hier gilt: Je mehr Beispiele Sie haben, die Ihre jeweiligen Botschaften unterstreichen, desto besser. Mit mehr unterstützendem Material in Händen können Sie umso flexibler auf die nur teilweise vorhersehbaren Entwicklungen innerhalb einer Diskussion reagieren.

5.2.3 Praktische Durchführung

> Man muss das auch ein bisschen zur Lebenspraxis machen, mit Leuten über Themen zu diskutieren, in denen man wissenschaftlich tief drinsteckt.

Tab. 5.2 Struktur bei Diskussionsveranstaltungen

Botschaft 1	Das ist meine Meinung.	Sie beziehen zur Fragestellung der Podiumsdiskussion Stellung.
Botschaft 2	Deshalb ist die Situation genauso.	Dafür brauchen Sie Daten und Fakten aus Ihrer Forschung.
Botschaft 3	xyz muss geschehen.	Hier werfen Sie auf, welche Handlungsoptionen es gibt.

18-Jährige muss man genauso abholen, wie wenn man zu einem Akademikervortrag fährt. Die sind Juristen, Wirtschaftler etc. – da kann ich auch keine Fachkenntnis voraussetzen. (Hans Schelkshorn, Universität Wien)

Es gibt im Wesentlichen zwei Möglichkeiten, wie eine Podiumsdiskussion beginnt: Entweder, Sie betreten gemeinsam mit der/m Moderator*in im Gänsemarsch die Bühne, oder sie/er ist schon oben und ruft Sie erst – einzeln nacheinander oder gemeinsam mit den anderen Diskutant*innen – zu sich. Wenn Sie alle Platz genommen haben, beginnt die Veranstaltung mit der Anmoderation. Die/der Moderator*in leitet invers ein und stellt Sie im Rahmen dessen vor – das ist sehr ähnlich, wie Sie in der Drittmittelpräsentation die Mitglieder Ihres Teams präsentieren (Abschn. 3.2.1.).

Startet die Diskussion mit einer direkten Frage an alle Diskutant*innen, dann achten Sie bitte darauf, wirklich zuerst die Frage zu beantworten. Zu viele Kolleg*innen machen hier nämlich gleich den ersten Fehler, indem sie die Frage des Moderators völlig ignorieren und völlig abgekoppelt vom Inhalt der Frage so etwas Ähnliches sagen wie: „Jetzt lassen Sie mich aber zunächst einmal sagen, wie sehr ich mich freue hier zu sein. Das ist für mich eine große Ehre bla bla bla." Ich kenne und verstehe die Intention: Sie wollen höflich sein, aber das geht daneben:

a. Sind Sie unhöflich zur/m Moderator*in,
b. scheinen Sie der Frage des Moderators ausweichen zu wollen und
c. wirken derartige Bedankungen und Freudesbekundungen bei vier Diskutant*innen sowieso sehr schnell schablonenhaft und betulich.

Ist ein kurzes Statement pro Diskutant*in zu Beginn ausgemacht, dann haben Sie ein paar Minuten, die Sie selbst gestalten. PowerPoint kann, muss aber nicht eingesetzt werden. Und vereinzelt gibt es eine Person unter den Diskutant*innen, die als einzige ein Statement hält, auf Basis dessen dann die Diskussion überhaupt erst beginnt. Wenn das so ist, ist diese Art von Statement wie ein Impulsvortrag anzusehen.

Egal ob Statement oder Anfangsfrage: Am besten bringen Sie Ihre drei Botschaften gleich an. Denn zum einen können Sie damit die restliche Diskussion gleich entscheidend prägen, und zum anderen wissen Sie nie, wann Sie wieder eine derart gute Gelegenheit haben werden. (vgl. dazu auch Kap. 5.)

Wie sollen Sie sich nun während der Diskussion selbst verhalten?

a. Machen Sie bitte gegenüber der/m Moderator*in deutlich auf sich aufmerksam, wenn Sie etwas sagen wollen und warten Sie keinesfalls immer nur drauf, bis er/sie Sie wieder drankommen lässt. Heben Sie dazu am besten die Hand, dann sieht auch das Publikum, dass Sie jetzt replizieren möchten. Sollte die/der Moderator*in Ihre Handhebung nicht bemerken, dann melden Sie sich bitte umgehend: „Verzeihung, ich möchte/muss da jetzt gleich antworten" o. Ä. Wenn Sie damit zu lange zuwarten, dann hat das Publikum, die/der Moderator*in und auch die anderen Diskutant*innen – selbst die Person,

5.2 Diskussionsveranstaltungen

auf die Sie jetzt reagieren wollen – den Zusammenhang längst verloren. Sie müssten dann, wenn Sie endlich drankommen, noch einmal den Kontext herstellen, und das kann mühsam werden.

Der ärgste Stress war für mich eine einstündige Fernsehdiskussion über Albert Camus, das war meine erste längere Diskussion in ORF. Ich bin gewohnt auch in Seminaren auf Wortmeldungen anderer zu reagieren und hatte mir immer schon etwas überlegt, aufgrund der Wortmeldungen der Kollegen. Aber das hat nie funktioniert, weil der Moderator immer Fragen an uns direkt gestellt hat und uns nicht miteinander hat diskutieren lassen. Ich hatte dann schon einen ganzen Redekatalog vorbereitet und als ich dann wieder drangekommen bin, war ich mit einer völlig anderen Frage konfrontiert – das war extrem. (Hans Schelkshorn, Universität Wien)

b. Warten Sie auch nicht zu lange, bis Sie sich direkt an Ihre Mitdiskutant*innen wenden z. B. mit Ihren vorbereiteten Fragen. Am besten eignet sich dafür der Mittelteil der Diskussion – wir befinden uns rund 30 Minuten nach Beginn einer analogen Veranstaltung, bei TV-Talks sind das 15 Minuten. Wieso? Weil es im ersten Abschnitt der Veranstaltung zunächst einmal wichtig ist, Ihre Position dazustellen und das machen Sie besser über Anfangsstatement bzw. im Dialog mit der/m Moderator*in. Dann aber will das Publikum Action auf der Bühne sehen und nicht Einzelinterviews. Bei Fernsehformaten ist diese Interaktion zwischen Diskutant*innen viel häufiger, intensiver und temporeicher.
c. Keine Sorge: Selbst Sie als Wissenschaftler*in müssen nicht alles wissen. Lassen Sie sich nicht hinreißen, zu Sachverhalten oder Personen Stellung zu nehmen, von denen Sie noch nie etwas gehört haben. Fragen Sie jedenfalls zurück, um Näheres zu erfahren, mit dem Sie eventuell dann doch etwas tun können. Es wird durch diese Ihre Bitte nach Details auch klar, wie substanziell die betreffende Frage oder der jeweilige Kommentar augenscheinlich ist. Moderator*innen kommen da manchmal ins Schwitzen, weil sie nicht gut genug eingelesen sind und Mit-Diskutant*innen enttarnen sich hier ebenso oft als Phrasendrescher, hinter denen weniger steckt als vermutet. Hand aufs Herz: Neigen Sie dazu, in solchen Momenten unwirsch zu werden? Ich habe hier eine Empfehlung für Sie: Denken Sie sich, die/der andere wäre nur schlecht beraten, aber sonst ein/e valide/r Gesprächspartner*in. Damit schieben Sie psychologisch die Verantwortung für jeglichen Unfug auf der Bühne ein Stück von der Person weg und können ad hoc vielleicht entspannter reagieren.
d. Bieten Sie von sich aus an, nach der Veranstaltung Detailinformationen, die Sie jetzt nicht parat haben, zur Verfügung zu stellen.
e. Aktivieren Sie auch als Diskutant*in von sich aus das Publikum, indem Sie sich mit einer kleinen Meinungsumfrage an den Saal wenden (Abschn. 5.1.1). Sie können diese kleine Aktion entweder noch während der Diskussionsphase am Podium machen oder während des Publikumsrunde. Am wirkungsvollsten ist es, wenn die Leute durch diese Umfrage entweder lernen, wie sehr die Fragestellung der Diskussion auch sie betrifft, wie sehr sie selbst mitbeteiligt an der Problematik sind oder welche Handlungsoptionen sie hätten. Dem Publikum gefällt so etwas in jedem Fall, Sie können sich persönlich

und inhaltlich verankern und glauben Sie mir: die Wahrscheinlichkeit, dass man sich am Ende vor allem an Sie und das Ergebnis Ihrer Saalumfrage erinnert, ist groß.

f. Für den Schluss bereiten Sie bitte etwas Persönliches vor. Das kommt nicht nur gut an, weil die meisten das von einer/m Wissenschaftler*in nicht gewohnt sind, sondern bleibt auch besonders in Erinnerung: Entweder Sie artikulieren einen Wunsch für die Zukunft oder richten einen Appell an die Leute im Saal – an die/den Moderator*in, wenn sie/er journalistisch tätig ist, an Ihre Mitdiskutant*innen und an das Publikum. Meistens werden Ihre Handlungsoptionen alle drei in irgendeiner Form tangieren. Und was auch immer wunderbar funktioniert: Sie laden alle Anwesenden ein, sich näher mit dem Thema Ihrer Forschung auseinanderzusetzen und geben Kontaktmöglichkeiten – Websiteadressen, Termine von bevorstehenden öffentlichen Veranstaltungen, E-Mails, Twitter, Blogs etc. – bekannt.

Ich empfehle Ihnen, am Ende der Veranstaltung noch eine Weile im Saal oder im Studio zu bleiben. Das lohnt sich fürs Networking und um unter Kolleg*innen den einen oder anderen Punkt, der vor dem Publikum zu kurz gekommen ist, noch zu Ende zu führen.

Checklist Diskussionsveranstaltung

Einen starken Anfang hinlegen	Im Anfangsstatement gleich alle Botschaften rüberbringen bzw. besonders auf die erste Frage direkt antworten.
Nach Zielgruppe kontextualisieren	In dreifache Richtung: was braucht die/der Moderator*in? Was will ich von und mit den Kolleg*innen? Und wie aktiviere ich das Publikum, um mit meinen Themen stärker als meine Mit-Diskutant*innen in Erinnerung zu bleiben?
Nächste Schritte	Nächste Schritte ankündigen, Publikum einladen oder auffordern.
Fokussieren	Das ist meine Meinung zum Thema. Deshalb ist die Situation genauso. Daher muss xyz geschehen.
Einfach formulieren	Ja, gegenüber Kolleg*innen am Podium darf es auch ein bisschen fachlich sein.
In und mit Bildern sprechen	Ja. Metaphern, Beispiele, großflächige Illustrationen in Abstimmung mit der/dem Moderator*in.
Kleine Portionen	Mehrmalige Wortmeldungen mit insgesamt ca. Minuten Redezeit bei ca. 60–90 Minuten Gesamtdauer.
Interaktion	Stark! Mit dem Moderator, mit den Mit-Diskutant*innen und mit dem Publikum.
Technologie	Minimal: eventuell ein Chart oder eine Info-Tafel.
Die Besonderheiten beachten	Fühlen Sie sich ständig beobachtet. Stimmen Sie sich mit der/m Moderator*in ab. Bereiten Sie sich auf Angriffe aus drei Richtungen vor.

Literatur

Goebel, S. (2018). Dozieren, intervenieren, kapitulieren? Wissenschaftler_innen in politischen Talkshows über Flucht. In S. Goebel, T. Fischer, F. Kießling & A. Treiber (Hrsg.), *FluchtMigration und gesellschaftliche Transformationsprozesse* (S. 191–216). Wiesbaden: Springer Fachmedien. https://doi.org/10.1007/978-3-658-19036-1.

Ho, E., Hagmann, D., & Loewenstein, G. (2020). Measuring information preferences. *Management Science, 67*, 126–145.

König, L., & Jucks, R. (2019). Hot topics in science communication: Aggressive language decreases trustworthiness and credibility in scientific debates. *Public Understanding of Science*. https://doi.org/10.1177/0963662519833903.

Kraus, M. (2017). Voice-only communication enhances empathic accuracy. *American Psychologist, 72*(7), 644–654.

Maier, J., & Renner, A. (2018). When a man meets a woman – Compairing the use of negativity of male candidates in single- and mixed-gender televised debates. *Political Communication, 35*(3), 433–449.

McDonald, L., Barriault, C., & Merritt, T. (2020). Effects of gender harassment on science popularization behaviors. *Public Understanding of Science, 29*(7), 718–728.

Schrögel, P., Niemann, P., Bittner, L., & Hauser, C. (2017). Präsentationen in der externen Wissenschaftskommunikation: Formen & Charakteristika (November 2017). *Science in Presentations Arbeitsberichte, 3*.

Weiterführende Literatur

Johnstone, T., & Scherer, K. (2000). Vocal communication of emotion. In *The handbook of emotion* (S. 220–235). New York: Guilford Press.

Kommunikation mit Journalist*innen 6

> *Ja, man merkt, dass die jüngere Generation viel mehr Zug in die Öffentlichkeit hat. Die wissen mittlerweile auch, dass Medienauftritte oft eine direkte Auswirkung auf ihre wissenschaftliche Karriere haben kann. Nehmen Sie Josef Penninger (Anm.: Österreichischer Genetiker, Leiter des Life Sciences Institute an der University of British Columbia in Vancouver/CA.) her. Seine Medienpräsenz hat ihm sicher auch beim Verhandeln über Forschungsgelder nicht geschadet.*
>
> Günther Mayr, ORF Wissenschaft

Inhaltsverzeichnis

6.1	Besonderheiten	152
	6.1.1 Beherzigen Sie die Elemente einer Story	152
	6.1.2 Antworten Sie wie ein Profi	155
	6.1.3 Berücksichtigen Sie die Besonderheiten des Fernsehens	159
	6.1.4 Reden Sie durchwegs langsamer als normal	162
6.2	Medien-Interview	162
	6.2.1 Struktur	164
	6.2.2 Praktische Durchführung	165
6.3	Pressekonferenz	169
	6.3.1 Struktur	170
	6.3.2 Praktische Durchführung	171
Literatur		176

© Der/die Autor(en), exklusiv lizenziert durch Springer Fachmedien Wiesbaden GmbH, ein Teil von Springer Nature 2021
R. M. Jankowitsch, *Sich besser präsentieren*, https://doi.org/10.1007/978-3-658-33175-7_6

Laufend personell zurückgestutzte (Wissenschafts-)Redaktionen standen bis vor kurzem vor permanent wachsenden Herausforderungen. Erstens, weil sich mit dem Internet und den Social Media fast übermächtige Konkurrenz im Kampf um die schnellsten Nachrichten und das höchste Werbeaufkommen etabliert hat. Zweitens, weil ein qualifiziertes Mithalten angesichts immer vielfältiger und komplexer werdender Themen der Berichterstattung Zeit kostet, die für Recherchen und das Verfassen der Beiträge oft fehlt. Und drittens, weil diese schrumpfenden Redaktionen sich immer mehr hochprofessionellen PR-Leuten von Universitäten, Hochschulen, außeruniversitären Instituten oder sonstigen Expertenorganisationen entgegentreten sahen.

Corona scheint hier eine Kehrtwende eingeläutet zu haben.

> Es war schon eine sehr seltsame Phase im Frühling 2020, in der sich Forscher*innen einerseits nicht zugetraut haben, konkrete Aussagen zu treffen, obwohl es ihr Fachgebiet durchaus auch betroffen hat. Andererseits gab es auch von renommierten Kollegen Fehleinschätzungen. Aber ich denke, auch hier haben wir gemeinsam viel dazu gelernt. (Niki Popper, TU Wien)

> Viele Kolleg*innen haben das als starken Druck empfunden. Einerseits haben sich viele nicht geäußert, weil man seine wissenschaftliche Reputation schnell beschädigen kann. Andererseits haben viele Kolleg*innen den Druck empfunden, etwas beizutragen. Für uns war das normal, da wir im Bereich zwischen wissenschaftlichen Grundlagen und der konkreten Umsetzung in Entscheidungsprozessen arbeiten. Es geht um die Abwägung zwischen wissenschaftlicher Qualität und hinreichend schnellen Aussagen. (Niki Popper, TU Wien)

Der Virologe Christian Drosten ist binnen Wochen mit seiner offensiven Kommunikation zum Gesicht der Pandemie-Information geworden. Bereits im März 2020 hat die Süddeutsche geschrieben, sein Bekanntheitsgrad „verläuft vermutlich ähnlich exponentiell wie die Coronafallzahlen" (Süddeutsche 13.03.2020), heute kann der Herr Professor von der Berliner Charité wohl kaum noch über eine belebte Straße gehen, ohne dass ihn Passant*innen erkennen. Das ist zweifellos ein Extremfall, aber klar wird schon: Erfolg in der Kommunikation mit Journalist*innen kann viel stärker, kurzfristiger und nachhaltiger zu Prominenz führen als jeder Vortrag oder jede Diskussionsveranstaltung ohne Fernsehen. Das sorgt für Emotionen. Nirgendwo im Bereich der Wissenschaftskommunikation taucht sonst so viel Neid auf, als wenn Sie laufend seitenlange Interviews in den Printmedien geben oder regelmäßiger Gast in Fernsehstudios sind.

> Wir hatten einmal einen jungen Forscher, der war sehr gut vor der Kamera, der ist aber dann zurückgepfiffen worden, weil die Frau seines Professors gesagt hat, wieso bist eigentlich nicht Du im Fernsehen. Da haben wir uns schon sehr gewundert, wie da noch immer die Hierarchien laufen. (Günther Mayr, ORF Wissenschaft)

> Sie sollen sich auch nicht fürchten vor Kollegen*innen, die sich darüber mokieren – das ist nicht immer leicht. (Günther Mayr, ORF Wissenschaft)

Drosten selbst weiß das wohl. Er steht seither auch regelmäßig in der öffentlichen Kritik, wobei es schwierig ist, berechtigte inhaltliche Kritik von blanker persönlicher Befindlichkeit von Kolleg*innen auseinanderzuhalten.

Trotzdem: Nirgendwo sonst bekommen Sie schlagartig so viel Reichweite, um Ihre Forschungsergebnisse und Ihre Expertise zu präsentieren. Der Nutzen für Sie wie für die Öffentlichkeit ist mindestens gleich verteilt. Ich empfehle Ihnen daher, unbedingt im Interesse der Sache konstruktiv und offensiv den Kontakt zu Journalist*innen zu pflegen – achten Sie bitte nur darauf, Ihre Medienpräsenz über alle Kanäle zu verteilen und die Dosis immer im Blick zu haben.

> Es ist recht schwirig, da eine Balance zu finden. Lieber eine Headline weniger und zuerst vermitteln, was und wie wir unsere Arbeit machen. Darauf basiert ja auch das Vertrauen. Viele Menschen können sich nicht vorstellen, wie wir arbeiten und mit welchen Unsicherheiten wir arbeiten. (Jakob Steiner, Universität Utrecht)

Ihre Kommunikation mit Journalist*innen unterscheidet sich aber noch in einem anderen Punkt wesentlich von allen anderen Settings dieses Buches: Sie haben es bei dieser Zielgruppe mit professionellen Multiplikator*innen zu tun. Journalist*innen hören Ihnen nicht aus persönlichem Interesse zu wie Zuhörer*innen bei Vorträgen oder Diskussionsveranstaltungen, sondern einfach deshalb, weil sie sonst ihren Job nicht machen können. Ihre Worte sind wesentliche Bestandteile der Berichterstattung: als News, als Interpretation von Zahlen, als Zitate oder als Hintergrundinformationen.

So gesehen sind Journalist*innen eher mit Mitgliedern von Kommissionen in der Drittmitteleinbringung oder bei Berufungsverfahren zu vergleichen, die ebenfalls aus beruflicher Notwendigkeit Ihren Ausführungen folgen. Medienvertreter*innen beurteilen aber nicht, sondern verwenden weiter. Ihr Ziel muss es daher sein, so zu kommunizieren, dass die Redaktionen Ihre Aussagen 1:1 oder zumindest mit möglichst geringem Aufwand umsetzen oder weiterverarbeiten können. Dramaturgisch und rhetorisch. Je weniger es nötig ist, Ihre Worte zu bearbeiten, weil sie nicht direkt für einen Beitrag brauchbar zu sein scheinen, desto besser. Oder anders gesagt: Journalist*innen haben keine Zeit, Ihre Inhalte großmächtig umzuschreiben, Ihre Sprache zu dechiffrieren, zu kürzen, zu vereinfachen oder anderweitig zu redigieren. Und selbst wenn sie diese Zeit hätten: Ob danach noch alles stimmt, ist eine andere Frage.

> Ich stelle meinen Doktoranden gern folgende kleine Aufgabe: Ich bitte sie, in einem kurzen Satz zu sagen, welche weltbewegende Neuheit sie in ihrer Doktorarbeit gefunden haben. Keine 10 % können das. Die meisten verlieren sich völlig in Erklärungen und reden endlos lang daher. Wenn ein Wissenschaftler in der Lage ist, seine Forschung in einem Satz darzustellen, dann ist er auch journalistentauglich. Ich sage nicht, dass mir das gefällt, ich sage nur, wie es ist. (Manfred Curbach, TU Dresden)

Das Potenzial für Wissenschaftskommunikation ist jedenfalls riesig: Noch vor wenigen Jahren gaben bei einem Sample von immerhin 1600 fast zwei Drittel der befragten deutschen Forscher*innen an, in den letzten drei Jahren, also in 36 Monaten, keinen bis maximal fünf (!) Kontakte zu Journalist*innen gehabt zu haben (Peters 2013).

6.1 Besonderheiten

Keine Angst vor der Vereinfachung, vorm Chef und vor den anderen Wissenschaftlern haben, die vielleicht was sagen könnten.
   Sich vorbereiten und nicht glauben, man kann irgendwie improvisieren.
   Mit den Kindern reden. (Günther Mayr, ORF Wissenschaft)

6.1.1 Beherzigen Sie die Elemente einer Story

Um für Journalist*innen interessant zu sein, müssen Ihre Informationen ein paar Kriterien entsprechen. Wenn Sie diese Kriterien mit jenen für eine erfolgreiche Publikation vergleichen, werden Sie zwei Parallelen und drei Unterschiede bemerken.

Man muss damit umgehen, welche Limitierungen Medien haben. Alleine schon, wie viel Information in einen Artikel, einen Radiobeitrag oder im Fernsehen untergebracht werden kann. Ich habe da eine große Vielfalt kennengelernt, auch beim Kontakt mit Medien, wo ich ehrlich gesagt nicht viel Recherchegenauigkeit unterstellt habe. Journalist*innen können aber auch kompetent sein durch Zuhören und durch die Erfahrung, komplexe Fragestellungen zu analysieren. (Niki Popper, TU Wien)

Außergewöhnliches
Diese Vorgangsweise kommt Ihnen bekannt vor: Auch Ihre Papers werden nur angenommen, wenn sie außergewöhnlichen Inhalt haben. Und so ist auch das Alltägliche nicht der Stoff, aus dem Publikumsmedien gemacht sind. Bitte prüfen Sie aber hier so objektiv wie möglich Ihre Daten. Was innerhalb der Scientific Community ein wahrer Durchbruch sein kann, muss in der normalen Welt noch nicht zwingend eine Schlagzeile wert sein.
   Damit das Außergewöhnliche auch von Nicht-Expert*innen sofort als solches erkannt werden kann, können Sie sprachlich in der Welt des Sports Anleihen nehmen: Ist Ihre Studie die erste ihrer Art weltweit? Oder ist Ihre Region Schlusslicht in einer Entwicklung, die Sie und Ihr Team gerade erforscht haben? Betten Sie Ihre Forschungsergebnisse in ein bestehendes oder neu definiertes Ranking und weisen Sie aus, wer oder was die Spitzenplätze einnimmt – das mögen Medien immer. Einzigartigkeiten gehören ebenfalls unter die Kategorie des Außergewöhnlichen. Immer dann, wenn Sie von Ihrer Studie behaupten können, so etwas hätte es in Ihrem Land, in der EU, in Europa oder überhaupt weltweit (zumindest in dieser Form) noch nicht gegeben, haben Sie einen Vorteil.

a) Aktualität
Als Wissenschaftler*in können Sie immer Neues berichten. Im Umgang mit Journalist*innen ist das ein grundsätzlicher Bonus, denn medientaugliche Informationen müssen aktuell sein. Und zwar viel aktueller, als sie es bei einem Vortrag oder auch bei einer Podiumsdiskussion sein müssen. Ereignisse, die mehr als ein paar Tage zurückliegen, sind eventuell noch für wöchentlich erscheinende Medien oder das eine oder andere Monats-

6.1 Besonderheiten

magazin von Belang. Tagesaktuelle Medien wie Tageszeitungen, Radio oder Fernsehen ganz zu schweigen von Online-Formaten aller Art können damit nichts mehr anfangen. Kein Publikumsmedium würde Ihre Story Monate nach der ersten Veröffentlichung noch abdrucken, wie es Ihnen von den wissenschaftlichen Journalen her geläufig ist.

▶ Ein Tipp: Manchmal geht es sich sogar aus, zusätzlich bereits vorhandene Aktualität für sich zu nutzen. Dann nämlich, wenn Sie Ihre Forschungsergebnisse oder Ihre Prognosen terminlich an einen Tag oder eine Saison koppeln, die sowieso von erhöhtem medialen Interesse ist: Frauenthemen etwa zum Internationalen Tag der Frau am 8. März, Familienthemen vor Weihnachten, Verkehrsthemen vor Schulschluss.

Trifft bei einer Information Außergewöhnliches mit Aktualität zusammen, so spricht die Medienbranche von einem Aufhänger.

> Das ist genau, was Forschung tut: man erzeugt Wissenschaft die ganze Zeit in einer dynamischen Gesellschaft und vor der schnellen Entwicklung von Menschen. Da ist es die einfachste Aufgabe, dieses Neue zu zeigen und davon zu berichten, wie findet man etwas heraus, was muss man ändern, wie geht es weiter, was ist das Neue, was ist meine Methode.
>
> Ich erlebe das oft, dass Menschen denken, das ist so wertvoll: Forscher*innen als Menschen, die brennen, die glühen für ihre Arbeit. (Antje Boetius, AWI Bremerhaven)

b) Relevanz

Sie müssen für die Leser*innen/Hörer*innen und Seher*innen des jeweiligen Mediums relevant sein. Achten Sie also bitte bei der Kontextualisierung Ihrer Botschaften darauf, welche Medien Sie adressieren wollen. Für ein Fachmedium, das von wenigen, dafür allerdings sehr fachkundigen Rezipient*innen konsumiert wird, werden Sie rund um dasselbe Forschungsergebnis andere Botschaften herauskristallisieren als für ein zeitnah stattfindendes TV-Magazin, das vor allem von Jugendlichen zwischen 15 und 20 gesehen wird. Auch dieses Prinzip kennen Sie in dieser Form von Ihrer Publikationspraxis her nicht.

▶ Bei Pressekonferenzen orientiert sich die Frage „Story oder nicht Story?" an den tagesaktuellen Medien.

> In der Tiroler Tageszeitung werde ich andere Beispiele nehmen, als wenn ich von der BBC interviewt werde. (Jakob Steiner, Universität Utrecht)

c) Der O-Ton

Jede/r gute journalistische Beitrag, der über die Kurzmeldung hinausgeht – in den Printmedien ein sogenannter Einspalter, in Radio und Fernsehen ein Element in der Meldungsübersicht –, braucht einen O-Ton. Was ist ein optimaler O-Ton? Die Interpretation von Fakten in möglichst persönlicher, emotional gefärbter, authentischer Sprache. Schriftlich wird Ihr O-Ton als Zitat explizit ausgewiesen, im Radio- oder Fernsehbeitrag hört oder sieht man Sie entsprechend für einige Sekunden. „Sager" nennt man den O-Ton auch Journalist*innen-intern.

Mit O-Tönen betreten Sie in der Regel völliges Neuland, denn bei wissenschaftlichen Publikationen wird gerade im Gegenteil peinlich genau darauf geachtet, keine persönlichen Befindlichkeiten in die Formulierungen zu integrieren. Ein völliges Kontrastprogramm für Sie, wenn Medienarbeit bis dato nicht auf Ihrer Agenda gestanden hat.

> Es geht immer darum, in der Verkürzung, valide Informationen, die nicht oder zumindest nur wenig verfälscht werden, zu bringen. Das Interpretationspotenzial ist einfach riesig.
> Jede Aussage, die ich treffe, wird zerlegt, berechtigterweise.
> In einer verantwortungsethischen Situation muss einem das bewusst sein. (Niki Popper, TU Wien)

Die gute Nachricht
Sie können Ihren Sager im Rahmen Ihrer Vorbereitung entwickeln und dann gezielt im Interview platzieren. Medienprofis machen nichts anderes.

Zum einen sind es vor allem persönliche Bemerkungen wie „Meiner Meinung nach" bzw. „Ich sehe das so und so", die als Sager funktionieren. Zum anderen ist es eine bewusst eingesetzte plötzlich drastische oder blumige Sprache wie z. B. „Das kann den Kollaps unseres Öko-Systems bedeuten" bzw. „Wir stehen in der Hirnforschung kurz vor der Entdeckung Amerikas. Unser Weltbild wird auf den Kopf gestellt werden."

Aber Vorsicht: Eine im wissenschaftlichen Kontext außergewöhnliche Wortwahl ist wirklich immer ein Garant dafür, zitiert zu werden – ob Sie es wollen oder nicht. Deshalb: Beware of your words! Denn für Journalist*innen sind inmitten von Daten und Fakten derartige Zitate das Salz in der Suppe jedes Beitrags. Medien greifen zu, auch wenn Sie sich als Interviewpartner*in nur verplappert und Ihr Herz zu sehr auf der Zunge getragen haben. Nichts, was Sie während eines Interviews oder einer Pressekonferenz sagen, ist für eine/n Journalist*in tabu. Auch das vielstrapazierte „off the records" ist da nicht immer ein Heilmittel.

Genauso: wenn Sie sich einen Kommentar über Streitereien an Ihrem Institut oder eine abwertende Haltung gegenüber anderen Forscher*innen oder Politiker*innen entlocken lassen, steht das ziemlich sicher unter Anführungszeichen nächstens in der Zeitung. Viele Wissenschaftler*innen sind sich oft dessen nicht bewusst und in so einem Fall dann recht verärgert. Doch es hilft nichts: Wenn Sie es gesagt haben, haben Sie es gesagt, und solange Sie nicht nachweisen können, dass Ihr Zitat sinnentstellend gebracht worden ist, ziehen Sie den Kürzeren. Am besten Sie nehmen sich grundsätzlich vor: Ihr Auftritt ist erst vorbei, wenn kein Journalist mehr in Sichtweite ist. Bis dahin gilt höchste Sprechdisziplin!

Noch etwas ist fundamental anders, als Sie es gewohnt sind: Sie bekommen den Text zu Ihrem Zeitungsinterview nicht automatisch zur Überprüfung zugeschickt – den Radio-

oder Fernsehbeitrag mit Ihrem O-Ton sowieso nicht. Sie können also in der Regel nicht mehr drüber gehen und korrigieren. Wenn Ihnen ein/e Journalist*in von selbst anbietet, Zitate zur Autorisierung zu schicken, passiert das vereinzelt nur deshalb, weil sie/er auf Nummer sicher gehen will, alles richtig verstanden zu haben. In der freien Welt mit freien Medien ist das trotzdem eine reine Gefälligkeit und nicht selbstverständlich.

Wenn Sie als Wissenschaftler*in daher dann vollmundig zu korrigieren beginnen, bekommt das Ganze aber schnell den schalen Beigeschmack der Zensur und kann ins Auge gehen. Ich empfehle Ihnen daher, nur sehr behutsam zu redigieren und zu akzeptieren, dass das gesprochene Wort aus journalistischer Sicht viel attraktiver ist als das Geschriebene. Nachträgliche Glättungen kantiger Aussagen oder Verlängerungen und Verkomplizierungen von gesagten Formulierungen sind das Letzte, was ein/e Redakteur*in braucht. Sie verscherzen sich damit diesen Kontakt auf unbestimmte Zeit.

Die Zukunft
In der wissenschaftlichen Publikation ist es für Sie ganz normal, unter der Rubrik „Discussion" Empfehlungen für zukünftige Studien zu Ihrem Forschungsschwerpunkt zu geben. Manchmal leiten Wissenschaftler*innen zusätzlich auch Implikationen für die Praxis ab. Ähnliches gehört auch zum Pflichtbestandteil jeder guten Story im Mediengeschäft.

„Wie geht es weiter?" ist eine Standardfrage von Medienvertreter*innen, womit jeglicher Pressekontakt, bei dem Sie sich darauf nicht vorbereiten, zum Risiko werden kann. Als Forscher*in haben Sie gleich mehrere Möglichkeiten, dieses journalistische Interesse nach der Zukunft zu befriedigen: zum einen können Sie mit Prognosen aufwarten oder Trends besprechen. Zum anderen können Sie Handlungsoptionen aufzeigen, in derselben Art und Weise, wie Sie es auch im letzten Abschnitt Ihrer Vorträge tun sollen (Abschn. 5.1.2).

6.1.2 Antworten Sie wie ein Profi

Eine Vorbemerkung: Es ist nicht Standard, Ihnen vor einem Pressekontakt eine umfassende Frageliste zuzusenden. Das widerspricht den Prinzipien der freien Presse, die sich nur beschränkt in die Karten schauen lassen will. Wenn Ihnen vorab – meist im Vorfeld eines Interviews – eine solche Liste angeboten wird, ist das noch immer eine Freiwilligkeit der/s jeweiligen Journalist*in, auf die Sie kein grundsätzliches Anrecht haben.

Jedenfalls: Selbst wenn Sie eine solche Liste doch bekommen, kriegen Sie trotzdem mit an Sicherheit grenzender Wahrscheinlichkeit zusätzliche Fragen.

Antworten UND gestalten
Sie haben in jedem Interview eine Mitgestaltungsmöglichkeit. Diese zu ergreifen, ist Ihre Aufgabe genauso wie der/m Journalist*in Antwort auf ihre/seine Fragen zu geben. In der Verbindung dieser beiden Interessen liegt die hohe Kunst. Voraussetzung für diesen Erfolg im Interview ist allerdings, dass Sie selbst klar und unmissverständlich wissen, welche Botschaften Sie transportieren wollen (Abschn. 6.2).

Nicht zuletzt deshalb ist es für Ihre Vorbereitung entscheidend, dass Sie immer als erstes überlegen, was Ihre Story ist. Das klingt so trivial, doch die meisten unerfahrenen Interviewgeber*innen wollen in der Coachingsession ohne mein Eingreifen immer als erstes die potenziellen Journalistenfragen und bestmögliche Antworten besprechen.

> Ich sage den Wissenschaftler*innen aber nie, ich hätte gern folgende Fragen beantwortet. Ich sage immer als erstes: was wollen Sie kommunizieren, worüber wollen Sie sprechen? (Helmut Jungwirth, Universität Graz)

Dabei ist das gar nicht effizient. Zum einen, weil es unwahrscheinlich ist, dass Sie selbst bei bester Vorbereitung alle potenziellen Fragen antizipieren können. Viele Fragen ergeben sich im Interview tatsächlich erst spontan, vielleicht entsprechend motiviert durch das, was Sie soeben gerade gesagt haben. Es bleibt also immer ein Restrisiko für Sie, mit der einen oder anderen Frage konfrontiert zu werden, auf die Sie keine vorbereitete Antwort parat haben. Außerdem besteht die Gefahr, dass Sie sich völlig verzetteln und vor lauter Fokussierung auf die möglichen Fragen aus den Augen verlieren, was Sie eigentlich von sich aus transportieren wollen. Und zum anderen, weil Sie ohne Klarheit über Ihre eigenen Botschaften kaum eine Antwort proaktiv gestalten können.

Es gibt grundsätzlich immer zwei Möglichkeiten: in der ersten führt die gestellte Frage auf ein Terrain, das Sie behandeln wollen und können. Dann konzentrieren Sie sich bitte „nur" darauf, konzis entsprechend Ihren Vorbereitungen zu antworten und Ihre Botschaften anzubringen. In der zweiten Möglichkeit führt die gestellte Frage in eine Richtung, die aus Ihrer Sicht nicht nur irrelevant, sondern vielleicht sogar heikel ist. Bitte antworten Sie trotzdem direkt, sonst weisen Sie unabsichtlich gleich daraufhin, dass Ihnen etwas nicht paßt. Aber: Nirgendwo steht, dass Sie zu einem nicht genehmen Thema ausführlich antworten sollen. Kurz und prägnant, manchmal sogar nur mit ein oder zwei Worten, reicht, um die/den Journalist*in nicht mit ihrem/seinem Ansinnen respektlos im Regen stehen zu lassen. Und dann leiten Sie geschickt erst wieder auf eine Ihrer eigenen Botschaften über.

Beispiel

Warum sind Ihre Forschungsergebnisse so widersprüchlich?

Weil das normal ist in der Welt Wissenschaft. Trotzdem ist eines klar: xyz (Ihre Botschaft).

Oder:

Andere WissenschaftlerInnen sehen das aber genau anders als Sie. Was sagen Sie dazu?

Ich sage dazu: das ist ok. Unsere Untersuchungen zeigen allerdings eindeutig, xyz (Ihre Botschaft). ◄

Falls Sie jetzt meinen, Politiker*innen hielten sich aber gar nicht bis selten an diese Regel, erlauben Sie mir zu erwidern: Genau. Aber auch deshalb hat die Politik ja auch so ein schlechtes Image – in der Bevölkerung wie speziell bei Journalist*innen. Und solange es tatsächlich auch Berater*innen gibt, die ihren Klient*innen beibringen, Medienfragen komplett zu ignorieren, wird sich da leider nichts Gravierendes ändern.

Tricky moments
Auch Journalist*innen besuchen Schulungen und Seminare und lernen dort, wie sie Sie zu plakativen Aussagen bringen können. Das ist legitim, aber nicht jede plakative Aussage ist auch in Ihrem Interesse. Deshalb wappnen Sie sich bitte für die potenziellen Fallstricke, die hier ausgelegt werden oder in die Sie selbst freiwillig hineintappen:

- Konfrontiert Sie die/der Journalist*in mit einer Unterstellung, treten Sie dieser sofort entgegen. Wenn Sie darauf nicht oder erst viel später im Interview reagieren, geht die/der Fragesteller*in davon aus, dass sie/er doch ins Schwarze getroffen hat.
- Übernehmen Sie nicht Negativformulierungen, die in der Frage verpackt sind. Denn dann kann man Sie damit zitieren, und da stehen Sie meistens nicht glücklich da.

> **Beispiel**
>
> „Italienische Forscher*innen kommen zu komplett gegenteiligen Schlüssen wie Sie. Trifft Sie das in Ihrer Eitelkeit?"
>
> „Nein, das trifft mich nicht in meiner Eitelkeit. Eitelkeit ist doch hier gar keine Kategorie. Relevant ist vielmehr …"
>
> In diesem Fall hat die Falle zugeschnappt. Sie haben freiwillig zweimal das für eine/n Wissenschaftler*in untypische und damit journalistisch relevante Wort „Eitelkeit" in den Mund genommen und schon stehen Sie damit in der Zeitung. Ein unfreiwilliger Sager sozusagen.
>
> Viel besser wäre:
>
> „Italienische Forscher*innen kommen zu komplett gegenteiligen Schlüssen wie Sie. Trifft Sie das in Ihrer Eitelkeit?"
>
> „Nein, überhaupt nicht. Es geht doch um etwas ganz anderes. Relevant ist vielmehr …." ◄

- Werden Sie mit mehrteiligen Fragen konfrontiert, schreiben Sie diese bitte in Ruhe mit, aber beantworten Sie sie nicht der Reihe nach: Sie beginnen am besten mit der letzten Frage, denn diese ist auch der/m Journalist*in am besten in Erinnerung. Dann gehen Sie zur ersten Frage und dann zur zweiten. Übrigens: mittig liegende Informationen geraten gegenüber der ersten und der letzten Information häufig ins Hintertreffen. In unserem Beispiel haben Redakteur*innen wie Zuhörer*innen oder Zuseher*innen die zweite Frage häufig sowieso vergessen und oft ersparen Sie sich so eine Antwort darauf.
- Antworten Sie nur dann umfassender als gefragt, wenn Sie eine Ihrer Botschaften aktiv anbringen wollen. Extemporieren Sie ohne Not zu vermeintlichen inhaltlichen Neben-

schauplätzen, ist das Risiko, dass Sie sich im wahrsten Sinne des Wortes verplaudern, riesig. So bringen Sie häufig erst dadurch die/den Journalist*in auf Ideen, ein- oder nachzuhaken, wo Sie fürs Detail aber völlig unvorbereitet sind.
- Ist die Frage der/des Journalist*in persönlich besonders heikel, dürfen Sie auch einmal ganz kurz antworten. Damit bringen Sie die/den Redakteur*in in Zugzwang. Diese Taktik funktioniert allerdings nur ein- oder zweimal in einem solchen Interview.

Beispiel

„Italienische Forscher*innen kommen zu komplett gegenteiligen Schlüssen wie Sie. Trifft Sie das in Ihrer Eitelkeit?"
„Nein." ◄

Standardthemen und -fragen an die Wissenschaft

Es irritiert Journalist*innen (und vielleicht auch andere Personen, denen Sie begegnen) maßlos, wenn Sie zu den großen, allseits bekannten Themen der Scientific Community gar nichts zu sagen haben. Einerseits, weil es unverständlich ist, wieso Sie sich auf diese erwartbaren Fragen nicht vorbereitet haben, andererseits, weil es merkwürdig ist, dass Sie scheinbar dazu keine Meinung haben.

Welche Themen fallen in diese Kategorie (Tab. 6.1)?

Gehen Sie diese Liste einmal in Gedanken durch und bemühen Sie sich ohne Druck und Stress um passende Antworten, die Sie im Zweifel geben wollen.

In zeitlich knapp gehaltenen, dringenden Interviews mit sehr exaktem inhaltlichen Rahmen kommen Sie selten in die Situation, mit derartigen Ausreißern belangt zu werden. Gleichzeitig sind diese Themen aber Dauerbrenner im Wissenschaftsjournalismus. Bei längeren Zusammentreffen mit Medienvertreter*innen – eingestreut bei Printinterviews, sogenannten Kamingesprächen oder beim Small Talk – sollten Sie daher immer damit rechnen.

Tab. 6.1 Standardthemen

Exzellenz	Wie stehen Sie zu diesem Begriff? Wie leben Sie ihn? Ist Elite etwas Gutes?
Zugang zu Universitäten	Sind beschränkte Zugänge besser? Sind die Aufnahmeverfahren fair? Was halten Sie von Studiengebühren?
Prekäre Dienstverhältnisse	Wie sehen Sie die damit verbundenen Entwicklungen? Fluch oder Segen für die Karriere und die Qualität junger Wissenschaftler*innen?
Bologna-Prozess	Sind Sie Freund*in oder Gegner*in? Was hätte man anders machen können? Wozu so viele Akademiker*innen, die dann erst keinen Job finden?
Drittmittelfinanzierung	Ist das eine richtige Entwicklung? Wie verhindert man den Verkauf der Wissenschaft durch Konzerne?

Seien Sie also gewappnet und werden Sie nicht ungnädig, wenn Ihnen derartige Fragen gestellt werden. Und winken Sie bei der einen oder anderen zu weitgehenden, am Thema zu weit wegführenden Frage freundlich ab: Darauf seien Sie nicht vorbereitet, das führte jetzt zu weit, das könnten Sie gern ein anderes Mal besprechen, dazu möchten Sie jetzt – „bitte um Verständnis" – nichts sagen.

6.1.3 Berücksichtigen Sie die Besonderheiten des Fernsehens

> Bei den Wissenschaftlern, die die ganze Coronakommunikation gemacht und sich exponiert haben, gibt es solche, die sich bewusst sind, dass sie mit der Öffentlichkeit in Kontakt treten und manche, die glauben, sie kommunizieren mit der Scientific Community. Die letzteren sind dann auch völlig überfordert mit Angriffen und verstecken sich immer in der Sache hinter der wissenschaftlichen Wahrheit, statt dass sie es nicht als persönlichen Angriff sehen oder als Infragestellung des wissenschaftlichen Tuns. Das Fernsehen ist einfach eine andere Bühne. (Robert Wegener, FHNW Olten)

Fernsehen folgt zusätzlichen Spielregeln, die für Sie und Ihre Wissenschaftskommunikation wichtig sein können.

a) Noch kürzer

> Im Fernsehen, das musste ich auch erst lernen, im Fernsehen hat man immer keine Zeit. Wenn Sie da einen Dreiminutenbeitrag haben, ist das ein irre lange Zeit.
> Auch vielen meiner Kollegen ist das nicht klar. Wenn das Fernsehen einen Beitrag machen will, dann erzählen sie oft ellenlang, und sagen dann, poh, die haben alles rausgeschnitten. (Metin Tolan, TU Dortmund)

> Ja, wir haben im statischen Mittel eine kürzere Aufmerksamkeitsspanne.
> Das lässt sich nachvollziehen, dem tragen die Medien Rechnung. (Martin Korte, TU Braunschweig)

Dass Sie im Umgang mit Nicht-Expert*innen knackig formulieren sollten, wissen Sie bereits. Auftritte im Fernsehen sind dazu eine nochmalige Steigerung. Elektronische Medien sind dabei gute Reflektoren ihrer Zeit: Je kürzer die Beiträge dort, desto hektischer die Gesellschaft rundherum. Hatten die Beiträge in deutschsprachigen Nachrichtensendungen in den 1970er-Jahren noch durchschnittlich Drei-Minuten-Länge, so hat sich diese Zeitspanne inzwischen halbiert bis gedrittelt. Auch sind Nachrichten insgesamt – Coronasondersendungen ausgenommen – auch kürzer geworden.

Die Konsequenz davon liegt auf der Hand: Ihre Antworten bei Interviews müssen ebenso kürzer sein als seinerzeit. Sonst kommen Sie im Fernsehen entweder gar nicht vor oder müssen damit rechnen, dass keine einzige komplette Antwort von Ihnen übernommen wird, sondern bestenfalls der eine oder andere Satz – mühsam rausgeschnitten von den Cuttern der jeweiligen Fernsehanstalt.

In meiner Branche trainieren wir daher unsere Klient*innen vor Fernsehauftritten für den Aktuellen Dienst mittlerweile auf Antworten mit 15–20 Sekundenlänge, vor 20 Jahren waren wir schon mit 20–30-sekündigen Antworten zufrieden. Nur in ausgewiesenen Diskussionssendungen haben Sie Zeit für mehr.

> Auch das muss man jungen Menschen nur sagen: Die dürfen nicht den Fehler machen, Print genauso zu behandeln wie Radio oder Fernsehen. Dann wird man nicht gut rüberkommen. Und wenn man im Fernsehen nicht gut rüberkommt, dann wird man nicht in die Karteien der Sender aufgenommen, und dann wird man auch nicht mehr interviewt. (Metin Tolan, TU Dortmund)

b) Liveaufnahme und Aufzeichnung

Ob Sie live oder vor dem Sendetermin ein Interview geben, kann beträchtliche Auswirkungen auf Ihr Verhalten bei der jeweiligen Aufnahme haben.

Ein Live-Interview im Studio erzeugt meiner Erfahrung nach bei den meisten Menschen den größten Stress, auch bei Wissenschaftler*innen. Immerhin fühlt man sich wie auf einer Bühne vor Millionenpublikum. Dabei haben Sie live eine faire Chance:

Die Zuseher*innen erkennen nämlich die Qualität der/s Redakteurs/in viel besser. Unterbricht sie/er Sie andauernd, behandelt Ihre Antworten mit Respektlosigkeit oder wirft Ihnen mangels ordentlicher Vorbereitung nur schlecht recherchierte Fragen oder Plattitüden entgegen, dann kippt die Sympathie des Publikums zu Ihren Gunsten. Dann sind auf einmal Sie David und die/der Journalist*in Goliath. Einzige Voraussetzung: Sie müssen ruhig und höflich bleiben. Seien Sie daher bitte nicht beleidigt oder sichtlich befremdet, wenn Ihnen ein/e offenkundig nichts ahnende/r Redakteur*in gegenübersitzt.

> Wir sind bereits in einem Fast-Food-Wissenschaftsbetrieb gelandet. Das ist in der aktuellen Situation teilweise ok, weil Entscheidungen nicht immer auf einen Peer Review warten können oder konkrete Tools auch einen anderen Fokus haben als wissenschaftliche Publikationen. Wir beschäftigen uns seit zehn Jahren damit, langfristige Forschung in kurzfristiger Beantwortung von Journalistenfragen zu kommunizieren. Einem schnell erstellten Modell würde ich selbst wenig Glauben schenken. (Niki Popper, TU Wien)

Die Aufzeichnung scheint indes fast harmlos – dabei hat sie genauso Tücken für Expert*innen mit wenig Medienerfahrung. Viele Wissenschaftler*innen meinen, sie könnten sich bei einem vorab aufgezeichneten Interview den einen oder anderen Versprecher erlauben – es müsste also nicht sofort alles passen wie in der Live-Situation, man könnte doch die/den Redakteur*in bitten, die verpatzte Antwort noch einmal sagen zu dürfen. Das stimmt, aber diese Chance haben Sie maximal ein- oder zweimal pro Interview. Dann kriegen Sie mit dem Fernsehteam ein Problem. Die große Herausforderung bei jeder Aufzeichnung ist woanders zu verorten: Wie können Sie Einfluss auf die Auswahl jener O-Töne, die letztlich gesendet werden, nehmen? De jure natürlich gar nicht. De facto durch den Versuch, Ihre Sager in jenen Antworten zu platzieren, die Sie gesendet haben wollen. Ganz schön knifflig, und sicher ist es trotzdem nicht.

In der Aufzeichnung dürfen und sollen Sie daher auch Ihre Botschaften in den unterschiedlichen Antworten wiederholen. In der Live-Situation hingegen wirkt das mehrfache Wiederholen von Kernbotschaften aufgesetzt und werblich. Ein Negativ-Beispiel war ein ORF-Live-Interview mit dem Tiroler Gesundheitslandesrat Bernhard Tilg zur Verantwortung der Behörden in Ischgl Ende Februar bzw. Anfang März 2020 in Sachen Coronakrisenmanagement. Unerfahren in Fernseh-Interviews und sichtlich schlecht gebrieft wurde Tilg wochenlang zum Synonym für dumpe Interviews. In 13 Minuten sagte der Politiker elf Mal (!), dass die Behörden in Tirol alles richtiggemacht hätten. Ganz offensichtlich hatte ihm niemand den Unterschied zwischen Live-Interview und solchen, die aufgezeichnet und aus denen nur ein oder zwei Antworten gesendet werden, erklärt.

Sie haben als Wissenschaftler*in den unschätzbaren Vorteil, selten mit einem investigativen Interviewstil konfrontiert zu werden. Journalist*innen haben im Normalfall ein Interesse daran, dass Sie klar und prägnant rüberkommen. Gegen Ihre Nervosität und die merkwürdige Unsicherheit, die jede/n von uns befällt, wenn die Routine fehlt, gibt es nur ein Mittel: gut vorbereitet sein und üben, üben, üben.

> Mich stressen Diskussionen, die aufgenommen werden. Video, aber auch Audio. Da habe ich das Gefühl, ich rede auch zu einer großen Gruppe. Ich habe da ein Über-Ich, ich höre mich da immer selbst und das ist unangenehm, weil man sich dadurch immer sagt, diesen Satz hättest Du lieber nicht zu sagen brauchen. (Hans Schelkshorn, Universität Wien)

> Ich wollte eigentlich nicht vor die Kamera. Es hat sich dann ergeben, es hat eine Eigendynamik bekommen. Eine Sendung jagt die nächste, das Adrenalin gibt einem auch Kraft. (Günther Mayr, ORF Wissenschaft)

c) Die Optik
Fernsehen ist ein visuelles Medium. Noch wichtiger als im normalen Alltag ist es daher, dass Sie sympathisch wirken. So wie in jeder Telco mit Ihrem Team oder Kolleg*innen (Abschn. 2.3) ist auch hier der Bildschirm gnadenlos. Dabei geht es nicht um eine Schönheitskonkurrenz, auch wenn wahrscheinlich niemand die Frage „Bin ich attraktiv genug?" völlig wegschieben kann. Es geht darum, das Urteil der Zuseher*innen zu diesem Schnappschuss Ihrer Persönlichkeit zu Ihren Gunsten zu beeinflussen.

> Was wir immer schon bemerken: Frauen sind zurückhaltender, sind aber oft extrem gut beschlagen. Wir haben oft Probleme, Frauen ins Studio zu bekommen. Bei Frauen ist es auch viel ausgeprägter als bei Männern: Radio ja, aber Fernsehen nicht. (Günther Mayr, ORF Wissenschaft)

Zum einen über Ihre Kleidung: Stylingberater*innen empfehlen seit Jahr und Tag, für Fernsehauftritte keine stark gemusterten Sakkos oder Jacken anzuziehen, weil solche Muster am Bildschirm zu flimmern beginnen und Sie auf einmal unruhig und unscharf wirken. Wie wichtig frohe Farben zwischen Scheitel und Brust sind, wissen Sie bereits (Abschn. 2.3). Wissenschaftler*innen dürfen auch mit knallroten oder quietschgrünen Jacken Interviews geben – denken Sie nur an Angela Merkel. Sie zeigt mit Bravour, wie man Farbe am Oberkörper fernsehtauglich einsetzt.

Wenn Sie ins Fernsehstudio eingeladen werden, kommen Sie immer vorher in die Maske – Visagist*innen kümmern sich dann um Ihr Makeup und Ihre Frisur. Auch für Männer bedeutet das viel Puder im Gesicht. Sie mögen das ungewohnt und unerträglich finden – es hat aber seinen Sinn, weil Sie tatsächlich unabhängig von der Farbe Ihres Teints durch die Scheinwerfer im Studio blasser, speckiger, schwitziger und weniger vorteilhaft am Bildschirm aussehen. Kaum haben Sie Ihren Auftritt hinter sich gebracht, können Sie sich auf der nächsten Toilette das Ganze wieder herunterwischen – das macht jede/r so.

Kommt das Fernsehen zu Ihnen ans Institut, an Ihre Klinik oder in Ihr Labor, dann sind Sie selbst für Ihr Aussehen verantwortlich. Es reicht in diesen Fällen meist, sich die Nase kurz zu pudern oder mit einem Taschentuch übers Gesicht zu fahren bzw. abzutupfen. Dasselbe gilt, wenn Sie ein Interview über Ihren PC aus dem Home-Office geben – platzieren Sie bitte *im* Hintergrund das Logo Ihrer Universität oder Ihres Instituts oder blenden Sie ein Foto des Hauptgebäudes Ihrer Hochschule ein.

6.1.4 Reden Sie durchwegs langsamer als normal

Bei Pressekonferenzen oder in Interviews durchwegs – und nicht nur bei besonders wichtigen Passagen – langsamer als normal zu sprechen, ist ein wesentlicher Erfolgsfaktor. Fast alle Wissenschaftler*innen, die ich kenne, sprechen so schnell, sodass es kaum möglich ist, ohne stenografische Kenntnisse mitzuschreiben.

Dabei ist es meiner Erfahrung nach zu wenig, um ein geringeres Sprechtempo zu bitten. Nach kürzester Zeit verfallen die meisten Ihrer Kolleg*innen erst recht wieder in den ursprünglichen Sprechgalopp. Ich ersuche Sie an dieser Stelle daher im Namen aller, die Ihre Ausführungen verfolgen und im Falle der Journalist*innen auch wortwörtlich wiedergeben sollen: Nehmen Sie sich mit Ihrem Handy ein paar Mal auf, wenn Sie sprechen. Und probieren Sie danach, dasselbe in der Superzeitlupe noch einmal aufzusagen. Erst wenn Sie ein körperliches Gefühl für das langsame Sprechen haben, ohne sich selbst merkwürdig zu finden, werden die Notizen, die Medienvertreter*innen im Kontakt mit Ihnen machen, wirklich brauchbar sein.

Fragen Sie bitte außerdem im Vorfeld Ihres Interviews, ob die/der Journalist*in aufnimmt bzw. geben Sie selbstverständlich bereitwillig Ihr ok dazu. Denn dann müssen Sie sich von Anfang an weniger um Ihr Sprechtempo kümmern – falls die journalistischen Notizen unleserlich wären, gäbe es ja noch die Aufnahme.

6.2 Medien-Interview

Das Interview ist das einzige Instrument in der strategischen Pressearbeit, das von beiden Seiten initiiert werden kann: Sie können eine/n Journalist*in proaktiv kontaktieren, eine Story vorschlagen und bei Zusage ein Gespräch vereinbaren, oder – die weit häufigere Variante – Sie werden von einer/m Journalist*in kontaktiert.

6.2 Medien-Interview

Geht die Initiative von Ihnen aus, übernehmen in der Regel Ihre Kolleg*innen von der eigenen PR-Abteilung Kontaktaufnahme und Organisation eines solchen Interviews. Dieses findet dann meistens ein paar Tage später statt – persönlich, telefonisch oder online – und hat meistens exklusiven Charakter. So können Sie qualitativ wie quantitativ mit dem größten Output rechnen: Jedes Medium will die Chance, als einziges Zugang in dieser Phase oder zu dieser speziellen Story zu haben, ausnutzen. Ein Interview dieser Kategorie dauert daher auch länger als im umgekehrten Fall: mit Nachrichtenagenturen oder Printmedien 15 bis 45 Minuten, bei Radio- und TV noch immer ca. 5–15 Minuten. Insofern eignet sich meiner Meinung nach das proaktive lancierte Interview gerade für Sie als Wissenschaftler*in ganz hervorragend. Natürlich müssen Sie auch hier allen medialen Anforderungen nach knapper und plakativer Sprache entsprechen, haben aber trotzdem etwas mehr Zeit für Vertiefung und Details.

Um eventuelle Missverständnisse gerade bei komplexeren Themen auszuschließen, ist es außerdem üblich, zu einem solchen vereinbarten Interview einen kurzen Pressetext mitzubringen. Man nennt diesen Text übrigens „Waschzettel" – damit Sie dieses Wort auch einmal gehört haben.

Klopft das Medium bei der PR-Abteilung oder direkt bei Ihnen an, braucht man in der Mehrheit der Fälle einen Kommentar zu einem aktuellen Ereignis, das Ihre Expertise tangiert, eine Hintergrunderklärung oder eine Stellungnahme zu einem Ihnen widersprechenden Kolleg*in. Hier sind Sie häufig Beiwerk zum journalistischen Beitrag – Ihre Informationen oder O-Töne kommen daher nur in stark reduzierter Form zum Tragen. Sollen Sie daher solchen Anfragen überhaupt nachgeben? Nicht immer, aber immer wieder. Selektiv und doch kontinuierlich und ohne ein Medium in irgendeiner Form zu bevorzugen. Sie werden sonst – wenn Sie nicht Nobelpreisträger*in sind und damit sowieso kein/e Journalist*in an Ihnen vorbeikann – Schwierigkeiten haben, eine/n Gesprächspartner*in zu finden, wenn Sie selbst einmal aus strategischen Gründen ein Interview geben wollen. Manus manum lavat.

▶ Das oberste Gebot: Geben Sie bitte nie sofort und unmittelbar ein Interview.

Selbst wenn TV oder Radio einen topaktuellen Beitrag für die Nachrichten zur nächsten vollen Stunde bräuchten, bestehen Sie bitte auf zehn Minuten Vorbereitungszeit. Das ist legitim und in der Branche Usus – auch im Umgang mit Medien weitaus erfahrenere Berufsgruppen wie Politiker*innen, Künstler*innen oder Wirtschaftsvertreter*innen machen das so. Kein/e Journalist*in dieser Erde erwartet, dass Sie in Ihrem Büro untätig herumsitzen und nur darauf warten, auf Knopfdruck Fragen beantworten zu dürfen. Im Sinne einer effektiven Vorbereitung für diese zehn Minuten fragen Sie bitte nach folgenden Punkten: a) Was ist der Aufhänger des Beitrags, zu dem Ihr O-Ton wichtig ist? Handelt es sich um ein aktuelles Ereignis, und wenn ja, was sind die Fakten? Möglicherweise müssen Sie sich erst mit den akuten Gegebenheiten vertraut machen. b) Was genau will man von Ihnen? Geht es um die Interpretation eines Sachverhalts aus wissenschaftlichem Mund oder um die Untermauerung einer journalistischen These? Oder sollen Sie als

Gegenpol zum Mainstream des Beitrags zur Verfügung stehen? c) Apropos: Wer außer Ihnen stand oder steht sonst noch als Interviewpartner*in zur Verfügung? Sind Sie der einzige Wissenschaftler*in, dann mag das eine andere Relevanz auf Ihre Vorbereitung haben, als wenn noch zwei andere Uni-Expert*innen ihre Meinung schon abgegeben haben.

Ich beobachte regelmäßig, wie schwer es gerade Forscher*innen fällt, der Versuchung zur sofortigen Antwort zu widerstehen: a) Sie hätten es dann gleich erledigt, b) Sie sind doch schließlich die/der Expert*in und könnten tatsächlich ad hoc alles Fachliche beantworten, c) Sie wollen transparent sein und zeigen, dass Wissenschaftler*innen gutes Service gegenüber Außenstehenden bieten können. Das ist alles richtig und geht trotzdem am Kern des Problems vorbei. Jeder ist vorbereitet besser als aus dem Stegreif. Auch Sie. Außerdem: Das WIE in einem solchen Interview ist mindestens so ausschlaggebend für Ihren kommunikativen Erfolg wie das WAS.

> Ich schreibe mir jedenfalls alles auf. Wenn man da einen Fehler macht, versteht man überhaupt nichts mehr. Insofern ist es gut, eine Geschichte zu erzählen, dann merkt man sich das auch. (Günther Mayr, ORF Wissenschaft)

Bitte beraten Sie sich in dieser selbstgeschaffenen Vorbereitungszeit mit Ihren PR-Kolleg*innen. Sie haben die beste Übersicht, welche Entwicklungen und Tendenzen welches Medium gerade verfolgt und werden Sie bestens beraten. Vergessen Sie nicht: Dort kennt man alle einschlägigen Wissenschaftsjournalist*innen und kann treffsicher einschätzen, welche Botschaften in welcher Verpackung für Sie und Ihre Forschung an diesem Tag für dieses spezielle Medium erfolgversprechend sind. Interne vor Externer Kommunikation: Nie sollte es passieren, dass die eigene PR-Abteilung aus der Zeitung, dem Radio oder dem Fernsehen von Ihrem Interview erfährt.

Die Kolleg*innen von der PR-Abteilung sind dann normalerweise auch bei Ihren Medienauftritten dabei. Sie fungieren bei wichtigen Interviews als Moderator*innen vor Ort. Sie nehmen die Journalist*innen in Empfang oder begleiten Sie ins Fernsehstudio. Sie sind Berater*innen und Betreuer*innen in einem und haben außerdem eine Rolle als Beobachter*innen und Zeug*innen.

6.2.1 Struktur

Auch für das Interview empfehle ich Ihnen die dreiteilige Struktur der Botschaften (Tab. 6.2), wenngleich sie hier durch die Dialogform des Settings anders zum Einsatz kommt.

> Zwei Dinge: Erstens ich muss wissen, was ist das Ziel, die konkrete Frage und die Problemstellung des Gegenübers. Was ist meine Botschaft, 1,2,3, dass ich darauf antworten kann. Wichtig ist nachzufragen: Habe ich das richtig verstanden? (Dieter Frey, LMU München)

6.2 Medien-Interview

Tab. 6.2 Struktur bei Medien-Interviews

Botschaft 1	Das ist unser Forschungsergebnis: xyz. oder Wir gehen eine Kooperation mit xyz ein.	Ihre News fungieren als Headline.
Botschaft 2	Grund dafür ist xyz.	Hier erläutern Sie kurz Kontext bzw. Hintergrund.
Botschaft 3	Die nächsten Schritte sind xyz. oder Konsequenzen davon sind xyz.	Hier stellen Sie dar, wie es jeweils weitergeht.

> Ich habe viel mit Journalisten zu tun. Was Journalisten immer am meisten schätzen, ist, wenn sie eine knappe, klare und allgemein verständliche Aussage bekommen. Möglichst eine, die auch als Überschrift verwendbar ist. (Manfred Curbach, TU Dresden)

Hat eine journalistentaugliche Headline etwas mit den Headlines für Ihre wissenschaftlichen Publikationen zu tun? Nein, wenn ich mir die Heterogenität der Headlines in jenen Papers anschaue, die ich selbst regelmäßig aus den Feldern der Psychologie, der Kommunikationswissenschaften und der Managementlehre lese. Teilweise, wenn ich auf einen Konferenzartikel zum Thema aus 2013 zurückgreife, wo unter „How to write a title" immerhin auf „the main contribution of the paper" verwiesen und „to focus on words that are related with what is novel on the paper" empfohlen wird (Reis und Reis 2013).

Eine Botschaft in unserem Sinne (Abschn. 2.1.4, Fokussieren) ist immer ein ganzer Satz, der die Gesamtaussage darstellt. Journalistisch verwendet wird dieser Satz meist in verkürztem Satzbau. Aus „Wir gehen eine Kooperation mit xyz ein." wird dann „Uni AA: Kooperation mit xyz." – das soll Sie aber nicht kümmern, das machen die Journalist*innen schon von selbst. Wichtig: Eine Botschaft und damit eine Headline für Medien ist niemals rein deskriptiv à la „Wir sprechen heute über xy." und auch nie eine Frage, wie sie sehr wohl in wissenschaftlichen Publikationen für Headlines verwendet wird.

6.2.2 Praktische Durchführung

> Viele Wissenschaftler sind auch suboptimal ausgebildet, wie sie im TV, Radio oder in den Social Media kommunizieren, nämlich auf der einen Seite sich kurzzufassen, klare Aussagen und Botschaften zu machen, ein klares Commitment zu transportieren, für was man steht. (Dieter Frey, LMU München)

Manchmal finden Interviews auf neutralem Gebiet, etwa einem Café, statt – so gut wie nie dafür in den Räumlichkeiten der Zeitung, oft wieder im Radio- oder TV-Studio selbst.

Wird ein Mediengespräch bei Ihnen am Institut oder an der Klinik durchgeführt, überlegen Sie bitte, wo Sie das am besten machen. Die Örtlichkeit soll Atmosphäre haben und/oder ein gutes Bild zu Ihrer Expertise abgeben. Bei Ärzt*innen kann das die Klinik sein, bei Naturwissenschaftler*innen das Labor, bei Geolog*innen die freie Natur, bei Verkehrspsycholog*innen die Straßenkreuzung und bei Philosoph*innen die Bibliothek.

Derartige Örtlichkeiten geben bei Fernsehinterviews den optimalen kontextbezogenen Hintergrund ab, haben aber auch gegenüber anderen Journalist*innen-Terminen den Vorteil, vor Ort anschaulich zeigen zu können, was in keinem herkömmlichen Sitzungszimmer möglich ist.

Fotograf*innen von Zeitungen und Magazinen, die häufig zu den Interviews in Ergänzung zur/m Redakteur*in geschickt werden, kommen so oft zu guten Fotomotiven. Bitte achten Sie nur ganz genau darauf, wo Filmteam oder Fotografen überall hineindürfen. Haben Sie die Büchse der Pandora einmal geöffnet, dann ist es ganz schwierig, nachträglich eine Foto- oder Filmeinschränkung auszusprechen. „Führet sie nicht in Versuchung.", ist auch hier eine gute Losung. Bei Radiojournalist*innen steht die gute Akustik im Vordergrund. Aber ganz ohne Möglichkeiten der Gestaltung sind Sie auch hier nicht: Wenn Sie mit interessanten Geräuschen aufwarten können, die Ihre Aussagen unterstreichen, dann schlagen Sie doch eine solche Aufnahme schon vor dem Interview vor. Meistens sind die Medienleute sehr dankbar.

Nachdem Sie die/den Journalist*in wie einen potenziellen Kooperationspartner (Abschn. 3.3) freundlich empfangen und mit Getränken versorgt haben, geht es schon los. Sehr viel zusätzliches Geplänkel am Anfang empfehle ich nicht – es ist ein Business Talk unter sehr besonderen Umständen, aber kein Besuch von Freund*innen. Sie haben vor sich Notizen Ihrer Botschaften liegen, die/der beisitzende PR-Mitarbeiter*in den „Waschzettel".

6.2.2.1 Das selbst initiierte Interview

Haben Sie sich selbst oder mithilfe Ihrer Kolleg*innen von der PR-Abteilung um das Interview bemüht, dann erwartet die/der Journalist*in nun eine entsprechende Vorlage von Ihnen. Sie sind daher als erste/r dran: mit einem ca. einminütigem Kurzstatement zusammengestellt aus Ihren drei Botschaften vulgo Headlines, den jeweils dazugehörigen Fakten (die fünf journalistischen „Ws": WER hat WAS WO WIE und WANN gemacht), Beispielen und einem Sager. Insgesamt sind das meist 10–12 Sätze.

> **Beispiel**
>
> Wir gehen eine Kooperation mit xyz ein.
>
> Über drei Jahre werden zwei Postdocs hier am Campus und im Headquarter von xyz in MM in sechs verschiedenen Experimenten neue Möglichkeiten Künstlicher Intelligenz beforschen. Wir suchen nach einer Art Empathie-„Gen" für Roboter, mit dessen Hilfe mit einem Schlag der Notstand in der Altenpflege in der ganzen westlichen Welt gelöst wäre. Xyz stellt uns für diese Experimente seine riesigen Datenspeicher zur Verfügung und wird außerdem mit 2 Mio. Euro das Projekt finanzieren.
>
> Die Menschheit wird rapide älter – 2030 werden bereits 31 % der Bevölkerung älter als 70 Jahre alt sein – und es herrscht eine eklatante Unterversorgung an Fachpersonal in der Pflege. Empathiefähige Roboter könnten hier Abhilfe schaffen. Das entlastet die Familien und versorgt die Alten mit einer ausfallsicheren Betreuung.

Das erste Experiment wird schon in genau vier Wochen beginnen und drei Monate laufen. Ich persönlich freue mich sehr auf diese neue Kooperation. Das ist ein großer Schritt für unser Institut. Das ist ein großer Wurf für die Gesellschaft. ◄

Diese Gliederung folgt ganz genau dem Ductus einer Kurzmeldung. Werfen Sie einen Blick Sie in jede Zeitung, die Sie greifbar haben: so werden Nachrichten rund um den Globus gestaltet.

Anschließend liegt der Ball bei der/m Journalist*in, die/der nun ihrer-/seinerseits mit den Fragen beginnt. Meist beziehen sich die ersten Fragen auf Ihr Statement, die weiteren ziehen dann einen weiteren Kreis: Teilweise beziehen sie sich auf Ihre jeweilgen Antworten, teilweise arbeiten die Medienvertreter*innen ihre eigene mitgebrachte Frageliste ab.

In dieser Phase bringen Sie möglichst alles, was Sie sich vorbereitet haben, ein: zusätzliche Zahlen und weitere Beispiele. Sie übergeben vielleicht eine Pressegrafik mit Ihren Zahlen, Kurven und Vergleichen und/oder lassen die/den Journalist*in hineinschauen: in ein Mikroskop, in ein Zimmer mit Ihren Nachwuchswissenschaftler*innen, in den Hörsaal, in ein Modell für einen Prototyp aus einer Wirtschaftskooperation.

Ein gutes Interview ist ein guter Dialog, bei dem Sie aus naheliegenden Gründen den höheren Gesprächsanteil haben. Das heißt aber nicht, dass Sie Journalist*innen nicht auch Gegenfragen stellen dürfen, oder sich interessiert an deren Meinung zeigen sollen. In einer solchen bilateralen Situation (mit der/m PR-Kolleg*in als Beisitzer*in) konzentrieren Sie sich bitte ganz auf Ihre Botschaften und auf Ihr Gegenüber: Zunächst einmal beobachten Sie eventuelles Stirnrunzeln, Innehalten im Schreiben, Schmunzeln, Achselzucken oder ähnliche kleine körpersprachliche Signale. Manchmal sind sie einfach ein wertvoller nonverbaler Beitrag, manchmal können Sie eine solche Beobachtung auch aufgreifen und das soeben Gesagte noch einmal, in einfacheren Worten, in anderen Metaphern und/oder stark verkürzt wiederholen.

> Wenn ich sage, das Virus ist wie eine Trägerrakete, dann ist das schwieriger als wenn man sagt, es ist wie ein Sattelschlepper. (Günther Mayr, ORF Wissenschaft)

Als nächstes werfen Sie nach einem fachlich besonders intensiven Wortschwall die selbstironisierende Frage auf: „Hat das jetzt irgendjemand verstehen können?" Das wirkt sehr sympathisch, weil selbstreflektierend und charmant. Machen Sie das aber bitte nur einmal pro Interview und lassen Sie das nicht zur Gewohnheit werden – sonst verlieren solche netten rhetorischen Auflockerungen ihren Effekt und kippen ins Gegenteil. Und – last but not least – fragen Sie, ob mehr Details erwünscht sind, wenn Sie sich unsicher fühlen. Diese Frage können Sie durchaus öfter anbringen, wenn Sie dazu neigen zu übersehen, dass Sie der/dem anderen oft zu viel des Guten an Information aufbürden.

6.2.2.2 Das von der/vom Journalist*in initiierte Interview

Ist das Interview hingegen von der/vom Journalist*in ausgegangen, beginnt sie/er das Gespräch. Im Wesentlichen gibt es dabei zwei Arten der Eröffnung:

Entweder Sie erhalten eine sehr allgemeine Frage à la „Die Situation ist so und so. Wie sehen Sie das?" oder „Sie haben soeben eine neue Studie über xyz veröffentlicht. Was sind die wesentlichen Erkenntnisse daraus?" Das gibt Ihnen die Möglichkeit in sehr kompakter Form Ihre Story zu transportieren. Verpassen Sie diesen Moment, haben Sie egal ob live oder als Aufzeichnung, ob mit einem elektronischen Medium oder jemandem von der Print-Sparte eine hervorragende Chance verpasst, die so nicht wiederkommt. Achtung: Sie haben nicht eine gute Minute Zeit wie bei einem von Ihnen organisierten Interview. Bereiten Sie sich bitte hier auf die üblichen 20–30 Sekunden vor.

Die zweite Art der Eröffnung in einem solchen Setting besteht aus einer gezielten Frage, die sofort in ein Detail hineingeht. „Sie haben soeben unter großer medialer Beteiligung eine neue Studie über xyz veröffentlicht. Ist das eine Kampfansage an die Behörden?" In diesem Fall werden Sie vermutlich Ihre ganze Story nicht gleich anbringen können, da Sie ja davor auch noch die eigentliche Frage beantworten sollten. Streifen Sie aber zumindest Botschaft 1 – Ihre Headline – am Ende dieser ersten Antwort, damit hätten Sie schon ein Maximum an Gestaltung an dieser Stelle herausgeholt. Die anderen Inhalte müssen auf andere Fragen aufgeteilt werden.

In jeder Art von Interview zeigen Sie sich kurz vor Schluss aufmerksam und serviceorientiert. Fragen Sie „Haben Sie das, was Sie brauchen (für Ihren Artikel/Beitrag)?" oder bieten Sie an: „Wenn Sie nachträglich noch etwas brauchen, jederzeit gern." Journalist*innen sind gute Geschäftspartner*innen, wenn Sie das wollen. Vertrauen, Respekt und Professionalität sind die Attribute, auf Basis derer zwischen Ihnen und Ihren Interviewer*innen jahre- und jahrzehntelange Beziehungen entstehen und etabliert werden können. Ihre berufliche Beziehung gilt dabei der Person – egal, für welches Medium die/der Ihnen bekannte und von Ihnen geschätzte Journalist*in tätig ist. Und umgekehrt natürlich auch egal, an welcher Universität Sie forschen.

Checklist Medien-Interview

Einen starken Anfang hinlegen	Direkt mit der gewünschten Headline beginnen, dann 5Ws mit Zahlen.
Nach Zielgruppe kontextualisieren	Neues, Aktuelles, Außergewöhnliches, Relevantes für das jeweilige Medium – Inhaltlich und in der Art der Aufbereitung.
Nächste Schritte	Ankündigung der nächsten Schritte in der Forschung, Appell/Forderung an die Politik, Aufruf/Vorschläge an die Bevölkerung.
Fokussieren	Das sind unsere Forschungsergebnisse xyz. Oder: Wir gehen eine neue Kooperation mit xyz ein. Grund dafür ist xyz. Die nächsten Schritte sind xyz. Oder: Konsequenzen davon sind xyz.
Einfach formulieren	Ja!

In und mit Bildern sprechen	Sager!!! Grafiken zur Verfügung stellen, Foto-oder Filmshootings bzw. Videos anbieten, Anwendungsbeispiele geben.
Kleine Portionen	Interview Radio/TV: 5–15 Minuten, Print-Interview: 15–45 Minuten.
Interaktion	Ständig durch Fragen des/r Journalist*in. Sie dürfen rückfragen, um Zeit zu gewinnen oder wenn Ihnen die Richtung der Frage unklar ist.
Technologie	Kein PowerPoint.
Die Besonderheiten beachten	Beherzigen Sie die Elemente einer Story. Antworten Sie wie ein Profi. Berücksichtigen Sie die Besonderheiten des Fernsehens. Reden Sie durchwegs langsamer als normal.

6.3 Pressekonferenz

Wann machen Sie denn aber nun eine Pressekonferenz?
Dann, wenn Sie zeitgleich zu allen relevanten Medien kommunizieren wollen, weil Sie überdurchschnittlich wichtige, außergewöhnliche Informationen haben. So außergewöhnlich oder aufsehenerregend, dass es nicht ausreichend wäre, nur einem Medium das oben besprochene Einzelinterview zu geben: Bei besorgniserregenden Warnungen an die Öffentlichkeit, bei nachdrücklichen Forderungen an die Politik, bei Forschungsergebnissen, auf die schon vielfach gewartet wird. Die Präsentation des ersten zugelassenen Coronaimpfstoffs ist ein solches Beispiel – die Information darüber könnten Sie unmöglich nur in einem oder zwei Interviews kommunizieren. Die Pressekonferenz hat daher einen recht ähnlichen massiven und gleichzeitigen Widerhall in vielen Medien.

Eine Pressekonferenz abzuwickeln ist erneut eine Kooperation zwischen Ihnen und den Kolleg*innen Ihrer PR-Abteilung. Im Falle einer analogen Veranstaltung ist die zentrale Lage der Location wichtiger als ein schöner Sitzungsraum an der Universität. Bitte wägen Sie hausintern ab, wo Sie höhere Chancen auf eine hohe Teilnehmer*innen-Zahl haben. In der Spitzenpolitik sind schon seit vielen Jahren stehende Pressekonferenzen Mode geworden, als Vertreter*in aller anderen Gesellschaftssparten, so auch als Wissenschaftler*in, sitzt man bei derartigen Veranstaltungen in alter Tradition vor Journalist*innen. Sie sitzen hinter einem Podium, aber auf gleicher Höhe wie die Medien, eventuell haben Sie vor sich kleine Namenstafeln stehen. Die Journalist*innen sitzen entweder zu dritt oder viert an kleinen Tischen oder in Konferenzbestuhlung wie bei den Press Briefings des Weißen Hauses. Vor Ort erhalten die Journalist*innen Presseunterlagen mit längerem Text, Fotos und jedenfalls Grafiken – umfangreicheres Material als jenes, das Sie für ein einzelnes Interview vorbereiten.

Erwartet wird ein Statement zu Beginn, das etwa zehn Minuten dauert. Alles darunter scheint von so geringer Substanz, dass es eine eigene Veranstaltung nicht rechtfertigt. Aber Achtung: Länger als 15 Minuten sollte es auch wieder nicht dauern, denn nichts auf dieser Welt braucht aus journalistischer Sicht mehr Zeit, um für einen Beitrag von zwei oder drei Spalten in einer Tageszeitung bzw. einem ein- bis zweiminütigen Beitrag in Radio oder Fernsehen verarbeitet werden zu können.

Ob Sie diese idealen zehn Minuten allein oder zu zweit absolvieren, ist Ihnen und der durch das Thema gegebenen Notwendigkeit überlassen. Drei Referent*innen bedeuten jedenfalls von vornherein, dass Ihre Presseveranstaltung in Richtung 15 Minuten geht und das auch nur bei besonderer kommunikativer Disziplin der Akteur*innen: keine Überschreitung einer Redelänge von fünf Minuten pro Person und keine inhaltlichen Überschneidungen innerhalb dieser drei Statements. Wenn Sie das nicht schaffen, dann sitzt jemand zu viel am Podium. Die/der wichtigste Referent*in beginnt.

> Sie müssen in der Lage sein, aus ihren Schrebergärten herauszutreten und sich vor einem einigermaßen versierten Journalisten und vor der Vereinfachung nicht zu fürchten. (Günther Mayr, ORF Wissenschaft)

Nicht üblich sind bei Pressekonferenzen durchgehende PowerPoint-Präsentationen, wie Sie sie auf Vorträgen verwenden. Die Medienvertreter*innen wollen nicht primär belehrt werden – eine naheliegende Assoziation, wenn Wissenschaftler*innen Charts oder Slides an die Wand werfen. Medien wollen jene Information erhalten, die sie in die Lage versetzen, einen für das jeweilige Zielpublikum interessanten Beitrag zu machen. Alles, was diesem Ziel nicht dienlich zu sein scheint, macht bei Medien wenig Freude. Dazu kommt: Journalist*innen wollen sich, auf der ständigen Suche nach neuen Interviewpartner*innen von Ihnen persönlich überzeugen. 15 PowerPoint Charts lenken da ab.

Halten Sie sich also diesbezüglich zurück. Wenn überhaupt, dann empfehle ich für Pressekonferenzen nur einzelne, gezielt ausgewählte Schaubilder, die Ihre Kernaussagen unterstreichen.

6.3.1 Struktur

Ich möchte Ihnen hier zwei Varianten (Tab. 6.3 und 6.4) für Ihre drei Botschaften vorschlagen. Variante A kennen Sie bereits aus Abschn. 6.2. Das Medien-Interview.

Variante B (Tab. 6.4) ist dann empfehlenswert, wenn es aus Ihrer Sicht besonderen akuten Handlungsbedarf oder eine gravierende Richtungsänderung zu kommunizieren gibt.

Dann wird nämlich Botschaft 1 wesentlich dramatischer transportiert, die Fakten treten zurück und werden zu Botschaft 2. Der Hintergrund – wie kam es dazu? – verschwindet in dieser Version völlig aus den Botschaften und wird nur mehr untergeordnet kommuniziert.

Tab. 6.3 Struktur bei Pressekonferenzen (Variante A)

Botschaft 1	Das ist unser Forschungsergebnis: xyz. oder Wir gehen eine neue Kooperation ein mit xyz.	Ihre News fungieren als Headline.
Botschaft 2	Grund dafür ist xyz.	Hier erläutern Sie kurz Kontext bzw. Hintergrund.
Botschaft 3	Die nächsten Schritte sind xyz. oder Konsequenzen davon sind xyz.	Hier stellen Sie dar, wie es jeweils weitergehen kann, soll oder wird.

Tab. 6.4 Struktur bei Pressekonferenzen (Variante B)

Botschaft 1	Wir müssen etwas tun!	Ihr Appell fungiert als Headline.
Botschaft 2	Denn die Situation stellt sich xyz dar.	Hier erläutern Sie kurz den Status quo als Kontext zur Warnung/Prognose.
Botschaft 3	Die nächsten Schritte sind xyz.	Hier stellen Sie wieder dar, wie es unmittelbar operativ weitergeht.

Beispiel zur Unterscheidung von Variante A und B:

Variante A: In 20 Jahren sind 10 % der heutigen Landmasse überflutet.
Grund dafür ist das Schmelzen der Pole.
Wir müssen daher sofort eingreifen!

Variante B: Wir müssen sofort eingreifen!
Denn in 20 Jahren sind 10 % der heutigen Landmasse überflutet.
Wir bieten der Regierung unsere Mitarbeit an.

Die faktenlastigere Variante A ist auch von einer/m einzelnen Wissenschaftler*in in einer Pressekonferenz kommunizierbar. Variante B, der gesellschaftliche Aufruf, braucht, um Relevanz bei den Medien zu erzeugen, mehrere Personen, einen Berufsverband, eine ganze Standesvertretung, eine nationale Akademie der Wissenschaften oder eine konzertierte Aktion internationaler Wissenschaftler*innen als Absender. Je eindringlicher der Appell, desto breiter sollten die Kommunikator*innen aufgestellt sein, um glaubhaft, kraftvoll und überzeugend zu sein.

6.3.2 Praktische Durchführung

Bitte seien Sie selbst eine halbe Stunde vor Beginn der Veranstaltung vor Ort. Zu Ihrer eigenen Pressekonferenz zu spät zu kommen oder wie es etliche Politiker*innen gern tun, erst dann (und mit entsprechender Entourage) anzurauschen, wenn schon alle Journalist*innen sitzen, macht keinen schlanken Fuß.

Ganz abgesehen davon, dass Sie sich einer wesentlichen Komponente berauben, die Ihren Stress reduzieren kann: der Kontaktaufnahme mit den Medien, bevor es ernst wird. Früher da zu sein, hat nämlich nur Vorteile:

a. Sie akklimatisieren sich mit dem Raum und dem Setting und können vielleicht sogar noch eine kleine Sprechprobe machen, wenn noch niemand da sein sollte.
b. Sie begrüßen jede/n einzelne/n Journalist*in persönlich – das sorgt für eine gewisse Beißhemmung und für einen höflicheren Stil im Umgang miteinander in der nächsten Stunde.
c. Sie erfahren dadurch 1:1, wer aller da ist – denn die Ihnen am Abend zuvor von Ihren PR-Kolleg*innen übergebenen Anmeldungslisten stimmen nie zur Gänze. Da kommen manche nicht, die angemeldet sind und andere tauchen plötzlich auf, die explizit abgesagt haben.
d. Ihre Stimmbänder werden durch das Small Talken förmlich geschmiert. Stimmprobleme haben Sie dann jedenfalls nicht mehr.

Haben sich Vertreter*innen elektronischer Medien angemeldet, dann kann das verschiedene Konsequenzen für Sie vor Ort haben. Zum einen werden Sie ganz sicher gebeten, entweder unmittelbar vor der Veranstaltung oder direkt danach ein kurzes Interview zu geben. Selten geben sich Fernsehredakteur*innen, die mit Kameramann und Tonmeister meistens zu dritt gekommen sind, nur mit einem Mitschnitt der Pressekonferenz als solches zufrieden. Zum anderen werden vor Ihnen, dort, wo Sie Ihre Unterlagen liegen haben, eigene Mikrofone aufgestellt.

Pressekonferenzen finden fast schon ritualisiert später als offiziell angegeben statt. Wundern Sie sich nicht. Die akademische Viertelstunde wird zwar nur mehr selten ausgenutzt, aber einige Minuten c. t. sind es doch regelmäßig. Dann gehen Sie gemeinsam mit eventuellen sonstigen Referent*innen sowie jedenfalls mit der/m PR-Kolleg*in, die/der Moderator*in ist, zum Podium und nehmen Platz. Die Anmoderation bei Pressekonferenzen ist sehr puristisch: der Aufhänger der Veranstaltung sowie die Vorstellung des/r Referent*innen – das reicht. Nur keine Schnörkel ist die Devise. Sie haben ergo dessen wieder keine Einleitung – so wie schon beim Interview nicht – und fangen direkt ansatzlos mit Ihrer Headline an. Keine Begrüßungen mehr aus Ihrem Mund (außer Sie geben virtuell eine Pressekonferenz), Sie haben ja bereits jeder/m Anwesenden die Hand gedrückt und begrüßt hat die/der Moderator*in schon. Sie brauchen sich auch nicht blumig bei der/dem Moderator*in für die netten einführenden Worte zu bedanken. Das ist zu viel, und Betulichkeit mögen Journalist*innen gar nicht.

Ich empfehle Ihnen, mit einem einminütigen Statement, das sämtliche Ihrer Inhalte zusammenfasst – vgl. das von Ihnen initiierte Medien-Interview –, zu starten, bevor es im Detail losgeht. Das Abstract zu Beginn Ihrer wissenschaftlichen Publikation hat eine ähnliche Funktion. Damit hören die Journalist*innen genau das zu Beginn, was sie brauchen, um den Wert der Story einzuordnen: die Kurzmeldung. Am nächsten Tag werden Sie überprüfen, inwieweit Sie hier erfolgreich waren und die Medien Ihre Headline übernommen

6.3 Pressekonferenz

haben. Die Aufmerksamkeit ist nun jedenfalls optimal geweckt. Jetzt ist der Moment wieder zum regulären Ductus zurückzukehren.

Botschaft 1: Das ist unser Forschungsergebnis: xyz – Headline
Jetzt geht es erst richtig los – mit den Detaildaten und Fakten zu Botschaft 1. Eine´ Analogie zu Ihrem Paper: Botschaft 1 in unserem Beispiel ist ident mit der Conclusio oder der General Discussion. Noch etwas: Wenn Sie unbedingt ein PowerPoint-Chart verwenden wollen, dann ist dieser News-Abschnitt der beste Moment dafür.

Rhetorisch vorteilhaft ist es gegenüber Medien immer, einzigartige, noch nie da gewesene, außergewöhnliche Nachrichten auch als solche zu bezeichnen. Das ist Kontextualisierung im besten Sinn: Journalist*innen, auch wenn sie Mitglieder von Wissenschaftsredaktionen sind, können nicht automatisch exakt einordnen, welche Bedeutung Ihre Ergebnisse im Vergleich zu anderen Studien bzw. zum bisherigen Common Sense haben. Illustrieren Sie Ihre Ziffern mit einem konkreten Beispiel und sagen abschließend, was Sie davon halten. Sagen Sie jedenfalls mehr, als man in den Presseunterlagen nachlesen kann und schließen Sie diesen ersten Abschnitt mit Ihrem Sager ab. Das Ganze dauert, wenn Sie allein referieren, ca. drei Minuten, wenn Sie Mitreferent*innen haben, ca. zwei Minuten.

Botschaft 2: Hintergrund dafür ist xyz
Das Muster ist stets dasselbe: Sie untermauern die Botschaft mit den journalistischen 5Ws mit Zahlen und einem Beispiel. Hier empfehle ich Wissenschaftler*innen gern, zusätzlich ein Dankeschön an ihre Mitarbeiter*innen oder ein Lob an ihre Nachwuchsforscher*innen auszusprechen. Das passt in diesen mittleren Teil ganz besonders, wenn Sie die großen Zusammenhänge erklären und auf bisherige Studien hinweisen. Diese öffentliche Anerkennung bringt Ihnen nur Vorteile:

a. Ihr Team, das es sicher verdient hat, freut sich.
b. Das imponiert Journalist*innen, die selbst recht selten in den Genuss von Anerkennung durch Vorgesetzte kommen – das Klima in Redaktionen ist vielfach rauher, als Sie sich das vielleicht vorstellen wollen.
c. Das wird sich im Kreise der Journalist*innen herumsprechen: mündlich in allen Zirkeln, in denen sie verkehren, und schriftlich, wenn die/der eine oder andere Ihr Dankeschön ans Team sogar bringt – indirekt oder vielleicht sogar als Sager.

Bitte rechnen Sie für diesen Abschnitt ca. zwei bis drei Minuten, wenn Sie allein präsentieren, ein bis zwei, wenn Sie zu zweit oder gar dritt am Podium sind.

Botschaft 3: Konsequenzen davon sind xyz
Hier führen Sie so präzise wie möglich aus, was in weiterer Folge passieren kann, soll oder wird. Und wie bei jeder Auflistung von Aktivitäten empfiehlt es sich hier sprachlich zu strukturieren: Zählen Sie die Anzahl der Konsequenzen oder To do's, die Sie hier nennen

wollen, ab und nennen diese Zahl vorweg, um danach – mit oder ohne Finger mitzählend, das ist Geschmackssache – mit erstens, zweitens, drittens Ihrem letzten Abschnitt den Charakter einer Checkliste zu geben. Mit einem Blick in die Zukunft – eine gute oder eine schlechte Zukunft, einen optimistischen oder einen pessimistischen Blick – schließen Sie Ihr Statement ab.

Nach Ihnen folgt wieder ansatzlos der nächste Referent*in oder die/der Moderator*in. Letztere/er lädt die Journalist*innen ein, jetzt ihre Fragen zu stellen. Sie schalten jetzt in den Interviewmodus um: Genau zuhören, direkt antworten und die Antworten so weiterformulieren, dass Sie Ihre Botschaften unterstützen. Rekurrieren Sie ohne weiteres auf Ihr Statement, wenn es passt – wie bei einer Drittmittel- oder Berufungspräsentation.

Sitzen mehrere Referent*innen am Podium, machen Journalist*innen meistens klar, von wem sie ihre jeweilige Frage beantwortet haben wollen. Sollte eine Frage aber doch einmal allgemein ans Podium adressiert werden, spielen Sie einander bitte die Bälle zu. Auch ist es legitim, dass Sie eine Frage elegant weiterleiten, selbst wenn ein/e Journalist*in expressis verbis nach Ihnen verlangt hat. Das könnte dann so klingen: „Ich sehe das soundso, aber viel besser kann Ihnen dazu mein Kollege xyz Auskunft geben, bitte lieber xyz" und schon sind Sie die Frage los.

Alles wie beim Interview nur mit mehr Personen im Raum? Ja und nein. Ja, was die Kommunikation anbelangt, nein, weil Sie eine Gruppendynamik im Raum haben, die Sie nutzen, die sich aber auch gegen Sie richten könnte. Bitte beachten Sie: Journalist*innen sind trotz ihrer im Wettbewerb stehenden Arbeitgeber, der Agenturen, Verlage oder Sender, solidarisch zueinander, wenn eine/r der ihren angegriffen wird. Achten Sie also bitte unbedingt darauf, egal wie illegitim, kritisch oder am Thema vorbei Sie eine Frage finden, eine/n Journalist*in nicht im Plenum zu attackieren oder ihr/ihm Ihre Missbilligung zu verstehen zu geben. Sie laufen sonst Gefahr, auch andere im Raum emotional gegen sich aufzubringen – völlig unabhängig von der Qualität Ihrer Informationen, Ihrer Daten oder Ihrer Reputation. Verhalten Sie sich sachlich, korrekt, aufgeschlossen und freundlich, ohne ins Paternalistische oder Maternalistische abzugleiten. Idealerweise sehen Sie in Journalist*innen Sparringpartner*innen, die Ihnen auf ihre Art helfen, Argumentationslücken zu erkennen oder die mögliche Kluft zwischen fachlicher Expertise und ansprechender Kommunikation besser zu überbrücken, kurz: aus dem Elfenbeinturm herabzusteigen, ohne zu stolpern.

Wenn es keine Fragen mehr aus dem Plenum gibt, wird die/der Moderator*in die Pressekonferenz offiziell für beendet erklären, weitere Unterstützung anbieten und den Kolleg*innen von der Presse noch einen schönen Tag „bis zum nächsten Mal" wünschen. Einige verabschieden sich von der Ferne oder gar nicht und verschwinden in ihre Redaktionen, einige stehen noch herum und delektieren sich an noch übrigen Sandwiches und ein Gutteil pirscht sich an Sie heran. Unerfahrene Wissenschaftler*innen machen nun den entscheidenden Fehler: weil es ja schon aus ist und scheinbar alles nur mehr informell, im lockeren Rahmen, stattfindet, werfen sie ihre Kommunikationsdisziplin über Bord. Erleichtert, dass soweit alles gut gegangen ist, weicht die Konzentration einer gelösten Stimmung, und routinierte Journalist*innen wissen, dass sie in diesen Momenten die besten,

6.3 Pressekonferenz

weil am wenigsten kontrollierten Sager und vielleicht sogar die eine oder andere nicht zur Veröffentlichung gedachte Hintergrundinformation bekommen. Dazu kommt: Alle Ihre Antworten gehen jetzt mehr oder weniger exklusiv an die einzelnen Medien, die sich artig hintereinander bei Ihnen anstellen. Etliche Journalist*innen kommen überhaupt nur zu Pressekonferenzen, um in diesem Nachgang der offiziellen Veranstaltung an Sie heranzukommen. Bei Online-Pressekonferenzen entfällt dieser Part.

Halten Sie sich bitte auch zwei bis vier Stunden nach der Pressekonferenz noch verfügbar – Journalist*innen, die nicht teilnehmen konnten, aber die Presseunterlagen zugestellt bekommen, melden sich oft noch in dieser Zeit. Auch sie versuchen noch, einen O-Ton von Ihnen zu ergattern – es wäre nicht zweckmäßig, wenn Sie dann unabkömmlich in einem Call oder einer Vorlesung sind.

Checklist Pressekonferenz

Einen starken Anfang hinlegen	Mit dem einminütigen Kurzstatement beginnen, danach die Botschaften mit Details besprechen.
Nach Zielgruppe kontextualisieren	Neues, Aktuelles, Außergewöhnliches, Relevantes, Talk of the town.
Nächste Schritte	Ankündigung der nächsten Schritte in der Forschung, Appell/Forderung an die Politik, Aufruf/Vorschläge an die Bevölkerung.
Fokussieren	Das ist unser Forschungsergebnis: xyz. Grund dafür ist xyz. Die nächsten Schritte sind xyz. oder: Wir müssen etwas tun! Denn die Situation stellt sich xyz dar. Die nächsten Schritte sind xyz.
Einfach formulieren	Ja!
In und mit Bildern sprechen	Sager!! 1 oder 2 Charts für Botschaft/Headline. 1, Grafiken zur Verfügung stellen.
Kurze Portionen	Statement: maximal 10 Minuten für 1 Person, max. 15 Minuten für 3 Personen.
Interaktion	Als Smalltalk vor dem Start, nach dem Statement in der offiziellen Fragerunde, nach dem offiziellen Ende im analogen Setting al Fragen unter vier Augen.
Technologie	Keine oder max. 1–2 PowerPoints.
Die Besonderheiten beachten	Beherzigen Sie die Elemente einer Story. Antworten Sie wie ein Profi. Berücksichtigen Sie die Besonderheiten des Fernsehens. Reden Sie durchwegs langsamer als normal.

Literatur

https://dokumen.tips/documents/psychology-of-news-decisions-factors-behind-journalists-professional-behavior.html

Peters, H. P. (2013). Gap between science and media revisited: Scientists as public communicators. *Proceedings of the National Academy of Science, 110*(Suppl. 3), 14102–14109.

Reis, S., & Reis, A. (2013). *How to write your first scientific paper*. Santa Clara: IEDEC conference.

Süddeutsche Zeitung. (13. März 2020). Akademische Robustheit trifft Talkshow.

Weiterführende Literatur

Post, S. (2013). *Wahrheitskriterien von Journalisten und Wissenschaftlern*. Baden-Baden: Nomos.

Scheufele, D., & Krause, N. (2019). Science audiences, misinformation, and fake news. *Proceedings of the National Academy of Science, 116*(16), 7662–7669.

Stolberg, J. (2012). *Wissenschaftler in TV-Medien, Kommunikationskulturen und journalistische Erwartungen*. Wiesbaden: Springer VS.

Digital Audio und Digital Video 7

Inhaltsverzeichnis

7.1	Podcast	178
	7.1.1 Besonderheiten	179
	7.1.2 Struktur	181
	7.1.3 Praktische Durchführung	182
7.2	Webvideo	186
	7.2.1 Besonderheiten	187
	7.2.2 Struktur	190
	7.2.3 Praktische Durchführung	190
Literatur		193

> Das merkt man deutlich, dass die Social Media eine Auswirkung haben. Die jungen Wissenschaftler sind viel mehr gewohnt, knapp formulieren zu können. Nur kann das auch manchmal nach hinten losgehen, und dann gibt es Shitstorms. Leider haben Social Media keine gute Auswirkung auf die Rhetorik. Die Sprache kommt immer mehr unter die Räder, viele können keine Geschichte mehr erzählen, alles geht nur mehr im Stakkato. Ich glaube, gerade die Wissenschaftler haben ein Problem, Geschichten zu erzählen. (Günther Mayr, ORF Wissenschaft)

Social Media machen es möglich: Wir präsentieren uns und unsere Inhalte über das Internet ununterbrochen und in unzähligen unterschiedlichen Formaten. Diese Entwicklung – langläufig als Digitale Revolution bezeichnet – hat unser aller Kommunikationsverhalten massiv verändert und beeinflusst dadurch auch die Wissenschaftskommunikation. Bis heute steht der Text, das geschriebene Wort, im Vordergrund wissenschaftlichen Kommunizierens, und solange Publikationen nicht auch als Audio- oder Video-Datei eingereicht werden können, wird das wohl immer so bleiben. Aber: das Text-Primat beginnt zu bröckeln – nach innen wie nach außen. Nach innen, weil Digital Audio in Form des Podcast für Produzent*innen wie Zuhörer*innen Möglichkeiten der Vertiefung und Vernetzung bietet, die einzigartig sind, während Digital Video vor allem für junge Forscher*innen eine großartige Chance ist, karrieretechnisch wie imagemäßig auf sich aufmerksam zu machen. Und nach außen relativiert sich die Vorherrschaft des Textes schon allein dadurch, weil für Nicht-Expert*innen sowieso AV-Medien über YouTube leichter erreichbar sowie durch ihre Individualität, Kürze und Emotionalität attraktiver sind, als das Gros professoraler Texte. YouTube-Videos, die Sachverhalte erklären oder zu verschiedenen Anwendungen anleiten, sind, wie erst vor kurzem nachgewiesen wurde, inzwischen auch effektiver als Texte mit gleichem Anliegen (Schneiders 2020).

Unter den 14–29-Jährigen in Deutschland nutzen 82 % YouTube mindestens einmal wöchentlich, in der Gesamtbevölkerung sind es immerhin auch bereits 40 % (Beisch et al. 2019) – Wissenschaftler*innen sind also gut beraten, diesen Trends in ihrer Kommunikation zu entsprechen. Ich konzentriere mich auf den nächsten Seiten auf Erfolgsfaktoren, die Sie bei Podcasts wie YouTube-Videos über das gesprochene Wort erzielen können. Technische Details sowie Blog oder Twitter kommen an dieser Stelle nicht zur Sprache.

> Gerade weil junge Wissenschaftler*innen als „digital natives" gelten, sind Instagram & Co. für sie kein großer Aufwand. Sie nutzen Social Media ja auch in ihrer Freizeit. Das sollten sie einfach in ihre Forschung und den Laboralltag mitnehmen. Tobias Brügmann, Thünen-Institut, Großhansdorf
>
> Die Art der Kommunikation und der Medien ändern sich sehr schnell.
>
> Vor zehn Jahren hat ein Professor ein paar Radio-Interviews gegeben und das war´s. Heute müsste ich eigentlich einen Instagram-Account haben oder ein TikTok-Video machen.
>
> Ich weiß nicht, ob es den Standard (Anm.: gemeint ist die österreichische Tageszeitung „Der Standard") in zehn Jahren oder die Wissenschaftskommunikation noch gibt, und dann müssen wir unsere Wissenschaft vielleicht direkt kommunizieren. (Jakob Steiner. Universität Utrecht)

7.1 Podcast

> Ich empfehle allen, die einen Podcast machen wollen, 1. Es überhaupt einmal zu versuchen. In der Wissenschaft will man immer perfekt sein und traut sich nicht immer was zu, wo wir nicht Fachleute sind. Der Podcast erscheint fast fremd, aber das ist er nicht, denn wir sind daran gewöhnt, im Gespräch mit anderen zu sein und aus ihm heraus etwas zu entwickeln.
>
> Und 2. muss man sich im Klaren sein, in welchem Format man seine Themen bringen will. Quick & dirty oder mit Tiefgang – und dann hat man gar nicht so viel Arbeit. (Gudrun Thäter, KIT Karlsruhe)

2001 stellte Apple das erste tragbare digitale Medienabspielgerät vor, mit dem die Jogger*innen der Nuller-Jahre jederzeit Musik hören konnten: den IPod. Seit 2017 gibt es ihn nicht mehr auf dem Markt, weil das 2007 vorgestellte IPhone und alle nach ihm auch von anderen Unternehmen produzierten Smartphones seine Funktion übernommen haben. Der Begriff Pod – englisch für Kapsel – hat aber in der Zusammensetzung mit Broadcast, dem englischen Wort für Sendung – neue Bedeutung gefunden: im Podcast – der Audiosendung. Wesentliches Charakteristikum des Podcasts ist, dass Sie Ihre Beiträge regelmäßig ins Netz stellen. Idealerweise zu einem fixen Zeitpunkt, damit man sich das auch merken und danach richten kann, will man Ihren Podcast gleich nach „Erscheinen" hören. Der NDR-Podcast mit Christian Drosten erschien etwa in den Lockdown-Wochen im Frühling 2020 täglich gegen 13:00 h, war dann über den Sommer unregelmäßig online und hat sich mit September 2020 auf einen wöchentlichen Rhythmus – jeden Dienstag gegen 17:00 h – eingependelt. Corona gibt aber auch als Thema genug Stoff und hat nach wie vor für die Bevölkerung hohe Relevanz, um in dieser Häufigkeit wissenschaftlich upgedatet zu werden. Das ist nicht bei jedem Forschungsgebiet so, deshalb ist in der Regel die Frequenz für Ihren Podcast dem Aufwand, den Sie betreiben wollen und können, geschuldet. Im weitesten Sinn sind Podcasts so etwas wie Ihre eigenen Radiosendungen.

Podcasts eignen sich aus gleich fünf Gründen meiner Meinung nach für Wissenschaftler*innen besonders – in beide Richtungen:

1. Sie haben hier vollen Gestaltungsspielraum. Sie sind nicht abhängig vom Radio-Format irgendeines Senders, der Sie mit seinen Abläufen und Spielregeln konfrontiert. Sie können inhaltlich alles tun, was Ihnen wichtig erscheint.
2. Sie haben ergo dessen keinen zeitlichen Druck und können Themen vertiefen oder reflektieren wie sonst selten. Keine 25-Sekunden Statements oder Beschränkungen auf 15-Minuten Gesamtlänge sind hier zwingend erforderlich. Viele Podcasts dauern dann auch bis zu einer Stunde und vereinzelt länger. Und ebenso völlig anders wie beim richtigen Radio: Kein Podcast ist gleich lang. Schauen Sie sich einmal im Internet genau an, wie unterschiedlich diesbezüglich die einzelnen Beiträge derselben Podcaster*innen sind!

Am Podcast ist das Angenehme, dass man ein Thema so lang besprechen kann, bis man fertig ist. (Gudrun Thäter, KIT Karlsruhe)

3. Podcasts sparen Zeit und unterhalten trotzdem. Podcasts laufen – wie Radio überhaupt – nebenher und ermöglichen Ihren Kolleg*innen wie interessierten Laien beim Zuhören ihrer Arbeit weiter nachzugehen, Sport zu betreiben oder sich im Haushalt nützlich zu machen (Quintana und Heathers 2021).
4. Podcasts evozieren das Gefühl sozialer Verbindung zu einer größeren Community. Nirgendwo sonst kommen Sie in Ihrer gesprochenen Kommunikation einem Treffen mit Kolleg*innen, ja fast einem Besuch bei Freund*innen, so nahe.
5. Podcasts sind leicht machbar: finanziell unaufwändig wie technisch mühelos.

7.1.1 Besonderheiten

Planen Sie „Plaudern"
Dennoch unterliegt ein guter Podcast natürlich auch den Spielregeln der Kommunikation. Wenn Sie also mehr wollen, als „nur" Ihr eigenes Kommunikationsbedürfnis auszuleben – was legitim ist, aber nicht notwendigerweise zu vielen Hörer*innen und einer entsprechenden Resonanz führt, dann empfehle ich Ihnen, diese scheinbar spontanen Gespräche genau zu planen.

- Bitte fragen Sie sich immer, was Sie mit Ihrem Podcast bezwecken. Was soll durch Ihren Podcast anders werden? Welche Wirkung wollen Sie erzielen und anhand welcher Parameter würden Sie z. B. nach einem Jahr Podcasting feststellen, ob Ihnen das gelungen ist oder nicht?
- Definieren Sie so früh als möglich, ob Podcasts allein zu Ihren Forschungsschwerpunkten zielführend sind oder ob es auch sinnvoll wäre, sich auf der Meta-Ebene zu bewegen. Dann würden Sie nämlich über das Wissenschaftler*innen-Dasein mit allen Freuden und Leiden reflektieren, sich über neue Wege in der akademischen Karriere austauschen, Best-practice-Beispiele für gute Mitarbeiter*innen-Führung vorstellen oder laut über Erfahrungen in der Wissenschaftskommunikation nachdenken.
- Machen Sie bitte ein Konzept, welche Gestaltungsparameter Sie verwenden wollen. Nachdem es grundsätzlich unabhängig vom jeweiligen Thema viel abwechslungsreicher ist, Dialogen als Monologen zuzuhören, sind viele Podcasts auf Interviews aufgebaut. Oder anders gesagt: mit Interviews sind Sie immer im grünen Bereich. Dennoch gilt es auch für Interviews einen roten Faden zu erstellen: Welche Qualitäten sollen Ihre Interviewpartner*innen haben? Wie legen Sie die Gesprächsführung an: Ist es mehr ein Diskurs auf Augenhöhe oder geht es mehr um Menschliches, indem Sie die Person hinter der/m Kolleg*in Wissenschaftler*in hervorholen? Wollen Sie die Sinnhaftigkeit von Interdisziplinarität aufzeigen und grundsätzlich die Verbindungen zwischen Ihrem Fach und Expert*innen aus anderen Forschungsfeldern besprechen? Sollen in Ihrem Podcast auch Nicht-Wissenschaftler*innen zur Sprache kommen und wenn ja, welche Auswahlkriterien wären da ratsam?

Wir haben uns auch tatsächlich im Podcast zum Ziel gesetzt, es nicht „normal" zu machen, denn dann hätten wir ausschließlich Männer als Gäste gehabt. Wir geben uns Mühe und müssen dezidiert darauf Einfluss nehmen, damit wir die Hälfte unsere Gäste Frauen haben.

Wir haben dadurch klar gemacht: 1. Es gibt auch Frauen in der Mathematik und 2. merkt man, was die für einen Spaß haben. 3. Es gibt das Bild, das man schon als junger Mensch stromlinienförmig auf sein Ziel zugehen soll. Man muss schon in der Schule in Mathematik gute Noten haben, und man muss schon immer wissen, dass man unbedingt Mathematik machen will. Die Menschen, mit denen ich spreche, haben nie so eine Biografie.

Die ganzen Zufälligkeiten sind das ganze Normale, und in dem Podcast wollen wir das durch unsere Gäste auch zeigen. Gerade bei Frauen ist es oft so, dass man sein eigenes Leben ein bisschen unterbewertet und sich nicht gleich traut es auszuprobieren. Da passt dazu, dass man auch ein bisschen später erst mit Mathematik anfängt. (Gudrun Thäter, KIT Karlsruhe)

- Suchen Sie nach einer stimmigen Signation. Stimmig mit Ihrem Fach, Ihrer Persönlichkeit, aber vor allem natürlich auch mit Ihren Themen und Ihrem Konzept. Wilder Trommelwirbel für Intro und Outro Ihres Podcasts, der auf soziale Kompetenz in der Wissenschaft ausgerichtet ist, passen zumindest im ersten Reflex vielleicht nicht unbedingt.
- Und dann sollten Sie sich unbedingt im Klaren sein, wen Sie für die ersten fünf Folgen Ihres Podcasts einladen wollen. Sehr oft klingt ein Konzept großartig, bis zu jenem Moment, wo man es in die Praxis umsetzt. Weil man erst dann draufkommt, wie schwierig, aufwendig oder geradezu mühsam seine Umsetzung ist.

Fragen Sie nach

In Ihrem Podcast sind Sie Gesprächspartner*in und Moderator*in in einem. Deshalb will ich Sie mit einigen Erfahrungen professioneller Moderation vertraut machen.

Immerhin bemerken Zuhörer*innen den Unterschied zwischen den Profis und den Amateur*innen sehr schnell: primär daran, ob Sie bei einer Antwort, die einer Nachfrage bedarf, einfach weiter im Skript machen oder nicht.

Die Antworten, die Ihnen Ihre Interviewpartner*innen geben, können aus unterschiedlichen Gründen für die Zuhörer*innen unbefriedigend sein: (a) weil sie nicht auf Ihre Frage eingehen – absichtlich oder unabsichtlich, Abschn. 6.1.2, (b) weil sie zu oberflächlich oder abstrakt formuliert sind und ohne ergänzendes Beispiel kaum jemand wirklich versteht, was gemeint ist, oder c) weil sie eine unerwartete Formulierung verwenden, hinter der eine interessante Erklärung stecken könnte.

Bitte fühlen Sie in die Echtsituation hinein: Bei jedem dieser drei klassischen Momente hätten Sie als Zuhörer*in gern mehr gewusst. Sie hätten gern, wären Sie selbst im Gespräch dabei, innegehalten und nachgehakt. Nicht nur aus Gründen der besseren Verständlichkeit, sondern auch aus Höflichkeit. Denn wenn Sie nicht reagieren, wenn Ihr/e Gesprächspartner*in zu Hinterfragendes von sich gibt, dann ist es Ihnen entweder egal oder Sie haben selbst nicht aufgepasst. Beides sind Anmutungen, die Ihre Podcast-Zuhörer*innen von Ihnen als Moderator*in nicht haben sollen. In dieser Rolle agieren Sie mindestens genauso im Interesse der Zuhörer*innen wie in Ihrem eigenen.

Sprachlich lässt sich das gut bewerkstelligen. Hier ein paar Möglichkeiten als Anregungen für Sie:

a. „Das war jetzt nicht ganz die Antwort auf meine Frage. Ich frage von einer anderen Seite."
b. „Das klingt sehr interessant. Hätten Sie ein konkretes Beispiel für uns?"
c. „Sie sagen „xyz". Was meinen Sie denn genau damit?"
d. „Da habe ich jetzt einen Ausdruck gehört, den ich an dieser Stelle interessant finde. Was wollen Sie damit sagen?"

Sie brauchen keine Sorge zu haben, dass Sie damit Ihren Podcast zur Plattform für investigative Interviews einer/s Politik- oder Wirtschaftsredakteurs/in umfunktionieren. Der Ton macht hier die Musik! Derartige Nachfragen freundlich ausgesprochen – und jede/r Ihrer Gesprächspartner*in wird über Ihre Aufmerksamkeit begeistert sein.

7.1.2 Struktur

Beim Podcast kann die aus drei Abschnitten (Tab. 7.1) bestehende Struktur eine doppelte Bedeutung haben: Unbedingt geht es um die attraktive Gliederung des Gesprächsverlaufs, denn das ist als Moderator*in Ihre Aufgabe. Wenn Sie ansonsten eher zurückhaltend agieren und sich mehr als Gesprächssteuerfrau/-mann denn als gleichwertige Gesprächs-

Tab. 7.1 Struktur für einen Podcast

Abschnitt 1	Aktuelles zum Thema – Botschaft 1	Mir/meinem Team/ meinem Fach geht es mit dem Thema xyz.	Hier bringen Sie einen aktuellen Bezug zwischen sich/Ihrem Team/ Ihrem Fach und dem Thema des heutigen Podcasts (dhP).
Abschnitt 2	Hintergrund zum Thema – Botschaft 2	Auch ich/wir/mein Fach hatten schon mit dem Thema (dhP) Berührungspunkte.	Hier schildern Sie, wo, wie und in welcher Qualität Sie/Ihr Team/Ihr Fach in der Vergangenheit mit den Entwicklungen des Themas (dhP) zu tun hatten.
Abschnitt 3	Nächste Schritte zum Thema – Botschaft 3	Wir planen xyz.	Hier bringen Sie ein, was Sie/Ihr Team in Ihrem Fach zum Thema (dhP) vorhaben. Damit schließt sich der Kreis.

partner*in verstehen wollen, dann haben Ihre eigenen Botschaften – Einschätzungen, Meinungen, Appelle etc. – im Podcast selbst nichts verloren. Sieht Ihr Podcastkonzept aber einen Dialog auf Augenhöhe vor, dann haben Sie zwar noch immer den Steuerknüppel in der Hand, befinden sich aber eigentlich in einer bilateralen Diskussion und kommen um die vorherige Überlegung eigener Botschaften gar nicht herum. Ich empfehle Ihnen für beide Situationen folgenden Klassiker:

7.1.3 Praktische Durchführung

> Vor der Aufnahme bin ich immer ein bisschen aufgeregt. Sobald das Gespräch läuft, geht das aber immer schnell vorbei. Ich rufe mich nur immer ein bisschen zur Ordnung, dass meine Fragen gegenüber Studierenden nicht wie in der Prüfung klingen. (Gudrun Thäter; KIT Karlsruhe)

Räuspern Sie sich ordentlich, bevor Sie starten, und haben Sie ein Glas Wasser vor sich stehen. Manche schwören darauf, eine halbe Stunde vor Beginn einen Apfel zu essen – der wäre gut für die Stimmbänder.

Unmittelbar nach der Signation begrüßen Sie Ihre Zuhörer*innen und kommen sehr rasch auf das Thema der heutigen Podcasts. Stellen Sie Ihre/n Gesprächspartner*in vor und bringen Sie Ihre Vorfreude auf den bevorstehenden Dialog zum Ausdruck (Abschn. 2.1.1, Einen starken Anfang hinlegen). Jedenfalls beim allerersten Mal und wenn Sie wollen, alle vier, fünf Ausgaben wieder, sagen Sie auch in zwei Sätzen, was Sie mit Ihrem Podcast wollen und warum es ihn gibt. Es lohnt sich immer, den jeweiligen Rezipient*innen schon in der ersten Minute die Bestätigung zu liefern: Ja, es zahlt sich aus, dass Sie eingeschalten haben.

Abschnitt 1: Aktuelles zum Thema
Sie starten mit Ihren Fragen im Hier und Jetzt. Das ist wichtig, weil alle Zuhörer*innen mit dem Gegenwartsbezug am meisten anfangen können und emotional am besten ab-

geholt werden. Jede/r will als erstes wissen, wie der Status quo ist. Insofern sind die ersten zwei, drei Fragen auf Ihre Liste entscheidend für einen spröden oder spritzigen Einstieg. Als gute erste Fragen bieten sich persönliche Fragen an („Wie ist Ihre aktuelle Situation?"), oder News-orientierte Fragen („Geben Sie uns doch ein Update – was ist der letzte Stand der Dinge?"), oder meinungsprovozierende Fragen („Was ist Ihre Meinung dazu? Finden Sie das gut oder schlecht?") oder Fragen, die in die nahe Zukunft gehen („Sie haben nächste Woche xyz vor. Erzählen Sie davon. Was wird da passieren?")

Achten Sie darauf, dass Sie eine gute Mischung aus offenen und geschlossenen Fragen haben, damit zumindest theoretisch klare Stellungnahmen genauso wie ausholende Einblicke in das Erleben und Denken Ihrer/s Gesprächspartners/in möglich sind. Wichtig: markieren Sie sich ab jetzt bereits in Ihren Notizen, was Sie für besonders wesentlich halten. Diese Markierungen helfen Ihnen dann für die Schluss-Sequenz, wenn Sie einen Abriss der wichtigsten Botschaften und Fakten geben.

Nach einem guten Drittel der Gesprächszeit ist es angebracht, ans Fortführen in den zweiten Abschnitt zu denken – vor allem, wenn Sie den Eindruck haben, dass Ihre Zuhörer*innen sich bereits ein gutes Bild vom Status quo zum Podcast-Thema machen konnten. Bitte geben Sie eine kleine Zusammenfassung des Bisherigen – das hilft für einen besseren Überblick. Und machen Sie weiter.

Abschnitt 2: Hintergrund zum Thema
Dieser Abschnitt ist meiner Erfahrung nach der herausforderndste. Denn nach dem Abklären der aktuellen Situation und vor dem Besprechen von potenziellen Konsequenzen und Follow ups könnten Sie sich nun verlieren, gemeinsam mit Ihrer/m Gesprächspartner*in vom Hundertsten ins Tausendste kommen und den Fokus völlig liegenlassen. Einige Podcaster*innen neigen auch an dieser Stelle dazu, deutlich mehr und deutlich lockerer zu sprechen als zu Beginn. Kein Wunder: Sie sind aufgewärmt, der erste Abschnitt des Podcasts ist gut verlaufen – da fallen schon einmal rhetorische Hemmschwellen, zeitlich wie sprachlich. Ich empfehle Ihnen auch hier, nach einem Plan vorzugehen und nicht zu glauben, mit einer sehr allgemeinen Frage wie „Wie kam es eigentlich dazu?" wäre Ihre Vorbereitung für den mittleren Abschnitt schon abgeschlossen.

Um den Hintergrund eines Themas gut zu besprechen, haben sich diese Fragenkomplexe als hilfreich etabliert:

a. Die historische Entwicklung: Wer hat wann was wie wo und warum gemacht?
b. Einzelne Akteur*innen oder Protagonist*innen: Welche Rolle hat wer gespielt und wie bedeutsam war das?
c. Nationaler Kontext: War/ist das speziell für/bei uns?
d. Internationaler Kontext: Wie sieht es in anderen Ländern aus?
e. Öffentliche Meinung: Wie war die Bevölkerung betroffen?
f. Hypothesen in die Vergangenheit: Was wäre gewesen, wenn?
g. Analyse: Wie groß sind die Chancen bzw. Risiken?
h. Persönliches: Wo haben Sie besonders gute bzw. schlechte Erfahrungen gemacht?

i. Gefühle: Macht Sie das froh/traurig? Was macht das mit Ihnen?
j. Hypothesen in die Zukunft: Was würde/müsste passieren, dass?
k. Erfolgsrezepte: Worauf kommt es an?
l. Kontrast: Was sagen Sie zu dieser Entwicklung bzw. Meinung, die völlig anders ist als Ihre?
m. Netzwerke: Sind Sie in Kontakt mit?
n. Exzellenz: Wie würden Sie die spezielle Qualität bei Ihnen beschreiben?
o. Kommunikation: Was kommt gut an? Wie vermitteln Sie das?

In diesem Abschnitt – beide Gesprächspartner*innen, Sie und die/der andere sind schon aufgewärmt – können Sie auch bildhafter werden. Sie sehen doch etwas, was Zuhörer*innen verwehrt ist, aber den Kommunikationsprozess mitbestimmt: wenn Ihr Gesprächspartner*in lächelt, oder die Stirn runzelt oder eine beschreibende Geste macht. Das zu adressieren, hat viel Charme. Wenn Sie hier unsicher sind, ob und wie Sie das tun können, dann schalten Sie doch einmal bei Ihrem Fernseher während eines Spielfilms den Modus für Blinde und Sehbehinderte ein und schließen gleichzeitig die Augen. Sie werden erstaunt sein, wie plastisch die ganze Handlung auf einmal für Sie wird. Im Podcast braucht es davon deutlich weniger, aber ganz darauf zu verzichten, sollten Sie nie. Das macht Ihren Podcast lebendiger und führt die Rezipient*innen näher zu Ihnen.

▶ Achten Sie auf die Zeit: 25 % des vereinbarten Rahmens sollten Sie auf jeden Fall noch für den letzten Abschnitt, in dem es um Konsequenzen und Follow ups geht, reservieren.

Abschnitt 3: Nächste Schritte zum Thema
Jetzt ist die Stunde der Wahrheit gekommen. Nach einem guten Gespräch bleibt zu klären: Und wie geht es jetzt weiter? Denn sonst bleibt die gemeinsame Auseinandersetzung immer auf einer theoretischen Ebene. Das ist nicht grundsätzlich schlecht, aber dadurch wird Ihr Podcast statischer, starrer und unbeweglicher, als es Ihnen vielleicht manchmal lieb ist.

Klären Sie, wie zukünftige Entwicklungen zum Podcast-Thema konkret vorstellbar sind. Und orientieren Sie sich wieder an den 5Ws: was könnte wer wann wie und wo denn tun?

Ganz am Schluss, wir befinden uns eine gute Minute vor dem Ende, adressieren Sie Ihren Gast ein letztes Mal: „Liebe/r Herr/Frau xxx. Wir sind am Ende dieses Podcasts" oder „Wir haben nun fast eine Stunde gesprochen, Zeit zum Schluss zu kommen." Oder „Schon lange nicht mehr habe ich so intensiv über xyz gesprochen. Vielen, vielen Dank. Lassen Sie mich ein Resümee ziehen."

Ich empfehle für den Schluss noch einmal eine eigene dreiteilige Struktur:
Zum **einen** ist jetzt der Moment, die wichtigsten Erkenntnisse aus dem jeweiligen Podcast zusammenfassen. Greifen Sie jetzt auf die Markierungen zurück, die Sie sich dafür

schon während des Gesprächs gemacht haben. Stressen Sie sich nicht zu sehr. Es ist Ihre subjektive Entscheidung, was für Sie die wichtigsten Erkenntnisse waren. Derer sollten es nun wieder nicht mehr als drei sein, sonst wird es unübersichtlich. Fünf oder sieben wichtigste Erkenntnisse gibt es nicht.

Zum **zweiten** bedanken Sie sich bitte nach allen Regeln der Kunst:

- bei Ihrer/m Gesprächspartner*in,
- bei allen die eventuell im Hintergrund mitgeholfen haben, dass dieser Podcast entstanden ist. Das könnten Mitglieder Ihres Teams sein, die Ihnen bei der Produktion unter die Arme gegriffen haben.
- bei allen, die sich für Ihren Podcast interessieren und wieder zugehört haben.

Für diese Leute im speziellen erfolgt nun der **dritte** Punkt Ihres Podcast-Schlusses: Sie führen an, in welcher Form mit Ihnen Kontakt aufgenommen werden soll oder kann und laden dazu ein, davon Gebrauch zu machen. Zu guter Letzt kündigen Sie den nächsten Podcast an, wenn Sie schon wissen, mindestens wann und eventuell vielleicht sogar auch zu welchem Thema er stattfindet. Wenn nicht, dann machen Sie bitte darauf aufmerksam, wie Ihre Zuhörer*innen sich über die nächste Ausgabe informieren können.

Ich genieße insbesondere Podcasts. (Martin Korte, TU Braunschweig)

Checklist Podcast

Einen starken Anfang hinlegen	Gleich nach der Singnation neugierig machen: durch das Thema, den Anlass, die/der Gesprächspartner*in oder sonst eine Ungewöhnlichkeit.Nach Zielgruppe kontextualisieren: Welche Antwort ist de facto aus Sicht der Zuhörer*innen unbefriedigend = Wo muss ich nachfragen?
Nächste Schritte	Kontaktmöglichkeiten für Fragesteller oder Interessierte anbieten, Werbung für den kommenden Podcast machen.
Fokussieren	Das aktuelle Thema ist wichtig. Hintergrund zum aktuellen Thema (Methoden, Irrtümer, Proponenten). So könnte/sollte/müsste Weiterentwicklung für das aktuelle Thema aussehen.
Einfach formulieren	Ja! Orientieren Sie sich an Studierenden des 1. Semesters.
In und mit Bildern sprechen	Über Metaphern, Analogien und Beispiele, Gestik/Mimik der/s Gesprächspartners/in beschreiben.
Kleine Portionen	Bis zu einer Stunde.
Interaktion	Ja! Dialog mit der/m Gesprächspartner*in.
Technologie	Mikrofon.
Die Besonderheiten beachten	Planen Sie „Plaudern". Fragen Sie nach.

7.2 Webvideo

> Wahnsinnig begeistert bin ich nicht, aber ich habe gemerkt, dass es auf YouTube liegt. Mir haben ganz viele Leute gesagt, sie haben mich gesehen. Bis hin zu meiner Familie. Sie können sich jetzt eher vorstellen, was ich tue. (Jakob Steiner, Universität Utrecht)

Noch nie war es so einfach, und auch so kostengünstig, zu filmen. Spätestens seit der Einführung des Smartphones sind wir alle, wenn wir das wollen, unsere eigenen Drehbuchautor*innen und Regisseur*innen – zunächst rein für private Zwecke und dann immer öfter als verlängerter Arm der klassischen Medien. Die gesamte professionelle Zeitungs-, Radio- und Fernsehlandschaft hat sich an diese Entwicklungen anpassen müssen, hat zur Kenntnis nehmen müssen, dass Private vor Ort schneller ein Video produzieren können als das eigene Kamerateam, das erst losgeschickt werden muss. Und es hat nicht lang gedauert, da hat fast jede/r unter uns begonnen, diese selbstgefilmten Videos auch beruflich zu verwenden. Warum? Weil wir erkannt haben, dass wir in der Regel über das bewegte Bild schneller und eindringlicher auf uns und unsere Themen aufmerksam machen können als über den Text, den Ton und Standbild. Zugegeben: Derart selbstproduzierte Videos haben aufgrund ihrer überschaubaren Länge von meist ein bis zwei oder drei Minuten nicht die Möglichkeit, substanziell in die Tiefe zu gehen. Aber als Flashlight auf Sie und Ihre Forschung ist das Video nun einmal ein ganz hervorragendes Medium. Vor allem junge Menschen sind videoaffin – eine Zielgruppe, der Sie vielleicht selbst angehören, wenn Sie noch nicht weit über die 30 sind, oder der Sie zumindest erhöhte Aufmerksamkeit widmen wollen. Dort finden Sie zukünftige Studierende für Ihr Fach.

> Twitter ist nichts für mich, aber ich habe einen Instagram-Account eingerichtet. Da habe ich ca. 2.500 Follower, und weil mein Markenzeichen mein Hund ist, heißt der Account letsdogabout.Science. Wenn ich meine Hunderunden gehe, treffe ich immer wieder Wissenschaftler*innen mit denen ich kurz ins Gespräch komme. Mit einigen mache ich dann einmonatige Videos, in denen sie Uwe i Fraggen beantworten müssen. Mein Account hat eine ganz spezielle Zielgruppe, hauptsächlich junge Menschen zwischen 20 und 34 oder im Kern zwischen 23 und 28. (Helmut Jungwirth, Universität Graz)
>
> Am Anfang war´s schwer, WissenschaftlerInnen zu finden, die sich in einer Minute erklären können und die bereit sind, auf Instagram vorzukommen. Mittlerweile ist das gar kein Problem mehr. Mittlerweile kommen Kolleg*innen von selbst, wenn sie eine Veröffentlichung oder ein neues Projekt haben, und dann machen wir ein Video. Ich drehe die Videos mit meinem Handy allein, lasse aber die Untertitel setzen, damit es für alle zugänglich ist. (Helmut Jungwirth, Universität Graz)

Aufgrund der mannigfachen Möglichkeiten, die selbst gemachte Videos für Sie als Wissenschaftler*in bieten, empfehle ich Ihnen, sich zumindest mit den Basics dieses Kommunikationsinstruments vertraut zu machen. Für aufwendigere Imagevideos oder Dokumentationsvideos von Ihren Forschungen sollten Sie sich unbedingt in Zusammenarbeit mit Ihren Kolleg*innen von der PR-Abteilung an Profis wenden.

Der Hauptunterschied zwischen den einzelnen Formaten liegt in der unterschiedlichen Länge. Bei der chinesischen App Tiktok, die vor allem Teenager anspricht, darf das Video maximal 60 Sekunden dauern. Bei einem Video für die zu Facebook gehörende App Instagram können Sie zwischen 15 Sekunden und neuerdings einer Stunde variieren. Die Zielgruppe von Instagram sind die 20–35-Jährigen.

Ein Videoblog bewegt sich in der Regel zwischen zwei und vier Minuten und ist auf Plattformen wie LinkedIn oder XING ein gutes Mittel der Selbstdarstellung unter Berufstätigen, ein Science Video kommt selten unter drei Minuten weg, kann aber auch zehn Minuten dauern, alles darüber hinaus wird für die/den Betrachter*in oft mühsam. Was alle miteinander verbindet: über YouTube sind die meisten Videos zugänglich und können von dort wiederum auf andere Plattformen weiterdistribuiert werden.

> In der Meeresforschung ist es erstaunlich, wie schnell und aktiv unsere Doktorandinnen unterwegs sind mit Twitter, Tiktok oder Instagram, die gehen in die Kneipen Zum Science Slam, machen Infostände etc. Viele haben dringlich das Gefühl, alles Wissen muß raus. Dort können wir Ältere lernen. Ich mache nichts auf Twitter oder Instagram, weil ich einfach nicht die Zeit und Energie habe, mich darauf einzulassen, aber ich verstehe, welche Möglichkeiten dies gibt. Mir ist es zu aufwendig, und ich möchte diesen zusätzlichen Druck nicht und auch nicht überall erreichbar sein. (Antje Boetius, AWI Bremerhaven)
>
> Ich habe kein Problem mit einem einzelnen Format, es kommt immer darauf an, wie es gemacht wird. Meine 15-jährige Tochter erreiche ich nicht übers Mittagsjournal, sondern über einen Instagram-Account der ZIB. (Niki Popper, TU Wien)

Sie entscheiden, welche Zielgruppe Sie erreichen wollen und welche Art des Webvideos Ihnen dafür am ehesten geeignet erscheint. Ich konzentriere mich auf den folgenden Seiten auf jene Videos, die für junge Wissenschafter*innen im Alltag am wichtigsten sind: Videos für Instagram.

> Die Bedeutung von Instagram für junge Wissenschaftlerinnen und Wissenschaftler wird zunehmend größer. In Deutschland ist Instagram mehr als Twitter verbreitet. Zusätzlich ist man dort nicht so stark in seiner Filterblase unterwegs. Ich erreiche über Instagram viel mehr unterschiedliche Leute als über Twitter. (Tobias Brügmann, Thünen-Institut, Großhansdorf)

7.2.1 Besonderheiten

Bringen Sie sich ins Bild

> Naturwissenschaftler tun sich leichter, weil das anschaulicher ist, worüber sie sprechen, weil ihre Themen im Alltag wichtiger sind. Ein Germanist, der etwas in alten Dokumenten gefunden hat, hat es schwerer. (Günther Mayr, ORF Wissenschaft)

Eines ist klar: Im Video einer/s Wissenschaftlers/in muss man die/den Wissenschaftler*in sehen! Ein Video ohne Ihr Gesicht ist im Sinne der Wissenschaftskommunikation unbrauchbar. Sie sollen Vertrauen aufbauen und um Interesse für Ihre Forschung und Sympathie für sich werben. Reicht dafür nicht auch Ihre Stimme so wie beim Podcast? Nein, denn während beim Podcast gar kein Bild möglich ist, lebt das Video von der Optik, und es wäre richtig befremdlich, würden Sie sich nicht auch zeigen.

Sie als Person haben in derart selbstproduzierten Videos vier Möglichkeiten, sich rhetorisch bemerkbar zu machen:

- Im Close-up, wenn Sie sich direkt an die Zuseher*innen wenden. Das kann zur Begrüßung bzw. Verabschiedung sein. Das passt aber auch, wenn Sie Ihr Publikum einladen, aktiv zu werden: innerhalb des Videos etwas zu tun oder nach Konsumation des Videos eine Initiative zu setzen.
- Als Quelle von Informationen. Wenn Sie Fakten aus Ihrer Forschung präsentieren, einen Überblick über die Fortschritte in Ihrem Projekt geben oder anhand von Grafiken oder Simulationen etwas erklären.
- Wenn Sie zeigen und beschreiben, was Sie tun: durch den Wald streifend, wenn Sie Käferforscher*in sind, Betonpfeiler begutachtend, wenn Sie Materialforscher*in sind, durch ein Mikroskop schauend, wenn Sie Patholog*in sind, auf ein Hügelgrab stapfend, wenn Sie Archäolog*in sind.
- Als Stimme aus dem Off, die über Filmmaterial spricht.

Kommunikationstechnisch empfehle ich für Ihre Vorbereitung sich im Vorfeld in groben Zügen zu notieren, was Sie jedenfalls sagen wollen. Instagram-Videos haben nicht den Anspruch von Perfektion wie jene Kurzfilme, die Sie für Ihren Imageauftritt haben wollen. User mögen sogar sichtlich selbst gestrickte Videos ebenso gern wie professionell gemachte. Trotzdem sollten Sie nicht nur einfach drauf los schwadronieren, das wäre doch an Authentizität zu viel.

Was zum Videoaufnehmen dazugehört, ist sich selbst anzusehen und anzuhören, bevor Sie Ihr Video hochladen. Das kann schwierig werden, denn die meisten unter uns finden zumindest anfangs ihre Stimme entsetzlich, oder sind es gewohnt, sich in unterschiedlichen Posen und Momenten sprechen zu sehen. Es ist wie in einer Videoanalyse, nur ohne Coach oder Trainer*in. Ich darf Sie hier beruhigen: Jeder/m geht es so - man gewöhnt sich daran. Und es hilft nichts: Ohne vorher einen Blick auf Ihr Video geworfen zu haben, dürfen Sie einfach Ihre Aufnahmen nicht online stellen.

> Ich sehe die Notwendigkeit für Videos. Es ist mir nicht sehr angenehm, mich selbst zu hören und zu sehen, aber währenddessen bekomme ich auch Freude daran. Aber einfach ist es nicht. (Gabriele Berg, TU Graz)

Ich empfehle Ihnen diesen konstruktiv kritischen Blick auf die Aufnahmen Ihrer selbst nicht nur, um Ihre jeweilige Instagram bzw. YouTube-Community zufriedenzustellen und möglichst viele Likes zu bekommen. Das ist keine Frage der Eitelkeit, hier geht es einfach um Professionalität. Bedenken Sie bitte: bei Berufungsverfahren gehört es zu den Aufgaben einer Kommission, sich über Sie und Ihr Wirken in den Medien einen Überblick zu verschaffen. In jedem professionell agierenden Unternehmen werden Kandidat*innen im Vorfeld gecheckt, wo und wie sie in Internetforen aktiv sind und/oder ob sie in publizierten Videos bzw. Textbeiträgen in einer Art aufgefallen sind, die die eigentliche Bewerbung konterkariert. Gehen Sie besser davon aus, dass das auch in der Scientific Community der Fall ist und damit Ihre Instagram-Videos im Guten wie im weniger Guten Thema bei einer Kommissionsbesprechung sein könnten.

> Eine Berufungskommission muss juristisch absolut korrekt und transparent arbeiten, was aber nicht heißt, dass sie nicht alle legal zur Verfügung stehenden Informationen hernehmen soll. (Manfred Curbach, TU Dresden)

Setzen Sie bewusst auf Dialog in Alltagssprache
In puncto Glaubwürdigkeit und Vertrauen sind junge YouTuber*innen mittlerweile älteren Expert*innen, die im Fernsehen Interviews geben, ebenbürtig (Reif et al. 2020). Das bedeutet: Auch wenn Wissenschaftler*innen ab 40 kraft ihrer längeren Berufserfahrung eine höhere fachliche Expertise zugesprochen wird, punkten YouTuber*innen mit sozialer Kompetenz und emotionaler Nähe. Sprachlich können Sie sich dem so nähern:

- Sprechen Sie so, als ob Sie Freund*innen oder gute Bekannte vor sich hätten. So locker und normal in Ihrer Ausdrucksweise, als ob man Sie irgendwo in einem Lokal oder bei einer Einladung in privater Runde treffen würde. Deshalb sind auch die meisten dieser Webvideos im „Du" bzw. „Ihr" gehalten – für die eher junge Instagram-Zielgruppe ist das ganz normal. Die Zeiten, wo sich 20-Jährige auf Partys noch gesiezt haben, sind schon lange vorbei. Das förmliche „Sie" wäre daher richtiggehend irritierend. Wenn Sie das komisch finden und trotzdem Webvideos machen wollen, überwinden Sie sich bitte. Für Anfänger*innen: Der Plural – „Euch" und „Ihr" – geht leichter über die Lippen als der Singular „Dir" und „Du".
- Adressieren Sie Ihr virtuelles Publikum direkt. Im Webvideo sprechen Sie so, dass sich Ihr nichtsichtbares Gegenüber als Ihr/e tatsächliche/r Gesprächspartner*in fühlen kann. Ihr Webvideo soll daher ein Dialog von A bis Z sein. Sprachlich gelingt ein Dialog besonders gut über alle Sätze, die keinen Punkt am Ende aufweisen. Auf Sätze mit Punkt am Ende – Aussagesätze – kann man reagieren oder auch nicht. Sätze hingegen mit einem Fragezeichen sind per se dialogsuchend, denn es braucht jemanden, der auf der anderen Seite Resonanz zeigt: gedanklich oder durch tatsächliche Antworten. Dialogsuchend würde ich auch Sätze mit einem Rufzeichen am Ende bezeichnen – auch Aufforderungen führen zu Reaktionen oder zumindest zu erhöhter Aufmerksamkeit. Appelle oder Sätze, die mit „Stellt Euch vor,….." beginnen, sind gute Mittel zum Zweck.
- Erlauben Sie sich, im Webvideo Emotionen zu zeigen, so wie es in einem analogen Dialog vermutlich auch der Fall wäre. Sie sollen daher schmunzeln, lachen und schwärmen – einfach zum Ausdruck bringen, was Sie toll finden und was Ihnen Spaß macht. Wenn es inhaltlich passt, dann sind aber auch andere persönliche Befindlichkeiten erlaubt: zu sagen, was Sie ärgert, was Sie demotiviert, was nicht Ihr Ding ist. Für junge

Leute ist das selten ein Problem, weil sie den Umgang mit social Media und seiner expressionistischen Kommunikation gewohnt sind. Ältere Semester tun sich da manchmal schwer, aber ich versichere Ihnen, auch aus eigener Erfahrung: alles nur eine Frage der Routine.

▶ Manche entdecken und entwickeln bei diesen Videos irgendwann einmal sogar nie gekanntes eigenes kreatives Potenzial.

> Die Themensuche gelingt mir selten am Schreibtisch, ich muss auch mal rausgehen in den Wald oder mich mit anderen austauschen. Interessanterweise kommen mir die meisten Ideen beim Sport. Dann hole ich das Handy raus und notiere mir diese Ideen. Das bedeutet allerdings oft, dass ich dann doch weniger zum Sport komme. (Tobias Brügmann, Thünen-Institut, Großhansdorf)

7.2.2 Struktur

Auch ein Webvideo braucht inhaltliche Struktur. Denn gerade hier ist die Gefahr, vor lauter Freude an lustigen visuellen Ideen keine Gesamtaussage mehr zustande zu bringen. Oder reicht es Ihnen, als Gag-Produzent*in, von deren/dessen Beitrag man sich aber inhaltlich an nichts Konkretes erinnern kann, in die Geschichte einzugehen? Einfach eine Pointe neben die andere zu stellen, ist meiner Meinung nach zu wenig.

Wie immer unterscheidet Ihre Zielsetzung die Art der drei Botschaften. Je nachdem, wie Sie erzählen oder aufrütteln wollen, formulieren Sie mehr oder weniger dramatisch. Die Struktur unterscheidet sich aber in nichts von jenen anderer Settings: Ist-Situation, Vergangenheit, Zukunft (Tab. 7.2).

7.2.3 Praktische Durchführung

> Man muss sich mit dem technischen Knowhow ausstatten – man sollte wissen, wie das Medium funktioniert.
> Interaktion mit dem Publikum ist wichtig, egal wie.
> Man sollte eine gewisse persönliche Begeisterung ausstrahlen. Ich persönlich finde Videos viel ansprechender, wenn man die Begeisterung des Wissenschaftlers spürt. (Tobias Brügmann, Thünen-Institut, Großhansdorf)

Tab. 7.2 Struktur für ein Webvideo

Botschaft 1	In meinem Forschungsbereich ist aktuell xyz los.	Hier stellen Sie aktuelle Ergebnisse aus Ihrer Forschung vor.
Botschaft 2	So kommen die Ergebnisse zustande.	Hier kontextualisieren Sie.
Botschaft 3	So geht es weiter!	An dieser Stelle geben Sie Einblick in das, was in weiterer Folge geschieht oder geschehen soll.

Sie brauchen auf jeden Fall einen starken Anfang. Angesichts der Flut an Videos müssen Sie die/den Zuseher*in besonders schnell auf Ihre Seite ziehen. Zum Vergleich: Die/der Podcast-Hörer*in ist sowieso auf ein längeres Format eingestellt, im Schnitt älter und insofern geduldiger. Auch sie/er braucht in der ersten Minute das gute Gefühl, es würde sich lohnen weiterzuhören, doch die/der typische Webvideo-Konsument*in rechnet bereits mit einem kurzen Format, ist jünger und damit weit ungeduldiger. Das Animo eines eindrucksvollen Beginns ist hier viel notwendiger.

> Wenn man die Leute nicht innerhalb der ersten Sekunden erreicht, dann schauen sie nicht weiter. Wenn man sie bis zu einer Minute erreicht, gucken sie in der Regel weiter, egal wie lang das Video dann dauert. (Tobias Brügmann, Thünen-Institut, Großhansdorf)

Ein starker Anfang kann wie bei jedem guten Vortrag über eine Vielzahl an Varianten erfolgen. Beim Video haben Sie allerdings viel mehr technische Möglichkeiten bei gleichzeitiger Anforderung, kürzer und eindringlicher zu sein. So überwinden Sie die virtuelle Distanz: Videos, Musik, Geräusche, Animationen, ein Close-Up mit Ihnen – schreiender in Farbe, Ton und Darstellung oder dezenter, je nach Anlass und Intention.

Botschaft 1 In meinem Forschungsbereich ist aktuell xyz los
Nachdem alles andere als eine trockene Darstellung der Materie hilfreich ist, überlegen Sie sich doch bitte, wie Sie den Newsteil Ihres Webvideos grundsätzlich behandeln wollen. Sie entscheiden am Ende des Tages, was einerseits zu Ihnen am besten passt, und andererseits Ihre strategischen Ziele, die Sie mit diesem Video verfolgen, unterstützt. Außerdem sollte die technische Ausführung in einem überschaubaren Maß bleiben – immerhin machen Sie das alles ja zusätzlich zu Ihren sonstigen Aufgaben. Wenn Sie regelmäßige Webvideos produzieren, könnten Sie sich auch einen Wiedererkennungseffekt überlegen.

Ich stelle Ihnen aus der unerschöpflichen Fülle an Möglichkeiten nur fünf gängige Wege vor:

Erstens könnten Sie das Abfragen von Fakten zu Ihrem Forschungsschwerpunkt zu Ihrem Motto machen: mit interaktiven Modulen wie Abstimmungen oder Meinungsumfragen. Dann hat Ihr Webvideo eine Art Quiz- oder Rätselrallye-Funktion.

> Mein Video ist mit vielen interaktiven Tools bestückt: Man konnte Fragen beantworten oder bei Abstimmungen mitmachen. Außerdem habe ich eine ganze Reihe an grafischen Tools verwendet. Das alles macht eine Instagram-Story kurzweilig. (Tobias Brügmann, Thünen-Institut, Großhansdorf)

Oder Sie arbeiten mit dem Faktor Prominenz und docken Ihr Forschungsthema bei aus Funk und Fernsehen bekannten Bildern/Filmen/Personen an.

Oder Sie selbst leiten in kleinsten Happen durch das Video und zeigen, wie innerhalb jederfraus/jedermanns Wohnung – von Raum zu Raum – Ihre Forschungsergebnisse relevant sein können.

Oder Sie verwenden Nahrungsmittel und Getränke als Metaphern. Essen und Trinken haben einfach hervorragende Eigenschaften für derlei Präsentationsformate:

a. Sie sind allen Menschen aus guten Gründen emotional besonders nah.
b. Sie bedürfen keiner großartigen Erklärung.
c. Sie sind plastisch vor aller geistigen Augen greifbar.
d. Wenn Sie konkrete Bilder verwenden wollen – zweidimensional oder dreidimensional – dann ist das mit Essen eine einfache, machbare und kostengünstige Angelegenheit.

Oder Sie erzählen Ihren Beitrag je nach Thema aus der Sicht eines Tieres, eines Kindes, eines Organs oder eines anderen involvierten Bestandteils.

> Ich finde nicht, dass es von der Aufmachung her etwas gibt, was Wissenschaftler grundsätzlich nicht tun sollen. Für ein YouTube-Video habe ich selbst einmal eine Vokuhila-Perücke, Goldkette und Lederjacke getragen: Da war ich auf einer Zeitreise in die 80er-Jahre mit dem Ziel, eine alte Technik darzustellen und dann mit einer neuen Technologie zu vergleichen. Wenn man souverän ist und dazu steht, dann finde ich das gut. Und ein bisschen Selbstironie kann gern dabei sein. (Tobias Brügmann, Thünen-Institut, Großhansdorf)

Botschaft 2 So kommen die Ergebnisse zustande
In diesem mittleren Abschnitt Ihres Webvideos halte ich Hintergrundinformation zu Ihrer wissenschaftlichen Tätigkeit für besonders passend. Denn für davor, wenn Sie Ihre Rezipient*innen einmal für sich gewinnen und an der Stange halten müssen, scheint Ihr Blick auf den Messkolben, Ihr Hantieren mit einer Pinzette, Ihr Schreiben am Computer, Ihr Wandern durch die Auen, Ihr Zerteilen von totem Gewebe oder Ihr Aufschreiben von Formeln an einer Tafel zu wenig aufmerksamkeitserregend. Aber jetzt ist der ideale Zeitpunkt, um hinter die Kulissen blicken zu lassen.

> Es kommt darauf an, was man macht in der Forschung. Es ist schwierig, z. B. bei Mathematik ein YouTube-Video zu machen. Bei uns Umweltingenieuren war es eher einfach, uns zu präsentieren. (Jakob Steiner, Universität Utrecht)

Apropos Kulissen: Dort, wo Ihr Forschungsplatz gleichzeitig eindrucksvolle Bilder hergibt, gelingt ein Video natürlich leichter als bei einem theoretischen Forschungsfach und einem Schreibtisch in einem kleinen Zimmer ohne Fenster. Aber lassen Sie sich hier nicht demotivieren! Zum einen hat jede/r von Ihnen sicher mehrere Schauplätze, die Sie zeigen können, und nicht nur den einen am Schreibtisch.

> Ich habe bewusst mein Video sehr divers gehalten mit Fotos, Videosequenzen, mit großen Laboraufnahmen, mit Kittel im Labor und draußen im Wald. Ich habe da einen guten Mix hingekriegt. (Tobias Brügmann, Thünen-Institut, Großhansdorf)

Und dann ist vieles nur eine Frage des Bildausschnitts. Close-ups von Ihnen sind an dieser Stelle immer eine gute Idee. Kreativ sein können Sie auch: Sie bitten z. B. ein kleines Kind aus der Verwandtschaft um Mitwirkung und lassen es – à la „Dingsda" – erzählen, was Sie machen. Alle finden das putzig, und die Chance auf „going viral" ist groß.

Erst danach zeigen Sie die echten Bilder von sich in Aktion.

Botschaft 3 So geht es weiter!
Einzig hier im letzten Teil des Webvideos empfehle ich immer, Ihre Kreativität ein Stück weit zu drosseln oder zumindest bewusst zu hinterfragen. Denn jetzt geht es entweder um die Ankündigung weiterer Schritte in Ihrem Forschungsprojekt oder Ihrem Fach, um die Einladung an Zuseher*innen, sich in irgendeiner Art zu betätigen, zu beteiligen oder zu engagieren oder um einen Appell an Dritte. Achten Sie bitte einfach darauf, dass dieser wesentliche Teil Ihres Videos bei aller Lustigkeit, Dramatik oder allem technischen Spektakel wieder zu Ihnen als Person zurückführt. Ich möchte Sie in den letzten Sekunden des Videos sehen und Ihre Botschaft hören. Freundlich, engagiert, zuversichtlich, selbstbewusst.

Checklist Webvideo	
Einen starken Anfang hinlegen	Mit Bildern, Musik, Geräuschen, Animationen oder mit Ihnen im Close-up.
Nach Zielgruppe kontextualisieren	Wie kann ich die Zuseher*innen immer wieder. Ins Video reinholen und sie beschäftigen? Emotion!
Nächste Schritte	Sagen und zeigen, was weiter passieren kann oder soll.
Fokussieren	In meinem Forschungsbereich ist aktuell xyz los. So kommen die Ergebnisse zustande. So geht es weiter.
Einfach formulieren	Ja, aber auch Fachausdrücke bringen, um sie erklären zu können.
In und mit Bildern sprechen	Viele unterschiedliche Settings zeigen: Nahaufnahme, Tele, indoor/outdoor, Grafiken.
Kleine Portionen	Tiktok 1 Minute, Instagramm 1–3 Minuten, Vlog: 2–5 Minuten.
Interaktion	Ja!!!! Durch dialogische Kommunikation wie im Alltag und durch viele Mitmach-Aktivitäten.
Technologie	Handy.
Die Besonderheiten beachten	Bringen Sie sich ins Bild Setzen Sie bewusst auf Dialog in Alltagssprache.

Literatur

Beisch, N., Koch, W., & Schäfer, C. (2019). ARD/ZDF-Onlinestudie 2019: Mediale Internetnutzung und Video-on-Demand gewinnen weiter an Bedeutung, In: Media Perspektiven 9/2019.

Quintana, D. S., & Heathers, J. A. J. (2021). How podcasts can benefit scientific communities. *Trends in Cognitive Sciences, 25*(1), 3–5.

Reif, A., Kneisel, T., Schäfer, M., & Taddicken, M. (2020). Why are scientific experts perceived as trustworthy? Emotional assessment within TV and YouTube videos. *Media and Communication, 8*(1), 191–205. https://doi.org/10.17645/mac.v8i1.2536.

Schneiders, P. (2020). What remains in mind? Effectiveness and efficiency of explainers at conveying information. *Media and Communication, 8*(1), 218–231.

Weiterführende Literatur

Boy, B. (2020). Audio-visuelle Wissenschaftskommunikation im Internet: Science Slams in deutschen Wissenschaftsvideos. In P. Niemann, L. Bittner, C. Hauser, & P. Schrögel (Hrsg.), *Science-Slam*. Wiesbaden: Springer VS. https://doi.org/10.1007/978-3-658-28861-7_12.

Korte, M. (2020). The impact of the digital revolution on human brain and behavoir: where do we stand? *Dialogues in Clinical Neuroscience, 22*(2), 101–111. https://doi.org/10.31887/DCNS.2020.22.2.

Newman, E. J., & Schwarz, N. (2018). Good sound, good research: How audio quality influences perceptions of the research and researcher. *Science Communication, 40*, 246–257.

Ophir, E., Nass, C., & Wagner, A. (2009). Cognitive control in media multitaskers. *Proceedings of the National Academy of Sciences of the United States of America, 106*(37), 15583–16687.

Wissenschaft mit Humor präsentiert

Inhaltsverzeichnis

8.1 Fame Labs und Science Slams 196
8.2 Wissenschaftskabarett 200
Literatur 201

> Humor ist ganz was Wichtiges. Das heißt ja nicht, dass man etwas ins Lächerliche zieht. Wir lachen nicht über, sondern mit der Wissenschaft. (Helmut Jungwirth, Universität Graz)

Humor erhöht das Interesse auf Wissenschaft. Das ist keine Behauptung aus dem Nichts heraus, sondern eine Schlussfolgerung aus vielen praktischen Erfahrungen. Das sagen nicht nur Forscher*innen, die regelmäßig an Wettbewerben wie Fame Lab oder Science Slam teilnehmen oder auch jene, die Wissenschaftskabarett machen wie die Science Busters aus Österreich oder Vince Ebert aus Deutschland. Das bestätigen mittlerweile auch aktuelle Forschungsergebnisse: Philipp Nieman und Kolleg*innen vom Nationalen Institut für Wissenschaftskommunikation halten fest: Wissenschaftlicher Inhalt und Humor widersprechen einander nicht (Niemann et al. 2020), lustig gestaltete Forschungsnews auf Twitter erhöhen sogar nachweislich die Willigkeit, sich zu engagieren (Yeo et al. 2020).

Humor ist nicht per definitionem unseriös oder unstatthaft. Im Gegenteil: es erfordert die höchste aller Fähigkeiten, Auditorien auf diese Weise zu erreichen. Das wusste man bereits in der Antike und niemand geringer als Charlie Chaplin sagte 1916 in einem Interview: „Making fun is serious business. It calls for deep study, for concentrated observation. It is the business of a funny man to know what makes people laugh and why it makes them laugh. He must be a psychologist before he can become a successful comedian." Insofern verdienen alle, die Wissenschaft mit Humor kommunizieren, meiner Meinung nach unseren tiefsten Respekt.

Deshalb widme ich diesem Thema hier auch ein eigenes Kapitel. Es soll meiner Bewunderung für alle, die sich trauen, öffentlich lustig zu sein, Ausdruck verleihen. Weil Wissenschaft mit Humor aber zu einem großen Teil anders konzipiert werden muss als alle bis hierher besprochenen Präsentationssettings, verzichte ich bewusst auf die Empfehlung eines exakten strukturellen Schemas. Deshalb sind hier „nur" eine Reihe konkreter Vorschläge für Vorbereitung und Durchführung aufgelistet.

8.1   Fame Labs und Science Slams

Der Grat zwischen angelacht und ausgelacht zu werden, ist schmal, und nicht umsonst hat es sich in der deutschsprachigen Welt nach wie vor nicht eingebürgert, Vorträge wie in den USA mit einem Witz oder einer humorigen Bemerkung beginnen. Das Eis zu brechen funktioniert bei uns anders (Abschn. 2.1.1, Einen starken Anfang hinlegen), selbst bei nichtwissenschaftlichen Auftritten, geschweige denn bei solchen von Universitätsprofessor*innen.

2005 wurde dann ein Paradigmenwechsel auch in der Scientific Community eingeleitet. Wenig überraschend ging dieser vor dem Hintergrund besagter angloamerikanischen Tradition im Umgang mit Humor von einem englischsprachigen Land aus. Beim alljährlich stattfindenden Science Festival in Cheltenham, südwestlich von London, wurde Fame Lab als neuartiges Unterhaltungsformat innerhalb der Wissenschaftskommunikation aus der Taufe gehoben. Ausgewiesenes Ziel war es, neue junge Gesichter in der Community zu finden, die einem breiten Publikum Wissenschaft auf möglichst unterhaltsame Weise nahebringen konnten. Nicht umsonst war und ist bei Fame Lab von Anfang an PowerPoint explizit verboten – den schon viel besprochenen PowerPoint-Wüsten der wissenschaftlichen Konferenzen sollte ein Kontrastprogramm in jeder Hinsicht gegenübergestellt werden.

Fame Lab sollte und soll der Kurzweiligkeit verpflichtet sein. Deshalb dürfen bis heute Teilnehmer*innen a) nicht länger als drei Minuten präsentieren und b) nur Utensilien verwenden, die sie selbst auf die Bühne tragen können. Buntheit ist somit garantiert.

Von der britischen Insel sprang der Funke sehr schnell über: Nur ein Jahr nach der viel beachteten Fame Lab-Premiere zog die deutschsprachige Scientific Community nach und startete 2006 in Darmstadt mit Science Slam ein eigenes Format. 2010 folgten Österreich und die Schweiz mit eigenen Science Slam-Wettbewerben, mittlerweile gibt es Europameisterschaften, bei denen junge Wissenschaftler*innen aus mehreren europäischen Ländern antreten.

Für hiesige Wissenschaftler*innen war und ist Science Slam eine wahre Kulturrevolution und bis heute werden die einschlägigen Wettbewerbe ambivalent gesehen.

> Was Science Slam anbelangt, habe ich schon oft mitbekommen, dass es von Wissenschaftlern belächelt wird. (Tobias Brügmann, Thünen-Institut, Großhansdorf)

> Science Slam ist ein Format, das junge Leute anspricht. Ich glaube nicht, dass das ein Fluch ist, aber man muss schon aufpassen, dass man einen Teil der wissenschaftlichen Identität

nicht verliert, wo es um Nachdenken, um Zögern, um Abwägen verschiedener Überlegungen geht. Aber das hat ja nichts mit dem Kanal zu tun. (Martin Korte, TU Braunschweig)

In einem Beitrag 2015 in der FAZ etwa weist Magnus Klaue daraufhin: Science Slams seien „Symptom der Torschlusspanik, mit der insbesondere Nachwuchswissenschaftler auf ihre prekären Zukunftsaussichten reagieren." Das mag stimmen. Aber tut das was zur Sache? Derartige Formate sind vermutlich die unterhaltsamsten Probebühnen für zukünftige Präsentationen im wissenschaftlichen Kontext, die es je gegeben hat.

Ich habe auf jeden Fall Routine im Halten von Vorträgen gewonnen, da bin ich mittlerweile ziemlich souverän. Und ich habe sehr viel Zeit damit verbracht, mich der Sprache, der genauen Wortwahl zu widmen, was man wirklich genau sagt oder sagen soll. Da habe ich ein Talent entwickelt, sehr exakt und sehr präzise zu formulieren. Ich sehe auch sofort alle Interpretationsmöglichkeiten einer Aussage und wie man sie alles falsch verstehen könnte. (Thora Schubert, FWTH Aachen)

Die Leute, die teilnehmen, lernen am meisten: in einer extremen Zeitvorgabe eine Botschaft rüberzubringen. Und später in einer wissenschaftlichen Karriere wird das immer so sein, dass man wenig Zeit hat. Z. B. bei Konferenzen ist das üblich, dass man Vorträge hält, die nicht länger als 10 Minuten oder eine Viertelstunde brauchen. Eine Botschaft exakt in eine bestimmte Zeit zu bringen, das zu lernen ist extrem wichtig. (Metin Tolan, TU Dortmund)

Science Slam ist im Vergleich zu Fame Lab viel braver und viel näher dem Stereotyp eines sogenannten wissenschaftlichen Vortrags: Zum einen dürfen und sollen die Beiträge 8–10 Minuten dauern – immerhin das Dreifache des Fame Lab-Beitrags – und PowerPoint ist expressis verbis erlaubt.

Für jene junge Forscher*innen, die sich in diesen Wettbewerben ihre Sporen verdienen wollen, scheinen diese Unterschiede aber wenig Bedeutung zu haben. Wer bei Fame Lab mitmacht, tritt auch immer wieder bei Science Slams auf und vice versa.

Sowohl bei Science Slams als auch bei Fame Lab habe ich überquellende Hörsäle erlebt von Leuten, die eine gigantische Stimmung verbreitet haben und sich hervorragend unterhalten fühlten. Das kann man also gar nicht schlecht finden. Wenn man es schafft, durch ein Format z. B. 1400 Leuten zu unterhalten, da spricht der Erfolg für sich. (Metin Tolan, TU Dortmund)

Aber für wen sind diese Formate nun wirklich empfehlenswert?

Eingewisser Hang zur Bühne ist hilfreich. Man muss keine totale Rampensau sein, aber wenn einen die Vorstellung auf einer Bühne zu sein, also vor großen Menschengruppen zu sprechen, von vornherein abschreckt, dann geht das nicht.
  Ich habe einige Dozenten erlebt, die sehr introvertiert sind und viel lieber in ihren Laboren arbeiten. Es gibt diese Forschermenschen, das finde ich auch okay. Aber es wäre schön, wenn es mehr von der Sorte gäbe, die sich raus trauen. (Thora Schubert, FWTH Aachen)

Grundsätzlich für jede/n, die/der

a. gern vor Menschen spricht,
b. gut erzählen kann,
c. Humor hat,
d. das Webvideo so ganz ohne Atmosphäre und Publikum zu steril findet und
e. natürlich: auf sich aufmerksam machen will.

Wenn das auf Sie zutrifft und Sie gleichzeitig nicht jünger als 21 und nicht älter als 35 sind, dann haben Sie schon einmal gute Voraussetzungen für beide Bereiche. Dass mittlerweile auch Frauen als Preisträgerinnen nach Hause fahren, zeigt, wie sehr die Anfänge humorvoller Wissenschaftspräsentation, als mehr Männer das Risiko des humorigen Bühnenauftritts eingegangen sind, überwunden sind.

> Es gibt viel mehr Männer als Frauen in Science Slams oder Fame labs. Es kann darin liegen, dass im Durchschnitt Männer selbstbewusster sind als Frauen, egal, ob die etwas wissen oder nicht. Sie posaunen es hinaus, Frauen sind dagegen im Durchschnitt viel abwägender. Wenn Frauen sich fragen, ah, ist das überhaupt richtig, was ich sage, da hat der Mann das schon fünfmal verkündet. (Metin Tolan, TU Dortmund)

Die Herausforderung ist, das eigene Forschungsthema so aufzubereiten, dass Sie vom Publikum (bei Science Slam) oder von der Jury (bei Fame Lab) die höchste Bewertung erhalten.

Praktische Tipps
Schärfen Sie Ihren Blick für Qualität

Schauen Sie sich im Internet oder live, wenn Sie die Möglichkeit dazu haben, einige Slams oder Lab-Auftritte an. Notieren Sie dabei in einer einfachen Plus-Minus-Liste, was Ihnen gefällt und was Ihnen nicht gefällt. Manches auf der Plusseite wird Sie vielleicht zu einer eigenen Idee inspirieren. Manches auf der Negativseite zeigt Ihnen eindeutige Schranken auf, die Sie keineswegs überschreiten sollten. Oder war vielleicht der Gedanke gut, nur die Ausführung auf der Bühne mangelhaft? Heben Sie sich diese Liste eine Zeit lang auf – Sie können immer wieder darauf zurückgreifen.

> I was attending science slams to see how the others perform. I was trying to absorb as much as possible and then trying to see what for works for my slam. (Aniruddha Dutta, OCAS NV Gent)

Proben Sie jedes Detail

> My humor is meticulously planned out. Some flashes of humor go a long way. (Aniruddha Dutta, OCAS NV Gent)

Alles, alles muss geübt werden. Bitte improvisieren Sie nicht! Denn hier geht es nicht nur um die Verpackung von Fakten, um Framing oder kleine Portionen: Hier geht es vor allem um das richtige Timing.

Ihr Drehbuch sollte die Reaktionen des Publikums einkalkulieren – viel eindeutiger als bei einem herkömmlichen Vortrag. Wo möchten Sie die Leute im Saal überraschen? Dass Sie erfolgreich waren, erkennen Sie am Raunen im Saal gefolgt von gespanntem Schweigen. Wo möchten Sie, dass die Leute lachen? Ihre Pointen müssen sitzen. Jedenfalls überlegen und üben Sie bitte auch gleich, was Sie tun, wenn keine/r lacht, obwohl Sie damit gerechnet haben. Da gibt es mehrere Möglichkeiten: zum einen gewöhnen Sie sich an, entweder gar nicht, jedenfalls aber nicht zu früh – und eventuell dann als einzige/r – über Ihren eigenen Witz zu lachen. Zum anderen präparieren Sie Ihre Nerven, sodass Sie nicht emotional das Handtuch werfen. Werden Sie nicht hektisch und konzentrieren Sie sich auf den nächsten Punkt in Ihrem Auftritt. Solange Sie nicht zu viel Aufhebens auf der Bühne machen, merkt nur ein Bruchteil der Menschen im Saal, dass hier überhaupt etwas passiert sein könnte.

> Hölzern klingt es dann, wenn ich es 10–15-mal übe. Wenn ich es aber 50-mal übe, klingt´s nicht mehr hölzern. Darin liegt für mich ein ganz wichtiger Punkt: wenn wir einen Text vorbereiten, lernen wir ihn auswendig und glauben, wir sind gut, sobald wie ihn wortwörtlich können. Aber im Kabarett ist das anders: Martin Puntigam hat einmal zu mir gesagt, erst wenn ich Dich in der Nacht aufwecke und Du mir dann den Text fehlerfrei zitieren kannst, dann kannst Du ihn auch. (Helmut Jungwirth, Universität Graz)

Definieren Sie Ihre drei Botschaften

Doch! Auch für Science Slam und Fame Lab sollten Sie wissen, was Sie inhaltlich aufgreifen wollen. Insofern gilt auch hier wie überall anders auch in den hier besprochenen Settings: Fallen Sie mit der Tür ins Haus, bringen Sie Hintergrundinformationen erst als zweites und zeigen Sie abschließende Wege in die nähere oder fernere Zukunft. Starten Sie mit der aktuellen Darstellung. Es muss zwingend etwas sein, mit dem das Publikum im Alltag sofort etwas anfangen kann. Bevor Sie diese Relevanz nicht herausgearbeitet haben, würde ich mir gar keine weiteren Gedanken machen.

Als nächstes überlegen Sie sich bitte, was auch hier jene drei Botschaften sind, die sich die Leute unbedingt merken sollen.

> Für mich ist es wichtig, erst mal inhaltlich zu arbeiten: was sind die Dinge, die ich sagen will, die unbedingt reinkommen müssen. Erst danach geht es an die Umsetzung. Zwischendurch schreibe ich schon alle Ideen auf, die mir zur Umsetzung einfallen, und ich komme dann, wenn ich die Inhalte habe, wieder auf diese Liste zurück. (Thora Schubert, FWTH Aachen)

> Es ist wichtiger, dass Du einen guten Vortrag hältst, als dass er wahnsinnig lustig ist. Ich frage mich dabei: Wie hätte ich dieses Thema selbst gern erklärt bekommen? Versuch es so zu erklären, dass Dein unwissendes Selbst es auf Anhieb verstanden hätte. (Thora Schubert, FWTH Aachen)

Nutzen Sie die Chance, mit dreidimensionalen Elementen zu arbeiten

Nicht nur zweidimensional zu visualisieren, sondern Ihre Ausführungen mit Objekten zum Angreifen zu unterstützen, ist eine wichtige Erfahrung. Sie können sie für zukünftige Drittmittelpräsentationen brauchen, wenn Sie Fördermittelgeber oder Kooperationspartner mit etwas sprichwörtlich Handfestem beeindrucken wollen, oder auch für Ihre Online-Präsentationen (Abschn. 2.1.3).

Überlegen Sie, was Sie im gewohnten Modus via PowerPoint abgebildet hätten und klären Sie ab, ob Sie dasselbe „Ding" nicht besser in die Hand nehmen und auf der Bühne zeigen könnten. Meiner Erfahrung nach ist Analoges – das Echte – am Ende des Tages immer überzeugender als Virtuelles.

> Man ist das ja aus der Schule oder aus dem Studium gewohnt: Dinge zweidimensional gezeigt zu bekommen - an der Tafel oder in einem Buch. Man ist darauf getrimmt, alles so erklärt zu bekommen. Wie oft hat man schon einen Lehrer, der etwas in der Hand hält. Dabei glaube ich, es bleibt besser hängen. (Thora Schubert, FWTH Aachen)

8.2 Wissenschaftskabarett

„Denn das ist Humor: durch die Dinge durchsehen, wie wenn sie aus Glas wären" schrieb Kurt Tucholsky 1918. Eine ganze eigene Kategorie und damit gleichsam ein Höhepunkt in der Wissenschaftskommunikation ist daher das einschlägige Kabarett – für mich die Königsdisziplin unter den vielen Möglichkeiten, Laien Inhalte aus der Forschung zu vermitteln. Denn hier paaren sich perfekte Dramaturgie, professionelle Darstellung, der gezielte Einsatz von Humor und Spielfilmlänge. Science Busters haben verdienterweise 2018 sogar den österreichischen Kabarettpreis bekommen.

> Und drittens gibt es die Dramaturgie. Seit ich mit dem Kabarettisten Martin Puntigam zusammenarbeite, hat sich mein Blick auf die Wissenschaftskommunikation völlig verändert, weil er mich gelehrt hat, dass es nicht nur wichtig ist, einfach und verständlich zu sein, sondern dass es auch einer Dramaturgie bedarf. Wie bei einem Krimi, da will ich auch nicht in der Einleitung erfahren, wer der Mörder ist.
>
> Storytelling, persönliche Noten, auch die Verbindung zum Alltag – Im Grunde könnten all diese Punkte auch bei wissenschaftlichen Vorträgen eingesetzt werden. Da gibt es eine Einleitung, die führt zum Thema hin, dann das Thema selbst, das erzählt eine Geschichte, und zum Schluss gibt es eine Auflösung. In der Geschichte ist diese Auflösung ganz wichtig. (Helmut Jungwirth, Universität Graz)

Und ich gebe es auch zu: Ich kann Ihnen hier keine konkreten Tipps zu geben, wie Sie als Kabarettist oder Wissenschafts-Comedian reüssieren können – da fehlt es mir einfach an Erfahrung.

Aber ich kann eines: Ich kann Ihnen ans Herz legen, Wissenschaftskabarett bewusst konsumieren. Um zumindest kurzfristig abzuschütteln, was Sie vielleicht gerade im Rahmen Ihrer eigenen wissenschaftlichen Tätigkeiten oder im Umgang mit Kolleg*innen ärgert oder frustriert. Um zu erkennen, das Lachen gar nicht unseriös sein kann, solange es niemanden, der/die sich nicht wehren kann, in unbotmäßiger Weise herabsetzt. Um sich die eine oder andere Idee, wie auch Sie spielerischer harte Fakten kommunizieren könnten, abzupausen und sich dadurch bei künftigen Terminen oder Auftritten leichter zu tun.

Und um last but not least in der Fröhlichkeit eines solchen Abends etwas mitzunehmen, was Sie sonst nicht mehr aufnehmen hätten wollen und können.

> Humor ist nicht besser oder schlechter, aber er bietet zwei Möglichkeiten: ich kann mich unterhalten UND bilden. Wir leben in einer hoch technologisierten Welt mit einem Arbeitsalltag von 10–14 Stunden. Nach einem so hoch-getakteten Tag habe ich auch keine Lust mehr, mich in einen hochwissenschaftlichen Vortrag hineinzusetzen, wo ich mich anstrengen muss, um alles zu verstehen.
>
> Kabarett ist unterhaltsam, trotzdem kann ich nach Hause gehen und sagen, ich habe was gelernt. (Helmut Jungwirth, Universität Graz)

Literatur

Klaue, M. (22. April 2015). Die Wanderbühne der Wissenschaft. *FAZ*. https://www.faz.net/aktuell/feuilleton/forschung-und-lehre/die-wanderbuehne-der-wissenschaft-was-science-slams-ueber-die-wissenschaft-verraten-13549279.html. Zugegriffen am 07.05.2021.

Niemann, P. H., Bittner, L., Schrögel, P. H., & Hauser, C. (2020). *Science slams as edutainment: A reception study. Media and Communication, 8*(1), 177–190.

Yeo, S. K., Su, L. Y.-F., Cacciatore, M. A., McKasy, M., & Qian, S. (2020). Predicting intentions to engage with scientific messages on Twitter: The roles of mirth and need for humor. *Science Communication, 42*(4), 481–507.

Schlussbemerkung und Fazit 9

Heute müssen junge Wissenschaftler*innen bilingual sein, in dem Sinne, dass sie verstehen müssen, wie ich mit meiner Community kommunizieren soll, aber auch, dass man Leuten erklären kann, was man macht. An sehr guten Unis wie Princeton müssen Forschende auch Investoren oder Mäzenen erklären können, was sie tun. Das ist eher ein österreichisches Problem. Wir sollten da auch hinkommen - bei klaren Regelungen, wie das Geld unabhängig und wissenschaftlich optimal eingesetzt wird. (Niki Popper, TU Wien)

Wie rede ich über Wissenschaft so, dass es dann auch in der Gesellschaft ankommt als das, was ein wertvoller Beitrag ist, dafür dass wir in einer besseren Zukunft leben können oder zumindest dafür, dass es nicht schlimmer wird. (Gudrun Thäter, KIT Karlsruhe)

Wissenschaftskommunikation ist ein ganz natürliches Element der Forschung. (Antje Boetius, AWI Bremerhaven)

Wie geht es weiter? Wie kommen wir als Gesellschaft zu besser kommunizierenden Wissenschaftler*innen und wie kommen Sie als Wissenschaftler*in zu Ihrer eigenen höchstpersönlichen professionelleren Kommunikation?

Da haben wir zunächst einmal die handwerklichen Notwendigkeiten.

Um Wissenschaftskommunikation überhaupt betreiben zu können, müssen Sie die Spielregeln der Kommunikation beherrschen und sie auf sich selbst heruntergebrochen haben. Sie müssen wissen, wie Sie Ihre Authentizität mit der nötigen Professionalität in Verbindung bringen. Das lernen Sie nicht durch Erfahrung allein – sonst wären alle erfahrenen Präsentator*innen auch fesselnde, klare und unmissverständliche Redner*innen. Mitnichten ist das der Fall.

Um wirkungsorientierte Kommunikation zu lernen, braucht es Schulung und Training. Das kann über zusätzliche freiwillige oder verpflichtende einschlägige Angebote auf den Universitäten und Hochschulen passieren: in Form von Vorlesungen, Workshops oder Übungen bereits für die Studierenden. Einstweilen ist das Angebot noch gering: z. B. an der Universität Wien gibt es eine einschlägige Lehrveranstaltung für Wissenschaftskommunikation im Rahmen des Bachelorstudiums in Soziologie. In Karlsruhe am KIT ist man da schon weiter: Das Department für Wissenschaftskommunikation bietet seit dem Wintersemester 2015/2016 ein eigenes Masterstudium „Wissenschaft – Medien – Kommunikation" an.

> Man kann durch fast jedes Studium gehen und überhaupt nicht mit dem Thema Wissenschaftskommunikation in Kontakt kommen. Und das finde ich verbesserungswürdig. Zumindest ein Wahlfach sollte es geben, zumindest Optionen zu haben, fände ich wichtig. (Thora Schubert, FWTH Aachen)

Und dann natürlich für Sie als wissenschaftliches Personal, von den Postdocs bis zu den Professor*innen. Wo derzeit schon Führungskräftelehrgänge angeboten werden, kämen spezielle vertiefende Kommunikationsschulungen dazu. Wo die Forscher*innen mit Personalverantwortung bis dato noch immer nicht in ihrer Entwicklung zu professionellen Führungskräften unterstützt werden, ließe sich Kommunikationscoaching gleich in einem Atemzug in ein neu zu bildendes Programm integrieren. Wissenschaftler*innen, die regelmäßig externe Wissenschaftskommunikation betreiben, sollten sich vor einem wichtigen Auftritt Anlass bezogen coachen lassen und aus dieser praktischen Erfahrung das Rüstzeug für weitere Auftritte generieren. Müssen Sie im Rahmen einer Fest- oder Fachveranstaltung des Instituts/der Klinik präsentieren oder stehen Sie vor einem entscheidenden Pitch, der Ihrem Forschungsprojekt die Weiterführung sichern würde, dann sollte meiner Meinung nach jedenfalls die Universität derartige Coachingkosten aus dem Schulungs- oder Beratungsbudget übernehmen. Angesichts einer persönlichen Herausforderung der/s einzelnen Wissenschaftlers/in – z. B. eine Bewerbung zur Professur oder für ein Rektorat – müssten diese Aufwände von Seiten der/s einzelnen Kandidat*in privat getragen werden. Zumindest ist das die Wirklichkeit, in der ich mit meinem Dienstleistungsangebot lebe und das ich persönlich für professionell, fair und korrekt halte.

> Auf den Unis hängt es noch immer sehr von den Eigeninitiativen ab, ob die Leute gut kommunizieren oder nicht. Die Archäologen zum Beispiel mit ihren Drohnenaufnahmen sind besonders aktiv und sehr professionell. (Günther Mayr, ORF Wissenschaft)

> Wir machen seit 2019 mit der Uni Wien Workshops mit Themenschwerpunkten: Klimawandel, Corona, Chemie. Man entdeckt dort Menschen, die gern reden – das ist für die Unis attraktiv. Wir machen auch eine Kooperation mit dem Forschungsförderungsfonds, da haben wir ein Abkommen, dass wir für ihre Preisträger Workshops machen. Das ist etwas, was beiden Seiten hilft. (Günther Mayr, ORF Wissenschaft)

Die handwerklichen Fertigkeiten sind aber nur die erste Dimension auf dem Weg zu besser kommunizierenden Wissenschaftler*innen. Wollen Sie gezielt Wissenschaftskommunikation betreiben, dann empfiehlt sich eine Arbeitsteilung – und zwar auf zwei Ebenen:

9 Schlussbemerkung und Fazit

Innerhalb der Scientific Community selbst

Jede/r Wissenschaftler*in kann auch ohne überdurchschnittliches rhetorisches Talent mit der hier besprochenen Struktur der drei Botschaften, unter Berücksichtigung der präsentierten Spielregel und regelmäßigem Training, im einen oder anderen Anlassfall ein/e gute/r Kommunikator*in werden. Das wage ich nach über 20 Jahren in diesem sehr persönlichen und sehr individuellen Geschäft – punktgenaue Kommunikation auf Hochleistungsniveau – zu behaupten.

Allerdings: Wollen Sie als Universität, Institut oder Klinik strategisch, professionell und regelmäßig nach außen kommunizieren, dann muss jede Organisationseinheit über eine Handvoll Forscher*innen verfügen, die wirklich top im Kommunizieren sind. Personen, die das gern und hervorragend machen, die talentiert, engagiert und extra geschult sind. Diese Kommunikator*innen pro Fach und pro Forschungsprojekt zu identifizieren und zu fördern, wird eine wesentliche Aufgabe der Rektorate und der Instituts- bzw. Klinikleitungen in Zukunft sein.

> Es geht um die Balance zwischen Interdisziplinarität und Spezialisierung. Die Welt funktioniert nicht so simpel, dass alle mit allen kommunizieren können. Auch wenn es dafür eine verpflichtende Vorlesung gäbe, wird es nicht funktionieren. Es muss klar definierte Sprachen geben. Aber ich sollte mir als Leiter einer Forschungsgruppe überlegen, wenn ich 20 Leute habe, dass es da eine/n gibt, die/der optimal in beide Richtungen nach innen und außen kommunizieren kann und die/der für die anderen übersetzt. (Niki Popper, TU Wien)

> Man kann nicht Kleinunternehmer aus allen Wissenschaftler*innen machen. Ich glaube tatsächlich, dass man im Sinne des unternehmerischen Denkens erkennen muss, wer ist die Person, die die Kommunikation nach außen macht, denn es gibt auch Leute, die einfach besser forschen und keine Freude an Kommunikation haben. Es geht also darum, das unternehmerische Denken in die Wissenschaft hineinzubringen, also dass es wichtig ist, unterschiedliche Kompetenzen zu erkennen. Die Basics muss jeder beherrschen, aber im Kontext des wissenschaftlichen Tuns muss man auch Leute finden, die man für die Kommunikation nach außen vorlässt. (Robert Wegener, FHNW Olten)

Zwischen den Wissenschaftler*innen und den Stabstellen der Universitäten

Damit nicht genug: Professionelles Kommunizieren funktioniert nur mit einer guten Organisation im Hintergrund. Denn das alles kostet Zeit und braucht vertieftes Knowhow: um Strategien in der PR zu entwickeln, um den Überblick über potenzielle Veranstaltungen und Plattformen außerhalb der Scientific Community, bei denen Wissenschaftler*innen auftreten und sich präsentieren sollen, zu haben, um Journalist*innen-Kontakte zu pflegen, um Entwicklungen bei den Social Media im Auge zu behalten oder um bei der Produktion von Fotos, Videos oder Podcasts an die Hand zu gehen. Deshalb sind Universitäten gut beraten, PR-Abteilungen zu professionalisieren, mit genug Personal und Budget auszustatten und die Wissenschaftler*innen, die an der Front als Kommunikator*innen agieren, auch so zu unterstützen.

> Ja, die Wissenschaftskommunikation kostet viel Zeit. Aber man kriegt auch viel zurück. Man muss sich eine Strategie geben, was man sich zurückholen will. Z. B. gute Fragen und direktes Interesse. Man sollte auch nicht unterschätzen, wie direkt man vom Publikum für gute Vorträge gelobt wird, und das tut gut, weil das in der Forschung selbst ja nicht so oft vorkommt,

> dass man direkt für eine Leistung gelobt wird. Und dann ist da natürlich auch der Antrieb zu helfen, den Lauf der Dinge zu verändern. Andere, auch ich, haben eine fixe Vorstellung, dass wir jetzt noch etwas bewegen können, und dann gibt man noch etwas extra drauf an Zeit und Energie. Wieder andere wollen gesehen werden, wollen mehr Reichweite und Reputation. Aber in allen Fällen gilt: man bekommt sehr direktes Feedback, und das ist doch gut. (Antje Boetius, AWI Bremerhaven)

> Wissenschaftskommunikation über Prozesse erfordert viel Zeitaufwand. Wenn man nicht gerade eine Gesamtproduktion machen will, dann muss man ja immer wieder regelmäßig Fotos oder Videos aufnehmen. Das kann dauern, und man muss Geduld haben. (Tobias Brügmann, Thünen-Institut, Großhansdorf)

> Es ist nicht immer fair, weil ich denke, man soll die Zeit haben für die Wissenschaft und nicht ständig an die Kommunikation denken. (Jakob Steiner, Universität Utrecht)

Arbeitsteilung hin, Arbeitsteilung her: Aktiv Wissenschaftskommunikation zu betreiben ist absolut machbar – unterschätzen Sie nur bitte nicht den Gesamtaufwand. Am besten, Sie widmen ab sofort einen Teil Ihres Zeitbudgets Ihrer Kommunikation nach außen. Beginnen Sie mit einer Stunde in der Woche, die Sie im Schnitt für Überlegungen, Recherchen, Aktualisierungen, Vorbereitungen und Maßnahmen aufwenden wollen – ganz hervorragend kann Sie dabei auch ein regelmäßiger Blick auf www.wissenschafts-kommunikation.de unterstützen. Vor besonderen kommunikativen Herausforderungen steigern Sie Ihr Pensum entsprechend.

Mit kontinuierlicher Planung kann es für Sie zukünftig ganz normal sein, nicht nur über Ihre Forschung und Ihr Team nachzudenken und dort entsprechend die Dinge weiterzutreiben, sondern ganz automatisch miteinzubeziehen: Wie kann ich meine oder unsere Themen gegenüber den relevanten Zielgruppen kommunizieren und darstellen?

> Man kann sich auf die Zukunft zweifach vorbereiten:
> 1. Durch eine sehr gute Kommunikationsabteilung, aber wir sollten auch wollen, dass Wissenschaftler selbst kommunizieren. Man kann als Institution auch Training oder Kurse anbieten, wie bringe ich Inhalte in die Gesellschaft, wie kann ich die fachliche Präzision mit einer Alltagssprache, die alle verstehen verbinden. Viele sind da hier schon engagiert, aber das muss mehr werden. Die Gesellschaft legt da auch zunehmend Wert drauf, bei größeren Förderungen, die wir bekommen, wird auch darauf Wert gelegt. Das ist nicht nur eine Bringschuld für Universitäten, sondern wird auch gefordert. 2. Durch die Frage, wie man grundsätzlich die Rolle der Universitäten in der Gesellschaft sieht. In den letzten zehn Jahren wurde gefordert, dass wir wirtschaftliche vorgehen, dass wir wie eine Firma agieren. Durch die Fake News ist man jetzt draufgekommen, dass man eine Verantwortung für die Gesellschaft hat und deshalb braucht es Wissenschaftskommunikation. (Kerstin Krieglstein, Universität Konstanz)

Um Himmels willen, sagen jetzt vielleicht einige von Ihnen. Das ist eine Fehlentwicklung. Denn wenn die Kommunikation so wichtig wird, wo bleibt dann noch die wissenschaftliche Exzellenz? Laufen wir nicht Gefahr, am laufenden Band „Fake Science" zu produzieren, wo die Brillanz der Präsentation mangelnde Qualität der Forschung überstrahlt und Kommissionen, Journalist*innen, Politiker*innen und die, die sich für Wissenschaft interessieren, in die Irre führt?

> Es hat sich viel geändert. Wir machen PhD-Interviews, und da präsentieren sich die PhD-Studenten vorher. Und es ist unfassbar, was für Präsentationsprofis da auf uns zu kommen. Das ist die YouTube-Generation, die sind ganz anders als wir. Die präsentieren so gut, dass man oft nicht mehr unterscheiden kann, ob da jeder fachlich gut ist. Wir müssen in Zukunft wieder stärker auf Faktisches abklopfen, weil alle so gut präsentieren. Wir gehen jetzt eher wieder dazu über, mehr Fachwissen abzufragen.
>
> Man muss wieder vorsichtiger sein, mit seinen super geschliffenen Präsentationen, weil wir kritischer hinterfragen, ob das nicht nur heiße Luft ist. (Sylvia Knapp, MeduniWien)

Natürlich kann niemand ausschließen, dass in diesen Wochen und Monaten gerade junge Wissenschaftler*innen bei Präsentationen in die Effekt- und Trickkiste greifen. Natürlich müssen wir alle genau hinschauen, wenn engagiert und facettenreich referiert und diskutiert wird.

Aber ist das etwas Neues? War das nicht schon immer so? Wir sind das aus anderen Sparten der Gesellschaft längst gewohnt – jede Branche hat ihre Präsentationskaiser*innen. Auch in der Wissenschaft hat es immer Vertreter*innen gegeben, die besser kommunizieren konnten als andere, und unterdurchschnittliche Präsentationsqualität ist wahrlich per se kein Garant für wissenschaftliche Seriosität.

Ich meine also: Dürfen aktuelle Bedenken dazu führen, das Handwerk professioneller Kommunikation zu verunglimpfen und der Gesamtheit der Wissenschaftler*innen nur erschwert zugänglich zu machen?

Nein. Absolut nicht.

Denn bei allem Verständnis: Was wir jetzt haben, ist weit gefährlicher. Dass nämlich generell noch immer zu wenige Forscher*innen einfach, plakativ und dennoch fundiert kommunizieren können und die Nicht-Expert*innen via Social Media freie Bahn für ihre eigenen Wirklichkeiten haben. In einer Welt, in der Fake News eine ungeahnte Verbreitung erfahren, und es immer schwieriger wird für die/den ungeübte/n Betrachter*in, der/dem einfach die Zeit für den genauen Faktencheck fehlt, Fake von Nicht-Fake zu unterscheiden, brauchen wir Sie, die wissenschaftlichen Kommunikator*innen! Wir brauchen Sie als Säulen einer Realität, die um Wahrheit bemüht ist – und das trotz aller Irrtümer und Fehler, trotz der Diskurse, die unter Ihnen herrschen, und trotz der Tatsache, dass die hohe Politik einstweilen leider nach wie vor nur in Ausnahmefällen Wissenschaftler*innen zu Rate zieht.

> Hinsichtlich der Schulplanung, der Unterrichtsgestaltung innerhalb der Neurowissenschaften und anderer relevanter Disziplinen in diesem Konvolut ist es frustrierend, wie gering da die eigene Durchschlagskraft ist. Wenn Politiker sich naturwissenschaftliche Meinungen anschauen, ist das nur ein Aspekt. Der Hauptaspekt ist doch immer die Wiederwahl.
>
> Ich glaube nicht, dass es an der Art der Darstellung liegt, ob Politiker*innen auf Wissenschaftler*innen hören, sondern eben daran, dass das nur eine Meinung von vielen ist, die genauso viel Gewicht hat wie der Bauer. (Martin Korte, TU Braunschweig)

Wir haben unsere Forschung auch schon auf Parteitagen vorgestellt. Als ich dann allerdings später nachgefragt habe, hat man mir gesagt, dass zwar alles sehr interessant gewesen sei, aber man andere Prioritäten hätte. Aber jedes Jahr zu allen Parteitagen aller Parteien fahren? – Da macht man ja nichts anderes mehr. (Manfred Curbach, TU Dresden)

Die deutsche Bundesministerin für Bildung und Forschung, Anja Karliczek, hat sich Wissenschaftskommunikation jedenfalls auf ihre Fahnen geheftet. Durch eine Denkfabrik will sie den Austausch zwischen Wissenschaft und Gesellschaft stärken. Im Rahmen der Gründung von #FactoryWissKomm im Herbst 2020 hat sie gesagt: „Wissenschaft ist Teil der Gesellschaft. Wissenschaft hat die Verantwortung, sich in öffentliche Diskurse zu Wissenschaftsthemen einzubringen. Denn Wissenschaftskommunikation – aus und über Wissenschaft – hilft, den gesellschaftlichen Zusammenhalt zu stärken. Das erleben wir gerade in diesen Zeiten der Coronapandemie. Ich bin überzeugt: In allen gesellschaftlichen Bereichen, sei es in Wissenschaft, Medien und Politik, müssen wir mehr miteinander ins Gespräch kommen und so auch einer Spaltung unserer Gesellschaft entgegenwirken."
Was also ist das Fazit?

Ich glaube, der einzige Punkt, den ich als Ziel sehen möchte, ist die Selbstverständlichkeit. Es ist noch immer so, dass wir uns als Wissenschaftskommunikation teilweise rechtfertigen müssen, warum und dass wir kommunizieren. Irgendwann werden wir das einmal erreicht haben, dass Wissenschaftskommunikation was Selbstverständliches ist, dass es ganz normal ist, wenn wir alle außerhalb unserer Community kommunizieren. Dass Wissenschaftskommunikation zu einer Wissenschaftsdisziplin erhoben wird. (Helmut Jungwirth, Universität Graz)

Es wäre wünschenswert, dass auch die Wissenschaft einen fixen Sendeplatz in den Hauptabendnachrichten bekommt. Das wäre ein großer Sprung nach vorn. (Günther Mayr, ORF Wissenschaft)

Ich würde mir von der Wissenschaft mehr Würdigung für die Wissenschaftskommunikation wünschen, in dem Sinne, dass sie ohne Doppelbelastung machbar ist. Die Leute, die ich von den Science Slams kenne, haben ihre wissenschaftliche Karriere und machen Wissenschaftskommunikation als Hobby obendrauf. Teilweise nehme die Leute einen Tag Urlaub, um zu einem Slam fahren zu können. Ich finde, das sollte sich ändern, dass Wissenschaftskommunikation als Teil des Jobs anerkannt wird. (Thora Schubert, FWTH Aachen)

Mein Wunsch für die Zukunft ist, dass man sieht, dass das Anforderungsprofil eines Professors viel breiter ist, als die meisten bisher annehmen: nämlich überhaupt mal eine Vision zu entwickeln, wie die Universität, vielleicht auch die Gesellschaft der Zukunft aussieht und dass sie sich ihrer unterschiedlichen Rollen, die sie haben, bewusst werden – als Lehrer, als Forscher, als Verwalter, aber auch als Repräsentant für die Öffentlichkeit. Dass sie bereit sind, ihre Defizite zu erkennen und dass die jeweiligen Universitäten genügend Knowhow zur Verfügung stellen, dass sie viele dieser Fähigkeiten, die man als reiner Forscher und reiner Intellektueller nicht hat, relativ schnell dazulernen können. (Dieter Frey, LMU München)

9 Schlussbemerkung und Fazit

Die Zeit ist reif
Reif für einen Professionalisierungsschub in der Kommunikation von Forscher*innen.

Wir brauchen in herausfordernden Zeiten mehr Wissen für gesellschaftspolitische Entscheidungen auf nationaler wie internationaler Ebene. Wir brauchen eine politische Kultur, für die faktenbasierte Lösungen im Interesse des Gemeinwohls wichtiger sind als so manche Wünsche der eigenen Funktionär*innen und Klientel fern aller wissenschaftlicher Erkenntnisse. Wir brauchen als Bevölkerung Orientierung im Sammeln und Einordnen von Daten und einen leicht zugänglichen Gegenpol zu Falschinformationen und Verschwörungstheorien. Wir brauchen Menschen, die uns mitnehmen auf den faszinierenden Weg, die Welt und uns immer wieder neu zu entdecken.

Sie als Wissenschaftler*innen brauchen die Skills für wirkungsorientiertes Präsentieren in einer Selbstverständlichkeit, wie Sie Ihre Scientific Papers schreiben. Sie brauchen sie für Ihre Karriere, für das Weiterbringen Ihrer Forschungsprojekte, für das Werben um den besten Nachwuchs, für Ihr stärkeres Auftreten vis-a-vis der Politik, für ein souveränes Gebaren in Print, Funk und TV, für ein treffsicheres Kommunizieren auf Augenhöhe im kleinen wie im großen Kreis, für Ihre Brücke in die nichtwissenschaftliche Welt.

▶ Der Aufwand lohnt sich. Sie können das.

Viel Erfolg!
Regina Maria Jankowitsch

The manufacturer's authorised representative in the EU is Springer Nature Customer Service Centre GmbH, Europaplatz 3, 69115 Heidelberg, Germany. If you have any concerns regarding our products, please contact ProductSafety@springernature.com

Printed and bound by CPI Group (UK) Ltd, Croydon, CR0 4YY
23/03/2026
02076747-0017